北大15堂创业课

北京大学校友工作办公室　北京大学党委政策研究室◎编

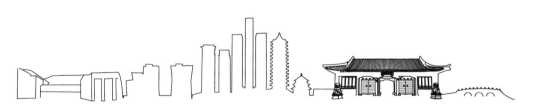

北京大学出版社
PEKING UNIVERSITY PRESS

图书在版编目(CIP)数据

北大 15 堂创业课/北京大学校友工作办公室，北京大学
党委政策研究室编. — 北京：北京大学出版社，2016.10
ISBN 978-7-301-27457-6

Ⅰ. ①北…　Ⅱ. ①北… ②北…　Ⅲ. ①创业—基本知识
Ⅳ. ①F241.4

中国版本图书馆 CIP 数据核字(2016)第 199265 号

书　　　　名　北大 15 堂创业课
　　　　　　　BEIDA SHIWUTANG CHUANGYEKE
著作责任者　北京大学校友工作办公室 北京大学党委政策研究室 编
责 任 编 辑　泮颖雯
标 准 书 号　ISBN 978-7-301-27457-6
出 版 发 行　北京大学出版社
地　　　　址　北京市海淀区成府路 205 号　　100871
网　　　　址　http://www.pup.cn　　　新浪微博：@北京大学出版社
电 子 信 箱　zyl@pup.pku.edu.cn
电　　　　话　邮购部 62752015　发行部 62750672　编辑部 62767857
印 刷 者　北京大学印刷厂
经 销 者　新华书店
　　　　　　　720 毫米 × 1040 毫米　　16 开本　　20.5 印张　　354 千字
　　　　　　　2016 年 10 月第 1 版　2016 年 10 月第 2 次印刷
定　　　　价　48.00 元

序　言

一所没有围墙的创新创业大学

　　大学是人类文明的灯塔，是科技创新和思想启蒙的重要阵地。一百多年前，现代大学在中国兴起，迅速成为创新知识、砥砺思想、推动社会进步、为"旧邦"开"新命"的重要力量。其中，作为中国第一所国立综合性大学的北京大学，始终与时代同进步，与民族共命运，始终坚持兼容并包的原则，引领着国家的学术发展和思想进步。北大不仅积极推动西学东渐，在中国高举科学与民主的旗帜，同时，也致力于弘扬中华传统文化，为东西方文明的交流互鉴发挥了重要作用。

　　今天的北大，肩负着三个重要的历史使命。首先是要培养能够引领未来的优秀人才；二是作为思想最活跃的大学，要在探索新思想、新理论，在推进中国政治、社会和经济发展的理论创新上有所作为，在拓展人类知识、解决人类面临重大问题上有所建树；三是要发扬"常为新"的精神，不断改革创新，继续引领中国高等教育方向。当然，创新的前提是守正，是坚守自己的传统，保持自己的特色，北大要扎根中国大地，在中华文明和东方文化的深厚土壤之上，借鉴世界其他大学的先进办学经验，探索并且走出一条自己的一流大学之路。

　　培养人才是大学的第一要务。当今世界正在发生深刻的变化，在这个剧烈变革的时代，年轻一代人正面对一个完全不同的世界。他们将比前人拥有更多的机遇和更大的舞台，也面临着前所未有的严峻挑战。因此，他们需要担负起更为重大的国家、民族与世界责任,应当对自然、对人类社会、对不同的文明以及他们自身有更深刻的认识,应当更具探索与创新精神,更具国际视野和领导能力,也应具有更高的道德修养、更好的价值判断和更坚韧不拔的意志。

北大所要给予青年学生的,不仅仅是探索新知的能力,也不仅仅是思想上的启迪,更要帮助年轻人培养完全的人格,为他们未来闯荡社会、开拓事业,独自面对复杂的社会环境和风险挑战做好各方面的准备。只有这样,他们才可能引领未来。

在新的时代条件下,创新创业教育已经成为大学教育最重要的内容之一,也是影响大学人才培养质量和学校声誉的关键因素。北大拥有丰富的学术资源和校友资源,我们不仅要为在校的学生提供教育,也要自觉投身于国家"大众创业、万众创新"的发展战略,为社会公众提供更多的服务。从 2012 年起,北大整合全校力量,启动了"北京大学创新创业扶持计划",从创新创业教育、研究和创业实践三个方面推进"双创"工作,取得了一系列成果。其中,由北大校友会发起的"北京大学创业训练营"作为核心项目,充分调动北大教育资源和校友资源服务于国家创新创业发展战略,现已成为国内最有影响力的公益创业教育与服务品牌。北大相关领域的知名学者和一大批企业界校友积极参与到"北京大学创新创业扶持计划"之中,他们在相关领域的前沿理论和知识,企业成功的经验和失败的教训,特别是他们身上所体现的社会责任感和创业家精神,对于校园创新精神的培育和青年的创业实践都大有裨益。

现在,北大校友工作办公室和党委政策研究室精选了北大创业教育课程的部分内容,结集出版。这是学校"北京大学创新创业扶持计划"启动四年来的阶段性成果。希望本书能够为全国的青年创业者们提供理论上的指导和业务上的帮助。

北大从来不只是一所学校,她是国人心中的图腾,寄托着民族的未来和希望。北大也从来不是一所封闭的大学,北大的资源是开放的,我们愿意为所有有志于创新创业的青年提供支持。大学是有形的,但大学所孕育的创新精神是无形的。这种精神的力量、思想的力量是无穷的。北大有围墙,但北大致力于建设没有围墙的创新创业大学,这所大学将属于所有有梦想的奋斗者!

北京大学校长　林建华
2016 年 9 月

目录
Contents

第一篇　大师谈

>>> 第 *1* 课

厉以宁："经济人假设"和创业者应当考虑的
四个问题

导师简介

　　厉以宁，男，1930 年出生，1955 年毕业于北京大学经济系，现为北京大学教授、北京大学社会科学学部主任、北京大学光华管理学院名誉院长。

　　厉以宁教授是我国最早提出股份制改革理论的学者之一。他提出了中国经济发展的非均衡理论，并对"转型"进行理论探讨，这些都对中国经济的改革与发展产生了深远影响。厉以宁教授还主持了《证券法》和《证券投资基金法》的起草工作。厉以宁教授对推动国有企业改革、城乡二元体制改革以及促进民营经济和低碳经济等方面作出了重要的理论贡献。

　　厉以宁教授出版的《体制·目标·人：经济学面临的挑战》《中国经济改革的思路》《非均衡的中国经济》《中国经济改革与股份制》《股份制与现代市场经济》《经济学的伦理问题》《转型发展理论》等主要著作，具有重要的研究价值、文献价值和理论价值，为推动中国经济改革和发展提供了重要的理论指导。

经济活动中的"经济人假设"——人都追求低经济成本高经济收益——似乎是一条亘古不变的"硬道理"。低成本高收益是创业者们行动的宗旨，也是他们预设和揣测潜在的消费者们的推算逻辑。但是，晚近以来西方经济学界的新兴理论显示，"人总是追求经济利益最大化"的原理并非颠扑不破，人并不总是高度理性的，或人并不纯粹是一个"经济人"，人常常展示出社会性、行为惯性和非理性的一面，这些在人的经济行为中占据了非常显著的比重。

既然人的行为及动机具有复杂性，那么，"经济利益最大化"就未必是指导创业者们的绝妙良方。在创业这场"道阻且长"的跋涉中，经济效益当然仍是重要的考量，但却不应该是唯一的考量。从古至今，成功的创业者和生意人绝非仅仅工于效益计算就足够，他们往往有更多的思量。那么，对于当今的创业者们而言，经济效益之外还应有什么考虑？"经济人假设"这条曾被奉为圭臬的玉律如今价值几何？

一、西方主流经济学的基石是"经济人假设"

"经济人假设"又称为"理性人假设"，即假定每个人都是争取自我利益的理性追求者，力求做到成本最小化、收益最大化。西方主流经济学一直以这一假设作为基石，作为分析市场经济运作的出发点。

在"经济人假设"的前提下，并没有注定要损害他人，而是从维护自身利益出发，规避风险，降低成本，提高效率。"经济人"既然作为一个"有理性的人"，就应遵守市场规则，维护市场秩序，不做违法的事情，否则自己迟早要受损失。

当然，西方主流经济学并不是没有察觉到"理性人"在投资决策时常常有不理性的行为。约翰·梅纳·凯恩斯（John Maynard Keynes）就曾指出，许多投资决策不是理性分析的结果，他认为是"动物精神"的产物。这里所说的"动物精神"实际上就是一种冲动、不理性的行为。

处于西方主流经济学之外的制度经济学并不认同"经济人假

设"。例如，19 世纪末美国经济学家托斯丹·邦德·凡勃仑（Thorstein B. Veblen）出版了《有闲阶级论》一书。书中提出了"炫耀性消费"一词，指社会上有些人消费是为了炫耀自己，讲排场，讲气派，以显示自己富有。尽管炫耀性消费是不理性的，但却成为新风尚流行开来。这就是"经济人假设"无法解释的一种消费行为。凡勃仑是制度学派经济学家，制度经济学在西方一直被认为是"异端"，它至今依然独树一帜，但照样不受西方主流经济学的重视。

赫伯特·西蒙（Herbert A. Simon）是最早向"经济人假设"提出挑战的经济学家。

早在 1955 年，西蒙就提出了"有限理性"的假定，并由此阐发了"次优决策"的学说。因此，西蒙于 1978 年荣获诺贝尔经济学奖。西蒙学说的主旨是：由于人的主观认识能力有限，以及由于客观环境的复杂多变，最优决策难以实现，人们只得退而求其次，"次优决策"从而有更大的现实性。加之，在多目标的前提下，根本无法求得最优，次优便是最佳选择。

沿着西蒙的"有限理性"的思路，后来有些西方经济学家又提出"第三优"学说，即认为西蒙的"次优决策"还不能解决现实中的问题，应当有"第三优"的心理准备。

西蒙学说仍被认为是脱离现实生活的，因为"次优"仍然难以找到，不如再退一步，用"第三优"可能更符合实际。

到了 2002 年，研究行为经济学的犹太学者丹尼尔·卡尼曼（Daniel Kahneman）和实验经济学大师弗农·史密斯（Vernon L. Smith）共同获得诺贝尔经济学奖。这表明行为经济学以及同行为经济学密切相关的实验经济学获得了国际经济学家们的承认。

行为经济学作为心理与经济学相结合的一门学说，需要得到检验，于是以心理实验室为基地的实验经济学相应地兴起。它以大量的实验结果为依据，为行为经济学的论述作支撑，并帮助行为经济学不断扩大新的研究领域。于是，行为经济学便成为最近一些年日益吸引人们关注的新科学。

二、有关"经济人假设"的争论还将继续

由于行为经济学至今为止还只是对西方主流经济学的基石（"经济人假设"）提出质疑或挑战，所以还不能把行为经济学视为可以同西方主流经济并列的一大分支。

也就是说，至今为止，对西方主流经济学的基石"经济人假设"进行质疑，还不至于动摇西方主流经济学的地位，行为经济学也不至于自称是不同于西方主流经济学的一个分支。行为经济学应该说属于西方主流经济学的范围之内。从这一点看，行为经济学对西方主流经济学的挑战，不同于制度经济学对西方主流经济学的挑战，不同于制度经济学从基本理论上对西方主流经济学采取批判的态度。说得更确切些，行为经济学近年来对"经济人假设"的质疑，仍可以被认为是对"经济人假设"的一种补充或修补，还不能认为是一种推翻或颠覆，更谈不上是取而代之。

由于行为经济学同心理学密切结合，以及同实验经济学难以分离，所以它的前景还不易预料。可以初步断定的是：随着实验范围越来越广，西方主流经济学中有关投资、储蓄、消费、市场竞争等传统观念将会越来越受到质疑。

随着行为经济学对西方主流经济学的质疑的增加，是不是它有朝一日会代替西方主流经济学的地位呢？根据目前的资料看，是不会的。货币学派和凯恩斯学派观点不一、主张不一、争论不休，但并不妨碍二者都是西方主流经济学的学说。那么，更朝前看呢？也许再过几十年，才能看得更清楚些。

今后可能引起争论的问题之一是：为什么人的决策经常背离"经济人假设""理性人假设"？是不是还应当有"社会人假设""现实人假设"？

其实有关"社会人假设""现实人假设"的观点，很多年前就出现了，到现在仍有影响。一个人在遗嘱中作出捐出一大部分给公益事业的决定，或在生前就有这种安排，是同"社会人假设"有关的。一个人在投资和消费活动中有自己独特的打算，也与"社会人假设""现实人假设"有关。但未尝不可以用"经济人假

设"理性人假设"来解释，因为这也符合"货币使用效用最大化"的原则。

再说，弗里德曼把人的收入分为持久性收入和一时性收入，也是对"经济人假设"的一种修正。持久性收入，如工资收入，是按照个人的生活状况安排支出的，这符合"经济人假设"。一时性收入，包括大奖的收入，获得原来未想到的一大笔遗产收入，究竟怎么花掉，就难以预料了，反正不会按常规方式安排。

这里可以以我国农村的一种习惯性支出为例，这就是"送份子钱"。这是指，同村邻居家中有红白喜事（如子女结婚、小孩满月、小孩周岁、老人寿诞、家人去世等），村民、亲友、邻居都要送钱，称"份子钱"。这个习惯过去就有，那时每家送钱不过几角、一元、二元，后来涨到五元、十元，现在连五十元都拿不出手，通常至少送一百元。有的地方竟高到三百元、五百元。这就成了村民的沉重负担。有些外出务工的村民，春节不愿回家，因为一年在外辛辛苦苦，好不容易赚了一些钱，一送"份子钱"就送完了。这表明，农村中的"送份子钱"是一种非理性的支出。但为什么改不了呢？因为"习惯成自然"，大家都这样，所以目前还改不了。

今后可能引起争议的另一问题是：在现实生活中，为什么人的偏好会在较大程度上背离西方主流经济学的推理？西方主流经济学究竟是对还是错？如果错了，错在哪里？

应该说，这是一个很难解决或很难取得一致意见的问题。原因在于：人们的偏好的形成并不是一定来自理性的思考，或来自利弊得失的仔细斟酌。

比如说，明明知道大量喝酒是有损身体的，为什么有人能不饮、少饮，有人偏偏不改？

又如，明明知道国债券的风险小，股票的风险大，为什么有人倾向买国债券，有人倾向买股票？

可见，不可能有一致的偏好，不同的人总会有不同的偏好。

对不同的人的不同偏好，学者们可能会从各人的家庭背景、教育状况、经历、财富的来源等方向来解释，但这些解释又不见得都对。所以，很难说西方主流经济学的"经济人假设"是全对还是全错。

可以说的是：即使"经济人假设"在实践中已经遇到各种各样的无法解释的困难，那仍然是一个修补的问题，而不是推倒重来的问题。有智慧的创业者应有自己的主意，有自己的经验，有自己的分寸。

今后可能引起争论的还有一个问题是：按照"经济人假设"，人们会对未来的收益进行概率的估算，但实际上，人们往往不会计算概率，那么人们将根据什么作出选择、作出决策？这也从另一个角度说明了实验经济学的局限性。实验经济学只能告诉大家：人们是如何做出选择的，但却不可能告诉大家：他们为什么这样选择。实验者可以对"为什么如此选择"作出研究者自己的解释，但又在多大程度上可信呢？最后，只可能有以下四种答案：（1）从众；（2）从书；（3）从亲；（4）从上。

下述问题，今后也有可能引起进一步争议：在实际生活中，人们究竟是倾向于冒风险而赚钱呢，还是倾向于避免风险而求稳妥呢？

这是两种不同的选择，因人而异，因不同国家或地区的形势和历史文化传统而异，而且争论是会长期存在的。实验室调查的结果未必能说明问题，因为人的思考方式会变。

尽管这方面的争论会长期存在，只能认为人与人是有区别的。每个人作出的选择不能被看成是无根无据的，也不能断定某人必定永远如此。人的经历多了，个人的经验多了，会形成个人的习惯，但这并不意味着他以后不会改变。

美国研究消费经济学的经济学家早在 20 世纪 60 年代就论证过，人的一生的不同阶段会有不同的决策考虑。年轻时一种想法，中年时另一种想法，老年时又是一种想法。三个阶段的不同想法都是对的。比如说，老年人更想把自己的健康放首位，是人之常情。

今后可能引起争议的还有相对收入问题，比如说：在实际生活中，人们会因工资水平上升而感到高兴，但如果发现有些同事工资水平上升的幅度比自己大，从而感到愤怒，这是不是常规？应当如何作出解释？

杜生贝（Duesenberry）很早就提出了相对收入假定。看来，相对收入概念是有道理的。在某些场合，绝对收入会比相对收入更重要，但在另一些场合，相对收入可能比绝对收入更能影响人们的情绪。而杜生贝的假定已经被大量事实证明，它依然可以补充"经济人假设"。

今后可能引起争议的问题还很多，再举一个例子：有些问题既不是"经济人假设"可以解释的，也不是行为经济学可以解释的，例如人们对"幸福指数"的认识，难道"经济人假设"和行为经济学之外还有第三种学说可以解释它？

人们对"幸福指数"的评价是多种多样的。新西兰的毛利人就用自己的标准来作出判断；喜马拉雅山区的不丹国民同样有自己的评价标准，这同西欧各国的人民评价显然不一样。能说谁的评价标准最正确？无论是西方主流经济学还是行为经济学都无法完成这个任务。也许制度经济学研究者可以从另一个角度来分析。

在一次学术讨论中，有一位社会学家对所有人一直说不丹国民众是如何幸福的。经济学家问："你为什么不带着老婆孩子移民到不丹去生活呢？"那位社会学家只好说："再考虑考虑。"

待讨论的问题太多了，我们无法在这方面继续举例说明。现在我们不妨步入与创业者有关系的领域再进行一些探讨。

三、有智慧的创业者不应该局限于"经济人假设"

在行为经济学向西方主流经济学挑战的过程中，一个有智慧的创业者应当考虑的第一个问题是：决策者进行任何重大决策时，仍然应当从成本越低越好、效益越大越好的基点出发，关键在于效益包括什么？仅仅是经济效益，还是包括社会效益、生态效益？

在这里，经济效益和社会效益、生态效益的兼顾是必要的。仅仅着眼于"经济人假设"，显然不够。因此，一个有智慧的创新者也应当是"经济人""社会人"和"生态人"的合而为一。

在行为经济学向西方主流经济学挑战的过程中，一个有智慧的创业者应当考虑的第二个问题是：不要迷信实验经济研究所得出的数据，它们可作为参考，但未必易时易地易人都有效。

也就是说，以实验室为基地的各种调查分析资料，既有可供经济学研究人员参考之处，也有无法解释真相的疏漏之处。有智慧的创业者不应当随意跟随实验经济学家的分析结果。一定不要忘记，经济学是思考的科学，始终不要忘记经济理论的指导意义。对行为经济学，人们常有这样一种带有讽刺意味的评语：个案的研究似乎主流经济学什么都错了，但从总体上看，主流经济学似乎还是对的。

研究营销学的学者都懂得，一个家庭中，不是每个家庭成员都会作出消费决策的。比如说，只有主妇才作出买什么、不买什么的决策，其他成员不过问。但在重大消费决策时，如购房、购车，或全家到何处旅游，这时才会全家一起讨论。所以做广告时也需要先找准对象，有的放矢。如果仅对一般不过问家庭消费支出的人做广告，有什么意义呢？家庭主妇在一般情况下，省钱、商品耐用是主要考虑。这依然是"经济人假设"在起作用。

在行为经济学向西方主流经济学挑战的过程中，一个有智慧的创业者应当考虑的第三个问题是：每一次决策都是另一场战役的重新开始，都要重新部署，不能凭侥幸，凭经验。经验可能是财富，也可能是包袱。例如掷骰子，连续几次都是"大"，难道下一次必定是"小"？不一定。因为每一次重掷骰子，"大"和"小"出现的比例始终是50%。股票上涨后，什么时候会由涨而跌，很难估计。但股市涨跌和掷骰子是不一样的：掷骰子时，下注的人的心愿不起作用；而股市不一样，大家都说股市会下跌，争相抛出，股票就真的跌了。

在行为经济学向西方主流经济学挑战的过程中，一个有智慧的创业者应当考虑的第四个问题是：小富靠勤奋，中富靠机遇，大富靠智慧。这是广东一些民营企业家说过的话。

实际上，无论小富、中富还是大富，勤奋、机遇、智慧都是不可缺少的。即使是大富，除了要有智慧，难道就不需要勤奋，不需要抓住机遇吗？所以，我们只能作如下解释：对小富来说，努力拼搏、勤奋工作是最重要的；同样，对中富来说，抓住机遇就显得更重要了。然而，要成为大富，就必须有大智慧。要站得高，看得远，要懂得宏观经济走向，要了解国际、国内的政治经济形势，要权衡利弊得失，要会用人，会培育人，要有自己的、熟练的管理团队、营销团队、研发队伍，还要讲诚信，死死守住法律底线、道德底线，绝不动摇。这才是成功之道。行为经济学能告诉你这些吗？

四、市场是可以创造的，机会是可以抓住的

市场作为整体是否有理性，值得创业者们进一步深思：已有的实验结果是不是有足够的说服力？

我可以郑重地告诉创业者们，实验经济学才刚刚起步，它还不可能一下子多么完善。现在还很难说实验经济学的实验研究能在多大程度上推翻了西方主流经济学的一些理论观点。在这方面，不妨继续观察、等待。

一个有智慧的创业者在这种场合需要进一步深思的是：符合国情可能比什么都重要。即使市场作为整体是或者不是有理性的，但如果现在就下结论，未免为时过早。创业者既要考虑实验经济学的研究结果，也不要盲目认为这就是结论。

即使市场整体始终是有限理性的，创业者也需要思考如何运用自己的智慧来实现自己的创业蓝图。

这是因为，市场对于投资者或消费者来说，始终是现实的，而不是抽象的、空泛的。立足于国情，立足于市场的发展和变化，才是稳妥的策略。

有智慧的创业者一定要懂得市场是可以创造的，机会是可以抓住的。手机本身只有通话功能。但手机市场在不断扩大，原因就是手机功能不断增多。这就是创造市场。需求创造供给，供给也创造需求，二者是结合的。没有创新意识，没有创业精神，或者被市场中的某些超正常的现象所困惑，或者为周围的企业家们的错误判断或决策所干扰，这既无助于个人对形势的清醒认识，也无助于个人闯出一条新路。

难道有关市场理性的西方主流经济学不会使"经济人假设"进一步完善吗？有智慧的创业者可以由此得到哪些新的启示？

问题依靠有智慧的创业者去解决。要多思考，多进行考虑，比轻易相信某个研究者抛出的数据更有助于作出决策。

总之，市场研究中，"经济人假设"是不会那么容易被推翻

的，否则就低估了西方主流经济学界的智慧了。

市场可以被创造，表明了创业者的才智永无休止之时。

机会被牢牢抓住，进一步说明了市场参与者的努力不会白费。

在这里可以以家族企业的发展过程作为例子，来说明家族企业做事不是全受"经济人假设"支配的。为什么会涌现家族企业，无非是三个原因：一是家长有凝聚力，又能干，能带领家庭成员一起创业；二是家庭成员在创业时期齐心协力，为家族企业的发展创造了条件；三是家庭企业需要兴盛，必须抓紧机会，必须有自己的特长，在市场中讲诚信、守法。这样，家族企业不仅从此兴起了，而且能维持若干代。中外古今，大体上都因为具有上述三个条件而成就了"老字号"。

然而，家族企业并不是仅仅依靠"经济人假设"而兴盛起来的。对家长来说，从创业之时起就有双重使命。一个使命是使本企业做精做强，以便在社会上立足和发展。在这种情况下，家族企业可能依照"经济人假设"行事，力求"成本最小化"和"效益最大化"。但家族企业在一开始就具有另一个使命，即不让家族中某一支贫困（或者让某一个家族企业男丁少，或能力差，或病人多等）。也就是说：家长作为企业的创业人一定要照顾弱者，不要让他们掉队。这就表明家长心中有两本账：一是经济账，二是家族账。家族账又可以被说成是"家族群体的责任账"。虽然这还不能说是"社会责任账"，但依然可以说成是"家族群体的责任账"。这一笔账同"经济人假设"没有必然的联系。两本账的存在，是家族企业的特点。为什么后来家族企业会分家，另起炉灶，与此有关。

一个有智慧的创业者怎样根据中国市场的实际情况，筹划和安排自己的创业活动？这应当是最重要的事情。

中国大多数人的偏好未必像西方成熟的市场参与者那样不按照常规多变、易变。即使在成熟的西方国家的市场中，一些人的偏好的非常规变化，也不一定表现为持久化、永恒化。各国有各国的文化传统，各国居民都有自己的投资习惯、储蓄习惯和消费习惯。有智慧的创业者，一切从本国的实际出发，要比盲目跟风更稳妥，更有前途。

　　最后，我想在这里谈一谈我在 2012 年英国伦敦同一些英国经济学家有关网上购物的一场讨论。英国经济学家中有些人认为，网上购物已经成为了一种大趋势，生意日益兴旺，大百货公司迟早会被排挤掉。但有一些经济学家则认为大百货公司不会轻易地被排挤掉，因为它们有固定的顾客群，这就是家庭妇女、时髦女郎。她们认为逛大百货公司是一种乐趣、一种享受，可以用手摸一摸时装的面料，可以试穿，可以挑选，即使这次没有买成，但乐趣仍在，享受依然。网上购物，以上班族为主，他们有急用，为了节省时间，也可能为了省钱，所以选择网上购物。但网上购物代替不了大百货公司。这场争论中，究竟胜败如何，现在还不得而知。但能不能这样认为：人们通过网上购物，表明"经济人假设"在起作用，因为省时间，省钱。家庭妇女、时髦女郎到大百货公司购物，因为那里体现了人性化服务，各个消费者的偏好不一样，所以大百货公司还能继续存在。其实，人性化服务也应该包括在"经济人假设"中，因为这也是从"最大满足"这一点出发的。

　　真的是这样吗？让时间来检验吧！

>>> 第 2 课

吴志攀："互联网思维"与网络支付

导师简介

吴志攀，男，1956 年出生，1975 年参加工作，1988 年毕业于北京大学法学院。

现任北京大学常务副校长、党委常委，教授、博士生导师，中国法学会副会长（兼职）。历任北京大学法律系副主任、主任、法学院院长、校长助理、副校长、校党委常务副书记、校务委员会常务副主任、法律总顾问等职。兼任北京大学亚太研究院院长、北京大学金融法研究中心主任。

已出版以下主要著作：《金融法概论》《国际经济法》《金融全球化与中国金融法》《金融法典型案例分析》《资本市场与法律》《上市公司法律问题》《商业银行法教程》《中国人民银行法教程》《国际金融法》《商业银行法论》《香港商业银行与法律》《金融法的"四色定理"》。

"创新创业"实际上并不是什么"新鲜事物"。改革开放三十多年来，我们起码观察到过两波创业浪潮，20 世纪 80 年代初的"个体户"与 90 年代初的"下海热"，其本质与今天的创业并没有区别，都是中国市场经济发展不同阶段的产物。但与此前的两次浪潮相比，今天创业的主体更加年轻，主要为"80 后""90 后"，接受了完整高等教育的青年一代，创业的模式、路径、规模以及成效也显著变化。

青年创业实际上已经成为了世界性的现象，最近二十年来，青年创业在美国长盛不衰。1996 年，美国的全部企业之中，有 11％是 25 岁以下的青年人创办的，而 1997 年新开张的就有 130 万家。青年创业明星在美国层出不穷，比如社交网络脸谱（Facebook）的创办者马克·扎克伯格（Mark Zuckerburg），在公司上线时年仅 20 岁，至今其财富已经达到了 351 亿美元，高居 2015 年福布斯富豪榜的第 16 位。中国大陆的青年创新创业虽然起步要晚一些，但发展速度越来越快，对整个经济社会发展的影响也越来越大。创业的主体和美国一样，都是接受了良好高等教育的青年，而且创业的空间也高度集中在北京、上海等一线大城市（美国则比较集中于硅谷等地）。

同时，我们可以发现，互联网在这些创业过程中扮演着越来越重要的角色，不仅美国等发达国家如此，我们当前的创业也是如此。仅我在北京地区观察到的几乎所有的成功创业，都与互联网有着密切联系。

所以，我想以"互联网思维"和网络支付为题目，讲一讲我的一些初步思考。我的专业是法学，主要是金融法，所以，我下面讲的，可能都是"外行话"。希望这些"外行话"能给有志于创业的年轻人一点启发。

一、"互联网思维"的本质及对旧的思维模式的改变

作为 20 世纪 50 年代生人，我是到差不多四十岁左右，才开始较多地使用电脑，对互联网的使用就还要晚一点。而年轻的"80 后""90 后"，可以说是一出生就上网，他们的生活完全离不开网。手机对我们来说，也是比较新的玩意儿。90 年代中期，使用"大

哥大"的人都很稀罕，但现在的年轻人，已经离不开手机，离不开移动互联网了。

所以，现在的时代，是互联网时代；现在的一切社会生活和经济活动，都不太可能离开互联网。新的技术，改变了生产生活的形态。

那么到底什么是"互联网思维"呢？推特（Twitter）的创始人埃文·威廉姆斯（Evan Williams）给出了三个层面的解释：第一是商业方面的，发现并解决用户的一个微小"痛点"，这种发现不是想象，而是推动改善生活质量的推动力；第二是聚焦和减法，选择人类长时间段的需求并且研究去除需求的中间环节，尽量使其一步到位，简便易懂；第三是解放人性，解放人性不是技术解放人性，而是人的思维和文化解放了人性。

互联网思维怎么改变人的思维？互联网的特点第一是高速。现在 3G、4G，将来还会更快，这种高速也造成了折旧加速。第二是简便。简便体现在互动，简便体现在可移动，简便体现在免费。第三是全球化。第四是每个用户都是一个自媒体。上述每个特点并非互联网独有，但互联网却把这些特点集中起来使人的思维发生了根本性的逆转，这种逆转是我们以前想也不敢想的。互联网的思维前身就是工业时代的思维，已经延续了 300 年。工业时代的思维核心是流水线，它的环节、指令、传递、执行、效果、反馈、改进都有非常完善的思维模式，并且目前它还占据着主流。比如我们现在的药品生产还延续这种思维，研发、实验和生产并不会与消费者发生互动。

互联网思维会颠覆工业时代思维，不同思维模式会形成不同的组织方式，行为模式也会发生改变。我们以餐馆为例，麦当劳是快餐业最典型的一个例子，它在全世界一百三十多个国家有三万多家加盟店。斯坦福大学的教授认为，它不是一家餐饮店，而是一个平台，是将大宗的面粉、肉类、牛肉鸡肉等供应商与加盟店主们对接起来的一个平台。我们认为，麦当劳平台上的消费者关注的是食品、用餐服务的效率，不关注麦当劳里面的人和故事。我们的这种认识就是老思维。就像钱钟书拒绝女记者的采访，他说鸡蛋好吃就行了，你不必看那只生蛋的鸡。

但是采用互联网思维来观察就很不一样，互联网思维让人关注消费背后的人和故事。比如北京的黄太吉煎饼果子店的网络营销模式，将特斯拉送外卖、大明星般主厨的照片发到网上吸引粉丝，现在不到两年市值已经达到四千万元。黄太吉做网络营销，分享的不是煎饼果子，是创业新星与粉丝之间的美好时光。不光嘴吃，眼睛也吃，那是非常愉快的一件事情。再比如快递行业，对一个地方的经济与社会生活影响巨大。顺丰快递现在不仅仅是一个快递公司，它在培养用户习惯上影响很大，甚至学生高考填报志愿和毕业分配都要考虑学校所在地的快递效率与费用。

二、互联网思维的应用：网络支付的兴起

互联网思维改变了很多行业，除餐饮业外，金融方面也发生了根本性的变化。我们知道，大家的生活都会与金融产生联系，都有储蓄卡、信用卡，都会使用卡或者现金进行支付，这些都是互联网思维出现前传统意义上的支付。这些支付是通过银行渠道结算完成的：现金由银行发给单位，单位给你发工资去消费，现金再从商家回到银行，我们称之为回笼；如果用卡更是这样，信用卡由银行发出，刷卡之后这个钱到商店账上，商店再给银行交使用费，转一圈再回去。但是出现网上第三方支付之后，金融业出现了重大改变甚至是突破。

为什么网上会有互联网支付？主要是由于中国本土传统支付存在诸多困境、零售商品消费概念的出现、互联网支付手段的简易便捷、政府监管环境相对宽松、中国人口基数大等原因刺激了互联网支付手段应运而生和蓬勃发展。

（一）传统支付的特点及困境

中国家庭的支付特点跟国外完全不一样，因为没有个人支票，信用卡直到 20 世纪 90 年代才出现，外汇卡也直到 1995 年才出现，所以，国人习惯大量使用现金。到今天为止，我们支付的 74％ 是现金；借记卡消费占 10％；信用卡只占 9％；购物卡占 3.3％，这个比例是相当大的，中国零售品销售一年高达 22 万亿元，22 万亿

的 3.3％是非常多的一笔钱。网上第三方支付出现的时间虽然很晚，但已经达到 2.87 亿元了。与此对应的是，信用卡的使用率非常低，速度增长非常慢。

这会产生什么样的结果呢？中国没有个人支票，就没有建立起各种个人记录和评级。国外都有针对个人的信用评级，办理贷款和信用卡大额支付时要先审查个人信用评级。中国传统上多使用现金，所以我们的运钞业务和验钞业务很发达，我们的运钞车里运输的是现金，国外的运钞车里运输的是票据。同样，我们的取款机中现金数量也较多。2008 年著名的许霆案就是因为取款机出现问题，使许霆提取了远多于他实际应得的十几万元，法院判处他破坏金融秩序罪。这在当时引起很大争议。关于类似案情，英国律师和香港律师都认为法院不应这样判决，因为是机器自身损坏，与当事人无关。但是在中国，钱和银行都是国有资产，你侵犯国有资产自然被惩罚，这与我国现金量使用太大关系密切。

票据支付的方式也比较复杂。假如我们不使用现金而是支票来结算的话，支付流程就是单位开一张支票，你拿到商店去，填上用户给他，然后把东西拿回来，商店再把支票给银行，银行去取钱，你账上得有钱，再转给商店。这里，所有结算的控制系统一定是人民银行的，人民银行是政府的，不盈利。每一家商业银行都要在人民银行那儿开一个结算的户头，结算户头必须得存一笔钱，这笔钱叫"头寸"。每天晚上下班之前，你在人民银行本地结算中心的"头寸"，必须能够支付你所有应收的票据，不够的话就得退票。退票是谁的责任呢？除了银行有责任以外，开空头支票的客户也有责任，所以中国就对开空头支票的人定罪定得非常重。我曾经是海淀法院的人民陪审员，我就参加过一次陪审，有一个小青年在海淀贩电脑，因为支票账户的钱没能及时到账导致退票，多次退票后被判处有期徒刑 7 年。

票据结算体系极为严格，都是商业银行来接收票据，如果不是商业银行，就不能接收票据，因为所有在商业银行开支票账户的公司和企业，必须在账户上也有"头寸"。在这一点上讲，商业银行在中央银行有无息的一笔存款，这是巨大的商业利益。这块业务必须让商业银行做，如果不给商业银行做就不能结算支票了。

因此，国家对银行控制得非常厉害，要成立商业银行，现在为止注册资本必须有十个亿以上。相比之下，成立一个公司只要有几百元、几千元，而银行却是注册资本高、审查严，开一家银行到今天也不容易。所以，既然开一家银行这么不容易，银行就有金融的特权。以前，自然人和一般的公司是不能参与这个结算的，但是现在不一样了。以前老百姓没支票，只能用现金，90 年代初也还没有银行卡，不管是买房子、买钢琴，还是买大件，都用现金。当时买东西非常壮观，都是抱着口袋、背着钱袋去，柜台上到处数钱。现在中国人出去旅游，习惯携带现金，因为 1995 年才有个人信用卡和外汇卡，直到 2000 年的时候信用卡还没有普及，大家都使用现金。

近几年，中国信用卡发展得非常快，但个人信用登记却发展缓慢。信用卡现在已经发展到什么程度呢？每五个中国人就一张信用卡，每个中国人平均有两张储蓄卡，那么今天储蓄卡已经普及了，所有发工资单位基本上都是用卡发了，一般的人在城市里也都很容易拿到信用卡了，所以消费的现金量大量减少了。信用卡的消费量是大大地增多了，所以银联和银行就发展得非常快，但与之相对的是个人信用评级进展缓慢。

（二）零售商品消费与网络购物兴起

零售商品消费概念的出现为互联网支付方式的产生提供了土壤。这一概念不包括车和房子，主要是小额消费。我们看一组数据，全国银行卡平均消费额是 7500 多元，这是用卡消费的数额，每一次的消费额是 2000 多元，分别增长量是 28% 和 6%。再看移动消费，移动支付业务是 16 亿笔，金额是 9 万多亿元，虽然整个数量跟刷卡消费还没法比，但是它的增长率，分别增长了 112 倍和317 倍。二者相比，是不成比例地增长，说明移动支付大部分是个人消费，单位很少用手机支付。2004 年，类似于支付宝的平台，在网上出现了 30 多个，其中最典型的就是支付宝。增长这样快的原因是什么呢？原因在于安全和担保。网上用信用卡支付如果需要退货，钱能不能马上退回来，得等一段时间，甚至无法退款。支付宝作为第三方提供担保，买家可以把钱先打到支付宝账户上去，验货满意后再让支付宝把这笔钱给付过去，如不满意则可退货。换一个角度讲，这也刺激了网络购物快速兴起。

（三）宽松的政府监管环境

支付宝和余额宝的结合更是把支付和投资结合在一起，但是像支付宝这样的支付平台并不是银行，甚至在 2004 年兴起时，连金融机构都不是。但对于新生事物，国家给予了相对宽松的政策环境，当然也来不及出台相关法律监管。到现在有 200 多家这样的机构有了人民银行发的许可证，还有若干家无许可证的也在运行，只不过有许可证的做得大，没许可证的做得小，原理本质是一样的。比如我们现在看众筹和人人贷，这些东西你问问它们现在有什么许可证吗？没有，也没有监管。他们现在已经做了十几亿、二十几亿、三十几亿的贷款了，每天都在网上做，都是些创业的大学生，都很年轻，本科毕业就进入这一行业，也是北大人居多，这个很了不起。我跟他们见过面，通过了解，我认为这个领域从法律上还缺少相应专门的规定和资质。

（四）简易便捷的互联网支付

互联网追求以用户体验为核心，简易、便捷也是推动其发展的重要原因，互联网支付同样如此。互联网支付绑定在银行卡上通过扫描二维码购买产品，这在技术上已经没有障碍，用户省去输账号和密码的时间，这对于眼神不好的老人和没有耐心的年轻人非常适用。扫码购买在小额消费上非常方便。比如，通过扫码购买小吃、饮料、报纸、杂志都很方便。所以它在东南亚、日本、韩国等国家和地区，非常流行，大概普及率将达到或者已经达到 95％以上了，特别是地铁超市和餐厅。

回到支付宝，它的推出比网银晚，招商银行是最先推行网络银行，我记得 2000 年年初，招商银行就致电我开通网银。但为什么支付宝发展起来会比银行的网银快呢？以最大的商业银行——中国工商银行的网页为例来看，它的网页做得非常复杂，再来看支付宝的网页，设计非常简洁。我们再看一下百度金融，跟支付宝比，看起来就相对费劲，文字和栏目太多。所以答案出来了，就是网络思维的所有因素你要考虑进去，你不能把银行搬到这上面去，只需要考虑很简单的要素，让用户 5 秒钟就可以进去操作，内容要精炼。

（五）中国人口基数大，互联网支付用户转化量较高

移动支付最能吸引年轻群体，特别是学生群体。初中生和高中生成为了这个群体中的主角，因为他们钱少、又想买便宜的商品，而网上购物能够满足这一需求。大学生也是网络支付消费主力军，自由职业者和个体户也都是其中的主体，因此这个群体最大的特点就是年轻，他们有时间且钱少。我们有多少年轻人呢？据统计，我国目前在校大学生有 3700 万，我们现在全国以学生定义的人有 3.2 亿，这是一个多么庞大的数字，其中百分之几的部分使用互联网支付就已经能达到几千万的用户，这是全世界独有的。这也说明了我们为什么今天中国的网络金融、网络营销会比美国还炒的热，虽然美国在网络上一定比中国速度还要快、还要发展得早，金融业一定比我们成熟，但是把这两个结合在一起的这个新鲜事，它却没有中国这么丰富，这是为什么呢？那就是中国现在上网的人是美国全国人口总数的一倍还多，我们拥有的微信用户，也是他们人口总数的一倍还多。

三、网络支付带来了深刻的变革

（一）支付手段的重要转变

互联网支付突破了传统支付的三重藩篱。一是非现金化的，中国 74％ 的人消费用现金，现在一部分现金就流到网上去了，它不再用现金了；第二绝对是非票据化的，因为我们本来就没票据，那就更不用了；第三是非银行卡化的，是我们不用到现场去刷卡再去签字，我们坐在家里、宿舍里、车上，用手机就把这事办了。所以第三方支付的发展方向就是把银行作为辅助，现在只是说你把你卡上的钱给我转过来一下，我需要银行，如果将来有一天它不需要银行卡转账了，它用别的任何一种方式转账，是完全有可能的。

　　我再做一个大胆的猜测，比如北大发的校园卡，这校园卡上的钱跟银行没关系，这校园卡也有足够的信用，因为每个学生的名字和学号都在上面，校园卡上的钱也不少，因为在学校干什么事都用校园卡。如果某一个网站和学校挂了钩，这卡也可以转账，那银行不就不用了吗？我们这也是数额巨大的流水天天在转，所以从 2004 年的支付宝、2013 年的余额宝开始，已经成为一个独立的渠道、独立的产品开始运营了。到 2014 年又出来了新东西，如微信红包、滴滴打车等，这样的产品不光是在网上，它们甚至分享了央行支付结算的控制权，也分享了商业银行支付渠道和结算产品的垄断权。半年以后，央行和商行都有反应了，因为它增长速度太快。

（二）对传统银行等造成的冲击

　　现在微信可以支付了，没有手续费，这个对银行、银联的冲击非常大，所以，银行逐渐成为网络公司和移动通信公司的一个辅助成员了。我是搞金融法的，我的博士论文做的就是类似的题目，我现在还担任着北大经管中心的主任，也参与起草过《银行法》《证券法》等，这在我看来是一个巨大的革命。好在我们政府非常开明，允许试验，以后怎么管，看以后的发展。但银行就不高兴了，因为它的蛋糕被分了。移动支付公司没有银行这么大的注册资本，也没有像银行这么严格的金融监管，但是它却做着金融的事。据《互联网金融背景下商业银行发展策略研究》①分析，在中国，互联网金融的发展主要是监管套利造成的。互联网金融公司没有资本的要求，也不需要接受央行的监管，这是本质原因。

　　2010 年 12 月，支付宝用户突破 5.5 亿人次，这使得银行暂停了部分业务；等到 2013 年推出余额宝时，你买东西的钱剩在账户上可以转到天弘基金上，你自己填一个协议，就是点 yes 就可以了。这对我们合同法也造成了冲击，合同法的定义已经要改变了，根本不需要那么复杂。随后，余额宝迅速发展，其用户在 2013 年

　　① 朱静. 互联网金融背景下商业银行发展策略研究 [J]. 《中国市场》，2015（35）：56-57.

年底已经超过了 4000 万人，金额规模达到了 1800 亿元。前几天，用户数量已经突破一亿，金额规模高达 5400 亿元。这是什么数量级呢？世界上最大的投资基金，也就是 6000 亿元，但是那些基金可是老牌基金。这个可是很短的时间内冲出来的黑马，在这么短的时间内就已经 5400 亿元了，如果它达到了 6000 亿元，那么它就在全世界范围内和老牌基金平起平坐了。可以说，如果没有余额宝和支付宝的帮忙，天弘基金在中国都排不上位置，中国的基金很多，但现在天弘基金在中国已经是最大的了，并且还在增长。余额宝第二代出现的时候，开始做保险类产品的营销，6 分钟时间内销售了 8.8 亿元。如果没有网络这一工具，任何门店是做不到这个数的。

买东西和赚钱相比，人们还是喜欢赚钱。现在的支付宝平台，不仅可以做投资、保险，还声称要推出零佣金的证券代理。这样一来，金融的三大行业网上就都做了。传统三大行业的银行、保险公司、证券公司的门店就需要计算成本了，租金、人工、摄像头等。但支付宝不用考虑这些因素，网都是公用的网，电脑、手机、话费都是用户自己的，然后客户用网络等公用设施办理业务。银行无法削减这方面的成本，银行是采用专线电缆与总行联系，证券公司和保险公司都一样。而支付宝采用公共网络交通，成本是没法计算的，所以能给用户很高的利润回报。

移动支付使用非银行支付渠道，使其利率和费用都极低，网上支付不对用户收费。使用信用卡刷卡时，在本地消费不收费，但是你用信用卡到异地去取钱、跨行取钱、到异地跨行取钱、到异地在本行的系统内取钱，可能多少都会收一些费用。而移动支付就没有这个情况，支付渠道、产品都是由网络公司和通信公司来决定的。

（三）对社会组织形式的变革

移动支付更大的意义在于，这不但是支付的革命和思维的革命，更是真正具有社会意义的革命。因为它真正使金融机构扁平化，淡化了阶层的存在。我们到银行去的时候，可能有 VIP 客户、大客户专属的区域，机场可能有大客户的休息室等。若你不是 VIP 可能得排队，但是到网上以后，大家基本上都平等了，学生、年轻人、低收入群体在网上获得的权利，跟 VIP 是一样的。这样的情况下个人是平等的。个人在微信群里的信任度、依赖度和透明度也都提高了，这些理念和价值，在这以前是很难实现的。因此，它实现了现实社会所不能获得的自由和无畏。

我们做一个小结，过去有一句老话说"物以类聚，人以群分"，今天手机各种各样的营销模式以及通讯信息交换的模式都是群分的，只是群有大有小。因此，它已经逐渐成为现实社会中交往的一种新型社会组织形式，也可能成为企业和事业单位的组织形式，而且还可能进一步影响到我们的行为方式。例如，我们需要找人去做一件事，我们通过群发就组织起来了，所以说，这种社会形态、社会范式、思维形式、动员形式，都是前所未有的课题。政府、银行和其他金融市场都会遇到这种挑战。在互联网中的那群人，可能是卖煎饼的，可能是卖牛肉粉的，可能是送快递的，也有可能就是十七八岁的学生，你可能不知道他是谁、在哪里，但他也许突然一夜之间，就成了一个新的明星，然后就有很多粉丝去吹捧他，他们之间就形成了一个非常紧密、互相信任的群体，然后这个群体就有很快的增长能量。

2011 年，腾讯推出微信，一年多用户量突破了一亿；2012 年 9 月，突破两亿，间隔不到六个月；2013 年 1 月份，达到了三亿；现在，已经超过六亿了，六亿就已经是美国人口的二倍了。

我们现在手机用户数量也很大，因为很多人都有两部手机，有的人甚至有三部，这样用户总数就多了。微信推出 5.0 版、5.2 版以后，用户又可以用微信充值话费，可以拿它付钱，可以打车，并且打车还有奖励，虽然五元钱大家也不在乎，但还是吸引了很多年轻人。对我自己刺激最大的就是春节发红包，各位认为这是游戏，但作为一个研究支付的人而言，我认为这是一个非常大的革命，因为它可以完全不通过银行系统，不通过现金支票和银行卡，实现人对人的无线支付。这是个了不得的事情。假设我是一个小老板，我以后发工资就用微信，因为我可以个人支付了。如果微信群可以无限制地加入群的话，那一个大单位也可以把职工全加到一个群里，我就用微信发工资。虽然现在大家抢红包都还只是一种游戏，但是它的巨大意义就是试验成功了一种支付方式，这种方式是人到人的，而且是一个小群体的。这有什么好处呢？可以提高小群体的信任度，比如你在网上支付，那个买家你可能不认识，会担心出问题，但是小群体这一圈子人你可是都认识的，你的风险可以大大降低，你可以做的事情就更多了。如果出了事，一会儿就把那个人给找出来了，所以这是很厉害的。

四、风险与目前的制度困境

（一）网络支付风险及规避方法

扫码支付在中国刚刚兴起时因为安全原因曾被叫停。其实，安全原因可以用限额来规避，比如限制它在 1000 元以下，充值不能买 1000 元以上的东西，这样实际上就没有安全问题了。在中国，1000 元是开支票的起点，这可以作为一个参考数。国务院也规定商业预付卡在 1000 元以下可以不实名，可以用现金，不用支票，所以 1000 元以下是不管的。但是现在用这种方式一角也不行，因为这种方式确实是对银联卡的一个巨大冲击，银行担心将来人的钱都不存到银行去了，都存到网络公司里去了。尽管如此，支付宝的手机支付还是在 2014 年春节就支付了一亿笔。支付总额相当高，所以支付宝已经成为了全球最大的移动支付公司了。支付宝到今天来说也不是一家银行，但是它已经远远超过了一家小型或者中型银行的规模了。

大家可能会说它有风险，那传统的支付就没有风险吗？现金支付有没有风险呢？同样有风险。所以，我们为了减少风险，保险柜、压钞车、钱币收藏、验钞、提款、钱包都出来了。将来如果这些都拿手机做的话，这些人、这些行业可能都要缩减。票据支付也有风险，我们的票据诈骗很多，伪造票据、伪造密压的都很多，不过现在风险很小了，因为票据上有磁条，然后你支付的时候会给你发短信，如果不对的话你能马上制止，这种情况也是电信发达、移动通信发达的结果。银行卡支付也有风险，比如卡在我身上，来电话说我在西安取了 4000 元，这怎么可能呢？那这就只能找银行打官司去。所以说这些情况都有风险。现在由于短信通知的方便，每划一笔钱或每进一笔钱，用户马上能收到短信，风险相对小一点。那么我们的商业储值卡有风险吗？比如商务通，商务通有自己的发卡系统，跟酒店、商店联系，可以拿着卡到它联系的商店和酒店去消费。它自己是一个全国性的系统，这种情况也有风险，这个风险主要是丢失的风险，因为这个卡是不记名的，别人捡到后照样可以刷，你一点招都没有，所以说都有风险。

那么网上第三方支付有风险吗？当然有风险。网上第三方支付，消费者在网上进入它的服务器，然后服务器会给用户和有关发卡银行转账，所以它最大的风险可能是病毒，或者是黑客，还有一个风险是停电，这三个都是技术类的风险，它本身的风险不会比前三种更大。还有一个手机移动支付，是不是有风险？它的风险可能更大，比如说手机可能丢了，然后你身份证号码也被人知道了，开机密码被人试出来了，那就麻烦了。我们再来看看可穿戴设备，现在已经有了，衣服、首饰、眼镜、腰带等，看起来像个机器人。这些东西将来发展起来以后，遗失的风险就小了。如果我们接受不了这么时髦的穿戴的话，那只能发展手机保险业了，给手机做保险，手机丢了保险公司赔，那也可以。另外，你也不愿意保险也不愿意穿这些东西怎么办呢？那你就用钥匙链挂在腰上，或者把手机拴在脖子上也可以。

（二）法律滞后带来的监管困境

从法律视角看，这些新兴事物是怎样的呢？现在的法律，完全跟不上网络支付、移动支付的发展。我们这个非金融机构的管理办法是 2010 年开始公布的，其中对移动支付所存在的问题指出来了：电子支付会有风险，第一个风险就是，在某些第三方支付那里存了相当多的资金，这些资金如果发生了问题，这些第三方没有银行那么好的保险系统，到时怎么办？第二，可能出现在这里面套用一些银行的服务信用问题，商家可能会出现，这在法律上是不允许的。第三，还有电子支付的商业认证问题，因为银行是有牌照的，它的门槛很高，但是第三方支付有牌的也做，没有牌的也做，那你这个风险就不均等了。第四，就是业务革新的问题，比如微信，两年多时间就推出多个版本，又如支付宝、余额宝每天可能都在跟客户互动，根据客户意见不断发展，变化速度非常快，可能政策法律还没讨论完，就已经过时了。第五，恶性竞争的风险也会出现，现在有牌照的支付公司是一部分，但是没有牌照的公司也在做，且它们因为没有牌照所以成本很低，这样便会造成恶性竞争。

另外还有一个较大的问题，就是原有法律条款和法务经验已经不适用于互联网金融发展境况。"互联网金融兼具普惠金融与跨业经营之双重特性，使其在现有金融监管体制下极易出现监管真空，加之缺乏明确的监管机构和具体的监管规则，使得我国互联网金融风险不断积聚，改善和加强监管已是当务之急。"[①] 比如我们原来要求签合同，一定要当面签或者是邮递来回的，但是现在所有的合同都是在网上按 yes 就可以了。那是不是你按的，或者你按错键了，是不是你的意识自治的表示，这些法律概念完全都对它不适用了。还有诸如为客户保密、银行卡被盗刷、信息遗漏等涉及保密系统的发展也开始要跟进了。但是黑客总是"道高一尺魔高一丈"，总会出现手段更高的人，做一些不合法的事。所以现有的合同法、银行法、票据法和银行卡管理的法律都对它没有约束力。政府的主管机关现在不作为或者慢作为很大程度上因为得从头请示，上级不给答复就只能等着，立法机构也不能及时研究，不能轻易地出台条例或者规定，即便一个政府的规章也不能轻易出。这样一来，法院没有法律就没有判案依据，但如果现在的案子你按照原来的法律去做，根本难以解释。所以现在非常纠结的一件事情就是科技发展得非常快，法律在后面气喘吁吁地跟不上。

当然，我们作为发展中国家，在移动互联网的某些方面已经迅速地追上了美国。可以说，我们在这一领域一点都不落后，我们年轻人的思维一点都不落后，我们的软硬件也一点都不落后，甚至我们创新的方式，更大胆和更有魅力。基于互联网的创业前景将无比广阔。

---

① 安邦坤、阮金阳. 互联网金融：监管与法律准则 [J]. 金融监管研究. 2014 年 (3).

>>> 第 *3* 课

海　闻：经济发展新阶段与创新创业

导师简介

海闻，男，1952 年出生，1982 年毕业于北京大学经济系，美国加州大学（戴维斯）经济学硕士和博士。现为北京大学教授、北京大学校务委员会副主任、北京大学汇丰商学院院长。兼任中国世界经济学会副会长、中国经济学年会理事会理事长、商务部经贸政策咨询委员会委员。主要研究领域为国际经济学、发展经济学。

主要著作包括：《国际贸易：理论、政策、实践》《管理中的经济学》（与林双林合著）、《转轨中的俄罗斯经济》（主编）、《国际经济学译丛》（执行主编）、《国际贸易和投资：增长与福利，冲突与合作》（海闻等著）。

今天讲的题目是经济发展新阶段与创新创业，说实话，这个题目对我来说有点难，因为我不是企业家，没有创办过企业。不过，我倒是创办过几个学会和机构。这在某种意义上也算是创业，只是这种创业可能和大家想象的不太一样，更多的是在教育事业里的研究机构或非营利组织。

今天我想更多地讲一讲中国经济的发展趋势。这对创业很重要，尤其到了一个新的历史阶段，不但要有创业的精神和能力，更要懂得看创业的方向。俞敏洪讲创业要有理想，我认为不但要有理想还要有方向，要尽量搞清楚你在哪个方向更能做出成绩。

我们那个时候有一句话说"不要光低头拉车，还要抬头看路"。"抬头看路"是成功的一个重要因素。"努力拉车"和"抬头看路"，两者缺一不可；光整天看路不努力拉车，肯定不会前进；而另一方面，你只顾很努力地干，却不注意方向，一旦方向错了，那么你再努力也不会成功。比如诺基亚手机，我一直觉得诺基亚手机非常好，又轻便又抗摔，我回国一直用的是诺基亚手机，但是现在我也背叛诺基亚去用 iPhone 了。就像诺基亚总裁说的："我们并没有做错什么，但不知道为什么，我们输了。"诺基亚的失败，就是因为他们没有不断地去寻找新的方向，或者说采用新的技术去创新，结果诺基亚手机被别人赶上了，被市场淘汰了。所以说，创业也好，创新也好，了解经济发展的方向很重要。

我今天想介绍一下中国未来十年的经济发展方向。对未来的经济，我们称之为"新常态"。怎么理解新常态？可以概括成三个"新"：一是新速度，二是新结构，三是新动力。新速度，指的是中国经济的增长速度会从过去三十多年的"高速"变成"中高速"；新结构，指的是产业结构会出现新的变化，会从制造业为主逐渐变成服务业为主；新动力，指的是推动经济发展的动力会从资源投入为主逐渐转向改革创新和提高效率为主。

一、中国未来经济发展的新速度

先谈"新速度"。中国经济在过去发展得很快，年平均增长率为 10% 左右，现在我们要变成新的增长速度——"中高速"。但

"中高速"到底是什么？现在有很多争论，争论"中高速"将来会是多少？我看过国务院发展研究中心的一份研究报告，他们预测会直线下降，每年递减，到 2020 年 GDP 增长降至 5％左右。我觉得这可能有点悲观，"中高速"不等于速度降低很多，因为经济增长速度是有规律的，不可能从 10％左右一下降到 5％，这种降法可能对整个国家的经济发展是不利的。

所谓"中高速"要从两个方面理解：第一，不要再期望经济能高速增长，不要有闭着眼睛也能被风吹上去的感觉。以前那种投资任何一个企业都能获得收益的机遇，今后可能不会太多了。第二，对政府来讲，将来的宏观经济政策调控底线要下调。前两届总理宏观政策的底线基本上是"保8"，即保证不低于 8％的经济增长率。朱镕基当总理的时候出现了 1997 年东南亚金融危机，1998 年的目标是保8，国家通过各种各样的货币政策和财政政策刺激经济。温家宝当总理的时候遇到了 2008 年全球金融危机，政府在 2009 年出台了四万亿的刺激政策希望能保8。现在中国经济也是处于下行的状况，不同的是现在我们不再保8。这是一个很重要的变化，从中我们可以理解，今后经济增长率在 8％以下都是属于正常的，是新常态。

但是，到底多少是正常的？没有一个绝对的数字，但是就我现在看到的大概 7％左右是底线。政府并没有明确说要保7，但是我们感觉到，当 GDP 增长率接近 7％的时候，政府开始着急了，开始出台一系列政策来稳定经济。2015 年第一季度是 7％，总理召开座谈会讨论经济，我也参加过一次。各地的经济状况很不一样，广东还不错，转型比较好的地方经济增长还是比较平稳的，但是国内确实有些地方的经济很不景气，增长率都不到 5％。这种情况下，中央开始不断地出台宏观经济刺激政策。这些政策都表明，我们的经济增长率不能太低，如果低于 7％，可能会出现很多问题，包括大量的失业等。

因此，经济虽然到了"中高速"的新常态，并不意味着中国经济的增速会降低很多，从平均 10％的增长速度不可能一下子降到平均 5％。那么，新常态下，经济增长率多少算是比较正常呢？换句话说，目前中国的经济增长速度是否正常？是否属于"新常态"？为此，我们必须了解和分析近几年经济增长放慢的真正原因。

本次的经济下行主要有三个原因。一是"新常态"，即经济发展到了一定阶段后，总量不断增大，增速会逐渐放慢，这是正常的。二是宏观周期，每个国家只要实行市场经济，增速都会有周期性地放慢，大概七八年或十年左右会来一次。这次的经济下行，实际上是 2008 年全球金融危机所造成的经济衰退的延续。三是产业结构调整，中国所面临的不仅仅是长期放慢和周期波动的问题，恰恰又遇到了"中等收入"期间的产业结构调整。昨天我与北大企业家俱乐部的校友们一起见了胡春华书记，我觉得他讲得非常到位，我们现在遇到的不是简单的宏观问题，还面临着中等收入陷阱的问题。什么是中等收入陷阱？大家在报纸上也经常看到两个现象，第一个是经济增长速度放慢，另一个是贫富差距扩大。但这是现象，现象不等于原因。真正的原因是产业结构没有及时调整。昨天春华书记特别强调：中等收入陷阱其实是"产业结构陷阱"。经济发展到一定阶段以后，需求在不断提升，但是产业结构没有及时做出调整，这时就会缺乏增长的动力，新兴产业供不应求，过剩产业被淘汰，不同产业的收入差距扩大，贫富差距也就扩大。所以，目前中国经济增长放慢的重要原因之一是产业结构处在调整期。

了解了当前增长速度放慢的原因后，我们可以知道，"宏观经济周期"和"产业结构调整"都只是短期因素，一旦库存消耗或产业结构调整得差不多了，经济增长速度会比现在更高。即使在新常态下，中国经济仍应有超过 7％甚至 8％的增长率的年份。

二、中国未来经济发展的新结构

（一）中国产业结构的变化和走向

我们再谈"新结构"。在谈这个话题之前，让我们先回顾一下过去三十多年中国产业结构的变化。在改革开放初期的 20 世纪 70 年代末 80 年代初，我们首先要解决的是温饱问题，那时的产业结构是以农业为主。哪些人容易成功呢？从事农业生产的人！第一批发财的人是农民。在农村改革以后，各地，特别是江南一带的农民首先盖起了瓦房和楼房，因为当时人们解决的首要问题是温饱，这是社会需求决定的产业，农业在这时候最重要。到了80年代中期，温饱基本解决了，人们的需求转向了服装、自行车、收音机等，于是轻工业逐渐成为主要产业。当时有一个著名企业家叫步鑫生，他是服装厂的厂长，把服装做得很好，成为了成功的企业家。到了90年代，人们的生活水平提高，需求又发生了变化，需要耐用消费品。90年代发展最好的产业是家电，电视、电冰箱、洗衣机、空调等。进入21世纪以后的最初十年里，人们的需求达到新的标准，需要住房、汽车。于是，房地产和汽车业成为拉动中国经济的主要动力。从农业，到轻工产品，到耐用消费品，再到住房、汽车，这个需求的转变和提高不是中国特有的，几乎所有的发达国家都是这样一步一步发展起来的。

住房汽车基本上得到满足以后，下一步的需求是什么？与之相适应的产业结构又是什么样的？可以说，在住房和汽车以后，人们的物质需求基本上得到满足了，接下来追求的将是生活质量。与物质需求不同，对生活质量的需求很多是软性的，包括环境、健康、金融、法律、文化、教育这类产业。即使是对物质的需求，也跟早期不同，人们更关注产品的质量、品牌、性能、式样等。当收入达到中等以后，需求发生了变化，人们越来越需要高质量、高科技的制造品和各类服务业，产业结构也必须随之转变。如果我们的产业结构由于各种原因没有及时调整，就会出现两个问题：一是经济增长缺乏动力，质量差的制造品卖不动了。比如山寨手机，十年前市场非常好，现在几乎没有市场，送人都没人要，因为人们有了更高的需求。有需求的产品和服务又缺乏相应的生产能力，出现供给不足，以致经济增长放慢。二是出现了结构性失业。低端制造业逐渐出现失业，而这些人又无法在高端制造业和服务业就业。比如，以前的玩具、服装、鞋子等产业可以使很多人就业，但进入中等收入后这些产业增长速度放慢，一些低端企业逐渐被淘汰。很多工人高的工作做不了，低的工作找不到，出现失业，收入成为问题，贫富差距就会扩大。所以说中等收入陷阱不是收入分配的问题，是产业结构不能及时调整的问题。

产业结构的及时调整，不仅取决于一国的经济体制、经济政策，还取决于教育水平。在战后起飞的南美和东亚的一些国家中，不少南美国家跌入了"中等收入陷阱"，但是一些东亚国家，如韩国、新加坡等的经济发展就很好，成功地跨越了中等收入陷阱。这一方面是因为市场经济和金融的发展让企业能够及时转型，另一方面是因为这些国家和地区重视教育，为产业转型提供了人才，为劳动力在新兴产业的就业提供了知识和能力。李光耀去世后，人们充分肯定了他对新加坡发展的贡献。纵观新加坡的发展史，他们在经济刚刚起飞的20世纪60年代初就开始重视教育，这为90年代后期的成功转型打下了基础。韩国和我国的台湾地区也一样，教育的发展帮助了产业结构的成功转变。几年前北大代表团访问台湾，宋楚瑜做了一个关于台湾经济起飞和发展经验的报告。他提到，台湾的经济发展一个很重要的经验是注重教育。他说，现在台湾每个县至少有一所大学。由此可见，发展教育培养人才是产业结构成功转型的必要条件。总的来讲，中国正处在一个产业结构调整的时期，在新常态下将会有一个以高端制造业和服务业为主的产业新结构。了解这一点非常重要，尤其对创新创业者来说，创新创业必须了解未来的需求，否则必然失败。

（二）高质量制造业和服务业是未来发展的增长点

如果我们的产业结构能够调整得比较好的话，我认为中国仍然会有一二十年较好的增长前景。大家应该有信心，不要认为前一辈的人有机会，我们没有机会了。以前有步鑫生、张瑞敏的机会，现在有马云、马化腾的机会，再过五年十年还会有很多新的机会，同样会出现类似的成功，可能会在不同的行业，因此行业的选择也很重要。中国目前仍处在经济"起飞"初级阶段中，还需要二三十年的时间才能真正完成起飞。是否完成起飞有两个重要标志：一是产业结构是否变化。起飞刚开始时产业结构基本上以农业为主，起飞过程中以制造业为主，起飞结束时应该是以服务业为主。二是社会结构是否变化。起飞前大部分人住在农村，起飞中农民逐渐进城，到起飞结束时绝大多数人都住在城镇，从事非农业生产。所以，起飞的过程就是工业化和城镇化的过程，中国现在还远没有完成这个过程。

这个过程需要多长时间呢？每个国家不一样。第二次世界大战后起飞的东亚和南美的国家中，东亚的国家和地区是比较成功的，用了将近四十年的时间完成了起飞。中国这么一个大国，发展也不平衡，我看没有五十年的时间是不可能完成的。现在也就三十来年，从这个角度来讲，我对前景也非常乐观。大家不要认为中国经济的机会没了，更不靠谱的是美国有人说中国经济要崩溃，我们不仅不会崩溃，还处在起飞阶段，仍然会有一个相对高的增长速度。再看看韩国和中国台湾地区，20世纪60年代起飞后的前三十多年里差不多平均每年有10％的增长，后十年仍然有平均8％的增长。所以，对此我们要充满信心，特别是年轻人，你们可能是未来的马云、马化腾、俞敏洪，他们是这个时代的成功者，你们应该是未来的成功者。你们要看到的是未来二十年的情况。未来的二十年中，一部分地区还在满足物质生活，但更多地区在追求生活质量，大家把这个作为关注和追求的重点：怎么样来改善生活质量？我要强调的第一点是，我们虽然有了新的速度，不像以前那么高了，但并不意味着中国的经济没有机会。第二点是，中国产业结构正在发生变化。低质量的和产能过剩的制造业会被逐渐淘汰，中小规模的制造业会遇到发展的瓶颈。制造业企业在创业初期规模小一些没关系，但是规模始终很小就会有问题，因为我们现在强调的是高质量的制造业，高质量制造业需要很多科研方面的投入，没有科研方面的投入，就达不到高质量，就会被逐渐淘汰。

除了有规模的高质量制造业外，另一个会大力发展的是服务业。服务业为什么前景广阔？这是由人们的收入和消费结构决定的。农业虽然非常重要，但随着人们收入的提高，用于农产品消费的比重会越来越低。美国的农业很发达，耕地比中国还要多得多，劳动生产率很高，是世界上主要的农产品生产和出口国。但是，这么发达的农业在美国的GDP中只占1％！你可以想象美国其他行业的发达程度。中国的农业现在占GDP的比重已不到10％，还在不断下降。美国的制造业也很强大，包括它的飞机、汽车、设备、军工等。但你知道美国的制造业GDP占比多少吗？

20％！美国的制造业占 GDP 的比重只有 20％，美国将近 80％的 GDP 来自于服务业！欧洲国家的服务业也都占到了 70％多。这是一种趋势，如果我们的收入进一步提高，就能发现用于服务业的消费比重会越来越高。

我们现在的制造业正在萎缩，尤其是低端制造业在在被逐渐淘汰，我国现在的服务业占到将近 50％，还有很大的发展空间。我们来看一下一个韩国发展过程中的产业结构的变化。韩国是 60 年代开始的经济起飞，当时的农业占到 40％，然后开始逐渐下降；制造业是先升后降，一开始占到 20％左右，然后涨到 40％左右开始下跌；服务业一直处于不断增长的状态。

千万不要小看服务业对经济的拉动作用。首先，服务业的发展可以大大促进消费。最典型的例子是阿里巴巴等互联网平台的发展，淘宝、支付宝等的出现大大提高了人们的购物能力。与之相适应，顺丰等快递物流业的发展也极大地提高了消费的便利性，从而促进了经济增长。其次，服务业的发展会提高制造业的附加值。除了生活服务以外，服务业还包含了大量的生产服务。我们还不太重视这一点，而比较看重技术对产品附加值的贡献。其实，生产服务可以使产品的附加值增加很多。我们的制造业要提升，质量是要提高，但是还不够。同样的一件衣服，如果要讲质量，中国完全可以做到最好的质量，但是为什么卖不到国外同类衣服的价格呢？关键在于品牌！买一件 T 恤，如果上面多一条鳄鱼，多一个打马球的，这个价格就不一样。不是因为绣那条鳄鱼或打马球的制造成本很高，而是它们所代表的商品品牌。LV 包，从技术上说，中国不是不能生产出那样的包来，但缺乏的是产品背后的品牌管理和市场营销等。LV 包能卖那么贵，很大一部分是来自于服务业的附加值，这就是服务业给予产品的增值。有人也专门统计过，说同样一个制造业，比如说手表，当从工厂生产出来时，值 100 元，美国企业家可以卖到 160 多元，服务业的增值是 60％以上。日本呢，能卖到 130 元左右，30％的服务业增值。中国呢，就只能卖到 105 元。

我们现在都说要提高产品的附加值，但如何能很好地挖掘潜力？一方面，是通过技术提高产品质量，更重要的，是通过设计、营销、物流，甚至金融、法律等服务，提高产品的附加值。人们在比较穷的时候，产品的物美价廉是最重要的。人们不在乎产品的包装、外形、品牌，只要有使用价值就行了。可是当人们富裕到一定程度以后，决定产品价格的一个重要因素就是偏好（preference）。偏好对产品价格的影响作用越来越大。为什么做广告啊？广告就是在改变人们的偏好，企业通过很多广告以期创造需求。所以我们在创业创新的时候要研究人们的需求，他将来可能会有什么样的需求，然后你去创造这种需求。

人们可能没有想到，法律服务也能提高产品的附加值。我的专业是国际经济学，所以参与过一些跨国公司的研究项目，比如戴尔、宝洁等，美国的高通公司也联系过。高通公司是做研发的，但是据说他们聘用的律师比科研人员还要多。我们的公司可能从来不会想到，法律服务对一个企业的重要性，法律服务对企业产品附加值的增加和保证都会起到非常重要的作用。一提创新创业，我们不要只想到设计，想到技术，想到制造，还要想到营销，想到法律，想到物流，等等。这些领域也是属于我们创新创业的部分。从经济发展规律的角度，我们应该看到中国未来经济的增长点在哪。服务业无疑是一个重要领域。去年中国的 GDP 增长只有7.4%，前年7.7%，但服务业的增长都是超过8%的。批发和零售业，前年是10.3%，去年是9.8%；金融业前年10.1%，去年9.7%。而电商的发展使它们在过去五年里的平均增长速度都超过25%。抓对产业对创新创业的成功非常重要，马云、马化腾都是成功的例子。我认识马云是1999年，当时他就在搞互联网，在北大的论坛上发言讨论中国互联网对外开放的问题。当时也没想着马云能做那么大，他确实是抓住了行业的发展趋势，这一点很重要。抓住机会，坚持不懈，到了一个适当的时候，就发展起来了。

三、中国未来经济发展的新动力

最后谈新动力。我们最早的发展动力主要靠资源的投入，主要是土地、劳动、资本的使用。这种扩张性的投入已经到了瓶颈：

劳动力成本越来越高，可开发的非农业用地也越来越少。这种情况下，靠什么成为我们未来的增长动力呢？一个是靠改革和创新，一个是靠国际新拓展，比如现在搞的"一带一路"。以前是引进来，现在是走出去，让这些成为新的动力。俞敏洪曾讲过创新创业要靠企业家。其实企业家也是一种资源，而且是一种宝贵的稀缺资源。最早的经济学教科书讲的生产资源主要是三种：土地，包括所有的自然资源；劳动力，包括体力劳动和脑力劳动；资本，包括物质资本和货币资本；传统的生产主要靠这三种资源。80 年代后教科书发生了变化，增加了第四个资源叫企业家的精神和才能（entrepreneurship）。为什么企业家精神和才能会成为一种单独的资源，而不仅仅作为人力资源来考虑呢？确实，企业家和一般的劳动力是不一样的，企业家的任务是组织土地、劳动力、资本等资源来进行生产，是不同于一般劳动投入的一种特殊资源。我举个例子：俄罗斯在前苏联解体后，很长一段时间经济发展不好，什么原因呢？俄罗斯的土地等自然资源绝对是非常丰富的，比中国好得多，土地肥沃，森林覆盖面积大，人口稀少；劳动力中受过高等教育的比例非常之高。作为曾经的超级大国，资本雄厚，科技领先。90 年代以后也采取了市场经济的体制，对国有企业进行了较为彻底的私有化改造。照理说，资源丰富，机制有效，俄罗斯的经济发展应该很快。但是，为什么俄罗斯的经济远不如人均土地和资本都相对不足且改革仍在进行中的中国呢？其中一个主要原因是缺少企业家！从 1917 年社会主义革命后的七十多年时间里，俄罗斯的企业家就逐渐消失了。国有企业中有很多非常优秀的管理人员，但管理人员跟企业家是两回事，经理不等于是企业家。企业家的最大特点是有冒险精神和创新精神，当然同时也要有能力，领袖的能力、组织的能力、带领大家一起干事和干成事的能力。企业家是一种稀缺资源。通过创新创业，我们希望更多的人能成为企业家，这是未来中国更加需要的。

（一）动力之一——改革

当然，中国能否产生更多的企业家，企业家能否更好地发挥作用，还取决于体制和政策。近年来，中国的劳动力越来越贵，人口红利没了，土地红利没了，那么下一个来推动发展的"红利"是什么呢？李克强总理讲了一句非常重要的话，"改革是最大的红利"。这可能是经济学家和科学家不同的地方。科学家关注资源技术，经济学家更看重机制体制。有一年我参加总理的经济座谈会，有另外学校的教授讲，我们现在资源不够了，环境污染了，所以建议政府控制 GDP 的增长。我不太同意用抑制增长来解决资源不足和环境污染的问题，而认为是要通过制度改革来解决。一个不好的制度机制，资源再多也没用，反之，一个好的体制，可以使稀缺的资源变得充裕。我举的例子就是中国的农业。其实在考进北大以前，我在东北当了九年农民，即下乡知青。为什么这么多人要去当农民呢？一个原因是粮食不够吃。那时的中国人都吃不饱，而我们受到的教育是，中国人多地少，挨饿吃不饱是正常的。中国这一代领导人都当过知青，都有过挨饿的亲身经历。所以习近平上任以后就说，我们要提倡"光盘"运动，我相信他一定有过光盘的经历。我也有过，1969 年 3 月下乡不久，县里开了一个知识青年积极分子代表大会，我也参加了。吃饭时十个人一桌，上来一盘菜，没等第二盘菜上来，这个盘子送回去都不用洗的，被舔得干干净净，只要还有一点汤，就用馒头去蘸，真正的光盘！那时候真的没有吃的，饥饿啊！可是现在你们看看，宴会上十个人一桌，盘子送回去时，几乎没有不剩的。为什么从吃不饱到剩余？不是资源问题，我们的土地没有增加，农业用地还大大减少了；我们的人口比那时几乎翻了一番，也没有进口多少粮食，这么这么多的粮食，那么多的鱼肉是从哪来的？是改革！改革把农民的积极性调动起来了，农业生产就上去了。很多是由于我们制度的调整，让本来稀缺的资源变得不稀缺了，本来没有的动力又有了，这就是我们现在最为需要的。最近提出的创新创业问题，实际上更多的是要挖掘潜力，把有限的资源通过机制的改革使之得到更好的利用，发挥更大的效率。

中国的改革还有很大的空间，我就讲几个方面的改革吧，最主要的有三个方面。第一个方面的改革，就是促进市场发展的改革。政府要改革，在经济发展上不要老是当婆婆，什么都管。政府改革包括政府功能的转变，要从政府亲自抓经济，转变成政府创建一个很好的制度环境，让企业自己去发挥。大众创新，万众创业。政府只需要对创业降低门槛，对创新给予保护就行，而不是亲自去搞创新创业。政府要让企业有更多的创新创业的积极性。再就是加快国有企业的改革，国有企业主要应该做民营企业不愿意做的或不能做的事情，搞市场经济就是要让民营企业发挥更大的作用。财政税收体制的改革对促进市场经济的发展也很重要。财政税收体制的改革与完善不是仅仅为了税收，更是调节经济和促进改革的重要杠杆。

第二个方面的改革，就是促进城镇化的改革。城镇化本来应该是与工业化同步进行的一个自然过程，而中国的城镇化是滞后于工业化进程的。我们的工业化可以说已经完成三分之二了，但是我们的城镇化走了一半都不到。中国的农业产值已经不到 GDP 的 10％了，而我们还有 40％多的人口居住在农村，至少还有 30％ 的劳动力还在从事农业生产。中国城镇化滞后的问题主要是因为存在着特有的制度障碍。一个是城镇的户籍制度，阻碍着农民进城安家落户。没有户籍，农民在城里就不能得到应有的待遇。另一个是农村的土地制度，有使用权但没有所有权的小块土地拽着农民，让农民舍不得彻底离开农村。与此相关，出现了两个特有的问题，"农民工"和"留守儿童"。为什么叫农民工？进城了从事制造业或建筑业就是工人啊，为什么叫农民工呢？外国人就很奇怪，我给他们解释，因为他们是以农民的身份做着工人的事情。另一个问题是"留守儿童"。中国现在有六千多万留守儿童，长期与父母分居，是个严重的社会问题。这两个特有的问题是与特有的制度有关的，所以必须通过制度改革来解决。

第三个方面的改革，是促进服务业和社会发展的改革。服务业发展和社会发展，两者相辅相成。服务业如医疗、教育、文化等的发展，既是社会发展的需要，也是经济发展的需要。文化、医疗等其实都是重要产业，在发达国家的经济中占的比重都很大。美国、日本、韩国的文化产业在 GDP 中的比重都超过 15％，而我们还不到 5％。目前，中国的这三个领域都是政府管得比较严的，需要进一步的改革与开放。

（二）动力之二——创新

除了改革之外，创新也要成为新常态下经济增长的新动力。什么叫创新？经济学家熊彼特认为，"创新就是要建立一种新的生产函数"，引进从来没有过的生产要素和生产条件的"新组合"。这句话比较抽象，简单来讲，创新就是做一些以前没有的事情，生产出跟以前不一样的东西。这里面有两个可能，一个是生产出以前没有的东西，一个是用不同的方法来生产，这都属于创新。创新不等于技术发明，创新重在怎么把发明商业化，从而形成生产能力，这是创新的特点。我们天天在实验室发明新的东西，还谈不上是创新，创新一定要形成一种新的生产能力。

创新包括哪些呢？首先是技术上的创新。大部分的企业和个人搞的技术创新多是应用方面的。但从国家的层面来讲，要支持基础科学研究的突破。中国作为一个大国，仅仅局限在应用方面的创新，是远远不够的。医疗技术、IT技术、航天技术、生物技术等基础科学的突破非常重要，这是引领应用技术创新的源头。基础科学的突破需要有很大的投入，同时也需要人才的培养。人才培养有很多方式，除了学校培养外，还有自己的学习和钻研。要做个大企业家，想创新创业，不能只是躺在那里做大梦，必须要有积累，包括知识的积累。

创新还包括商业模式的创新，这一点也很重要。许多情况下，技术并没有多大变化，但企业家把很多技术用新的方式组合起来，创造了许多价值，形成了新的产业，这就是商业模式的创新。阿里巴巴其实就是一个典型的商业模式创新，通过互联网把传统的销售、支付、储蓄等整合起来，形成了新的产业。在移动互联网时代，我们有了很多新的机遇。市场更加拓展了，不像以前那样受到地理位置的局限，企业现在可以通过互联网把产品卖到全国，卖到全世界。有很多利用移动互联网创新创业的案例，比如我前段时间听说，一个大学毕业生针对一些白领员工搞了一个"美女私房菜"，通过手机点菜，做好后送到办公室。规模虽小，但成本也低，还能提供个性化服务，顾客满意。在人们收入不断提高，开始追求生活质量的时候，这种新的商业模式很容易成功。我们商学院也有一个学生，毕业以后自己创业，搞了个有特色的沙拉店，也很成功。这些实际上都是商业模式的创新，通过网络找到市场，找到客户，并能直接掌握客户的信息。通过网络，企业知道哪些人群喜欢订他们的菜，点什么样的菜，每天都能确定会有多少人订他们的餐。这个市场是相对稳定的，也可以不断扩大，这就是移动互联网时代的机遇。从生产的角度说，移动物联网的发展也提供了很多以前不可能有的合作方式。广州有一家服装厂，我去参观了，觉得非常有意思。他们原来也做服装的设计、生产、制造，但设计的人手有限，服装产品的种类也不多。进入互联网时代后，他们充分通过网络进行合作，设计不再只是依靠自己有限的团队了，通过网络，任何人都可以参与他们的服装设计，参与设计者也可以分享产业的成果。比方说有个中学生设计了一款衣服，可以传给他们，他的设计一旦被采用了，那么这个中学生就会获得一定的利益。这样一来，服装设计就不再局限在公司的小团队里了，而是扩展到了全国。他们每天都可以收到很多不同的设计，把很多中学生，甚至小学生的创新能力都激发和利用起来了，公司变成了共享共赢的平台。在互联网时代，企业不但可以打破传统销售范围的局限，在生产合作方面也大大拓展了空间。现在的创新创业机会很多，关键要敢于尝试。吴志攀校长在天津的北大校友会上讲了很多故事，很有意思，他很了解北大的这些学生。很多看上去不可能的事情，经过努力都成功了，这就是互联网时代的特点。但另一方面，互联网时代也加剧了竞争。你能做到的，别人也能做到，你能利用网络，别人也能利用。各种地域之间的保护也不再存在，当你可以进入到别人领域的时候，别人也可以进入到你的领域。因此，只有做得更好才能胜出，否则只能被淘汰。

（三）创新创业需要注意什么？

进入互联网时代，每一个企业都要不断考虑如何调整自己的发展战略。对于已经有企业的人，一定要懂得如何确定企业的定位或者再定位。首先要有产业定位，有些产业随着技术的进步或需求的变化逐渐变成了夕阳产业，另一些产业则随着经济的发展越来越热。做企业当然要尽量选择新兴产业。但在一些夕阳产业中也并非没有前途，在新兴产业中也不一定能成功，这就需要产品定位。比如做服装的，并不是做服装的什么前途都没有了，关键是要做出不同的服装来，做出自己独特的品牌来。另一方面，热门产业也不能保证企业的成功。如果产品不能满足人们的需求，技术再先进也不会有市场。很多人现在在搞互联网金融，这是新兴产业，市场很大，但很多人照样破产。为什么呢？主要是产品没有特点，同质产品竞争非常激烈。工业和服务业多数是垄断竞争的市场，产品同类不同样。企业对自己产品的品牌有一定的垄断能力，比如说啤酒，有燕京啤酒、青岛啤酒，各有各的特点，这是企业对自己产品的垄断。但是，因为都是啤酒，所以竞争依然存在。如果燕京啤酒做得不好，人们就去喝青岛啤酒，逐渐人们就喝青岛啤酒了。在这种情况下，企业必须根据自己的比较优势对产品进行定位，体现出跟别人的差异化，其生存与发展的几率才能越大。同一行业有了不同的产品定位，企业才不容易被淘汰。我们办学也是同样的道理，怎么定位？怎么差异化？北大在深圳办学，我们就要想，我们跟本部有什么不同？凭什么学生要选择到深圳来上学？差异化不等于二流，而只能是不同。不能说考不上本部的人再到深圳，那深圳校区永远是二流，一定要做成不一样的精彩。北大本部有本部的精彩，深圳校区就要有深圳的精彩，学生则可以根据自己的偏好来选择。比方说，要选择热闹的、有未名湖博雅塔的，那只能到本部去；但如果想选择国际化的，选择创新的，学生就可能选择到深圳。

再一个就是企业专业化和规模经济的问题。中国为什么缺少高质量的制造业？为什么缺少国际级的品牌？原因之一是中国的企业太多太小太分散了。市场经济之所以效率高，其核心价值是专业化与分工交换，而我们还在用自给自足的经济理念做企业。以前是小而全，现在大一点的是大而全。中国的每个行业都有很多企业，而每个企业又涉及很多行业。一些企业家经常很得意地给我介绍他们公司的业务："这是机械板块，这是地产板块，这是金融板块，这是文化板块……"一个不大的企业做了很多板块，精力分散，没有一个真正的强项。我们再去看看美国的企业，多数非常专业且规模不小。辉瑞是美国的制药公司，过去二十多年里不断地兼并别的制药厂，规模很大却很专业。企业实力强，每年能拿出收入的近 100 亿美元来做科研，从而进一步加强了企业在行业中的领先地位。我们现在哪有企业有这种实力啊？创新也是要有实力的，成熟企业的创新需要集中精力，需要专注。只有专注，才能做出成绩来。

我要谈的最后也是最重要的一点是，创新创业一定要有理想，要有梦！这个梦具体是什么？这个梦有多大？开始时并不重要，因为可以不断调整。梦一定要有，而且越大的梦成功几率就越大。我非常喜欢乔布斯。乔布斯一生中有很多经历是很有意思的，是值得我们学习的。他说，人的生命是短暂的，所以我们要尽量做一些有意义的事情。他不断创新的目标是要改变人类的生活，而不是为了谋取金钱利益。乔布斯不仅有一般企业家所没有的远大目标，同时还有比一般企业家更加踏实的工作作风。诸葛亮有他的缺点，但是诸葛亮关心小事不一定是个缺点。乔布斯也关心小事，连产品背后看不见部分的设计他都要求做到完美无缺，每一个苹果的专卖店他都要亲自参与，亲自参与不断试验直到满意为止。所以，要想创新创业，要想办好企业，要想事业成功，高远的理想和踏实的态度，缺一不可。最后，我想用我的座右铭来作为对各位的寄语，"海阔天空地想，脚踏实地地干"！

第二篇　实战经营

>>> 第 **4** 课

厉　伟：创业投融资实战

导师简介

厉伟，男，1963 年出生，北京大学 1981 级化学系本科、1988 级经济学院研究生、2002 级光华管理学院 EMBA。现为深圳市深港产学研创业投资有限公司董事长、深圳市松禾资本管理有限公司创始合伙人、深圳创业投资同业公会副会长、深圳市松禾成长关爱基金理事长、中国技术创业协会副会长、深圳天使投资人俱乐部副主席。

大家好,正如主持人刚刚介绍的,我是做投资的,在座的各位在创业的过程中多多少少都会遇到像我一样的投资人,今天我就来讲讲,如何与我们这样的投资人打交道。可以说,在现在社会这个大环境下,会求人,更好地求人,然后通过更好地求人壮大自己,再去帮助他人是一种能力。

一、企业发展的四个阶段和经营的四个境界

我通常将企业发展的四个阶段,用四种动物来比喻。

第一个阶段是老鼠,每一个刚刚成立的小企业,其实都面临着非常复杂的市场环境,包括没有钱、没有资源、没有市场,很多人为了生存要睡地板,甚至要向别人去讨施舍,就真的如老鼠一般。在这个阶段,企业的生存是第一重要的。那么,怎样评价老鼠的好坏?不管白老鼠、黑老鼠,猫捉不到的就是好老鼠。能够成功地活到下一阶段的就是成功者。作为创业者,有人看上了你的企业,并且成规模地向你投资的时候,在这个阶段其实你就成功了。这是创业的第一个阶段,我相信有很多朋友都经历了这个阶段。

第二个阶段是狼。大家想想,狼的特征是什么?杂食,只要能逮到、能吃的东西它都吃。但是它吃的范围、吃的量以及它能捕捉食物的能力就较前一个阶段的老鼠强得多了。还有一个特点,狼会集群行动。大家聚在一起集中攻打一个大的猎物,或者集中去攻占一个市场。但是打下猎物或者占到市场以后,一定是最强的那个先吃。我们可以看到,市场上的很多企业都是这个情况:大家一起开发一个市场,但是做事要分老大老二老三,一定是前几名瓜分这个市场,这一阶段特点就是你有没有本事成为头狼?当然头狼也存在着风险,头狼在攻打猎物的时候往往冲在前面,它更容易受伤,这也是这一阶段的特点。

我们再来看第三个阶段,就是虎。我们来看虎的特点,在某一个区域内只有它存在,它只允许自己占有这片山林,一旦有其他竞争者进入这个领域,比如狼,它就会毫不犹豫地把它吃掉或者赶走。这个阶段,虎最担心的,就是另外一只虎,或者跟它同

样体量的动物进入这个领域，比如熊、狮子。此外，虽然它占据了一片森林，是一个区域的垄断者，但仍然有它的局限性，它看得再远也只是站在山顶看到的那片区域。另外，就算它看到了山林里的猎物，它要到达那个猎物仍然需要绕过一片森林。另一个是它的反应速度，当发生危机时它的反应速度也并没有那么快。

企业发展的第四个阶段——飞虎。飞虎是什么？飞虎其实很多时候就是指上市公司。企业到了一定阶段上市到了资本市场，当决定要进入哪个市场的时候，可以迅速从资本市场筹集到资金，当它看中哪个市场的猎物的时候，那个猎物会很容易地进入它的视野，这是飞虎的特点。为什么很多企业要上市？因为该企业的老总超越了很多企业家，他看得更远，实际上他也是被迫要看得更远，因为他的股价逼迫他看得更远。另外，飞虎还有一个特点就是，因为你高高地悬在了空中，你是看得更远了，但是同样，更多的人在看着你，你别出错，你出错就一枪把你打下来。

企业发展的这四个阶段：从鼠到狼，狼的特点就是，遇到大的虎来了它还要躲。到虎，虎也不过是拥有一个区域，只有飞虎才能拥有广泛的区域。因此，通常情况下，企业只有真正上市以后才能带来更大的视野。上市以后就必须更加规范，不能做坏事，因为做了坏事就很可能被打下来，摔下来之后，就会成为老鼠的食物。因此，针对不同的阶段，企业有不同的策略。身处哪个阶段，企业的策略都不一样，成功的标志也不一样。企业不论处于哪一个阶段，这些阶段都是可逆的，尤其是到了飞虎阶段。飞虎一旦出事，通常就是沦为了老鼠，而回到老虎阶段几乎是不可能的，所以大家更应该根据企业发展的不同阶段选择不同的企业经营策略。

企业经营归根到底就是"钱"。也有人说，我做企业最终是为了服务人类，但是你的企业没赚钱，你拿什么去服务人类？如果连自己都服务不了，就别去奢谈那些。做企业做公益也好，帮助他人也好，钱是前提。虽说钱不是万能的，但是在做企业这件事上，没有钱是万万不能的。有了钱，才能做公益，帮助他人。就像我们俞敏洪老师，挣了很多钱，又拿出自己的钱来回馈社会。

因此，企业经营的第一个境界——挣钱。"挣"字怎么写？

"手"加"争"。很多创业者，包括街头卖煎饼的小贩，都是如此。比如我今天中午在路边吃早餐，小贩用三分钟时间给我做出了一个煎饼果子，我给了他三元五角。这就是挣钱，是第一个境界。

第二个境界叫赚钱。"赚"字怎么写？"贝"加"兼"，贝是钱。在很多古代地区，比如中国，贝壳是最原始的货币，包括现在的巴布亚新几内亚那边仍然有很多落后的区域，把漂亮的贝壳当作等价交换物，当做钱。用钱来兼并钱叫赚钱。也就是通过挣钱积累了一些资本，去投资，去买了更好的设备，雇了更多的人，这就进入了赚钱的境界。大家一定感觉到，赚钱比挣钱更轻松了，速度方面更快了，量也更大了。这就是资本的力量。但赚钱仍然不是我们的最终境界。

再往下，是"生钱"。"生"是什么？这就是资本市场。比如你的企业成功地上到资本市场，赶上两次降息、降准，股票涨了一个星期，而你作为一个上市公司的老板，出国去南极旅游了一周，信号都没有，除了卫星电话，一回来发现自己账上多了五个亿，一个牛市下来你的钱就生出来了，这就是资本市场的力量。这是第三个境界，但仍不是我们企业经营的最终境界，后面还有比它更好的境界。

这就是来钱，"钱"会自己来。"来"字怎么写？繁体的"來"像一棵梧桐树。如果你有本事架起一个吸引人的平台，人才聚集到你的平台上来，钱就不愁它不来。这就是我们经常在投资上讲的，投资是投什么？是投人，你能招到好的人，你能团结好的人，你能聚到好的人，不愁你这个企业赚不到钱、挣不到钱，也不愁你的企业最后不能通过资本市场把钱生出来。因此，吸引人才才是企业经营的最高境界，而走到这一步确实需要长期的积累。我们吸引人才有多种多样的方法，但是通常没有单一的方法。所以说，做企业，就要用综合的方法把人才聚集起来。

二、如何选择优质的伙伴

你选择的投资人，也就是除去跟你一起创业的伙伴之外的投资人。

　　我们经常总结，其实是分类型的，主要有三类投资人。一类是叫一生的朋友，比如说俞敏洪投资了我们，像他这种就是一生的朋友，因为一件事情一个生意把我们聚在一起，使我们成为一生的朋友。第二类是生意伙伴，像很多外资一样，拿着钱投进来，如果你有什么事，就事论事，这事我能帮你就帮你了，帮完以后这笔钱赚完了，大家以后就打个招呼，不会成为朋友。第三类，就是纯粹的生意人，单纯的买卖，这种投资人恐怕大家也遇到过。所以我们说，第一类投资人是可遇不可求的，第二类是大家会经常遇到的，不到万不得已，不要找第三类。第三类有的时候从一开始接触是能够感觉得到的，从一开始待人就很苛刻，你去他公司，看他对员工的态度，看他对街边乞丐的态度，对小贩的态度，有几个钱就以为自己是大爷的人就要小心。这种人，能不找就不找。

　　投资是干什么的呢？形象一点说，就是一个找妖精的过程。西游记大多数人都看过，简而言之，西游记就是讲妖怪的故事，除了几个能说出来不是妖怪的：玉皇大帝、如来佛、观音、唐僧，其他名人几乎全是妖怪。这些妖怪为首的有谁啊？是孙悟空、猪八戒、沙和尚，包括那匹马。什么红孩儿、金角银角、白骨精等等，全是妖怪。他们都还有另外一个名字，叫妖精。我现在问一个问题，红孩儿的那幕场景里边，站在他身边的妖怪叫什么名字，谁记得？没人记得吧。那个家伙的结局，也没人关心。但是我们来看这些妖精，我们至少记住了妖精最后的结局，孙悟空成功"上市"，变佛了，去西天取经经过了九九八十一难，证监会批了，上市了，募到资了，成功了。红孩儿被"跨行业并购"了，被观音给收了。金角、银角被"同行业吸收合并"了，太上老君给收回去了，他们本来就是一个行业的，就是从那里太上老君出来的，又给收回去了。白骨精当然比较悲惨，最后死了。所以说投资实际就是找妖精的过程，我们要找出那种可能成功的妖精。妖怪里的妖精是我们的投资对象。当他成为妖精之后，我们觉得他成功的概率更高了。死亡的概率一定比小妖小，它成功的概率一定要比小妖大。所以我们经常跟企业开玩笑说，别跟我说谈别的，一定要表现出你妖精的那一面，不是你长得难看就叫妖精，还主要是因为你有什么本事。所以企业就一定要表现出自己最突出的特质，我后面也会提到哪些特质是我们喜欢的，一定要突出地表现出来。这点很重要，就是努力地让自己成为妖精。

另外再讲的是我们投资这个行业面对的挑战是什么，遇到挑战我们就会做出什么样的反应。希望拿到资金的朋友们至少要知道我们这帮人想干什么，将来和我们打交道应该注意什么。第一，现在的宏观环境。中国现在不再是高速增长的国度，我们现在可能是中速增长，相对于欧洲来讲，我们仍然是高速，但相对于我们前三十年来讲，我们是中速了。第二，低成本的时代一去不复返了。做互联网的朋友都能感觉到，这几年雇人变得很贵了，一些制造业发现很难雇到人了。第三，资本市场的挑战更明显了。从创业投资的角度来讲，就出现了募资难、投资难、退出难、收益变小。实际上中国的创业投资未来还是一个调整期，不是一个高速增长期，或是在高速增长中调整。这个行业过去是低风险高收益，前面几年，只要企业达到一定的规模，只要投了，似乎就一定能上市，现在可能不一样了。我们这个行业也在反思怎么样规范自己。我们自己寻求反思、寻求规范的这个过程，就是我们变冷静的过程，不再像前几年那样，编个故事，投资人就开始给钱了。我们看项目得更认真了，了解得更细了。我们也开始检讨我们自己，是不是要更多地向国外学习深耕、专业化？因为现在创业投资基金都在向专业化转移，一专业化就开始深了。我们经常解释创业投资人和企业家的区别。比如说同样的一个面积，创业投资人就是一个深一米宽一公里，看的东西很多，比如今天上午看互联网，下午就是农业，而晚上谈论的可能是机械制造业，每一个我都是知道一点。但我们的企业家、我们的创业者更多的就是一米宽一公里深，面积是一样的，但是大家的视角不一样。但是现在创业投资人开始不要一千米宽了，可能只要十米宽，但是一百米深，这样企业跟他打交道，企业忽悠他的难度增加了，但是被他理解的难度减小了，所以这既是好事也是坏事。此外，我们对风控开始加强了，强化程序，对增值服务更加重视了，应该说整个创业投资开始回归价值，所以说你就更要体现出你自己价值的哪个方面，而且可信服。

　　不同阶段的企业需要不同的资本。因此，不同的阶段一定要找不同的投资人。刚创业的时候，你需要的是天使投资，什么叫天使投资呢？天使就是可以付出不要回报的人，叫天使。回过头来说，最好的天使在哪？其实在你身边。是你的父母，是你的兄弟姐妹，是你最好的朋友，但是天使的钱永远是有限的。第二个阶段是 VC，你长大了一点了，这个阶段是，所谓 A 轮 B 轮风险投资这一块了，这个阶段可能给你的钱少则几百万多则几千万元。当你再大一点，要上千万上亿元利润的时候，这个阶段是 PE 阶段，给的钱可能三千万、五千万甚至上亿元。当然你上市以后，他又是证券市场交易资金，他又会再次对你感兴趣，这就是价值的二次提升了。所以大家分析自己身处何种阶段，就去找什么阶段的专业化基金来跟自己对接，这样成功的吸引投资的概率可以提高很多，找错了阶段真的是事倍功半的。比如说，你现在的企业有一个点子，已经把全球顶级的投资人都找了一遍了，可能你都一分钱没拿到，可能你不如找找你身边的朋友。投资包括提供资金、增加公司的商誉和信用等，同时，大家别一想到投资就想到的是钱，钱其实仅仅是投资里边的一小块。钱的后面还有很多别的东西，这一点大家一定要想清楚。你找一个好的投资人，跟你很和谐相处，困难的时候能跟你站在一起，帮你渡过难关，这比那投资几百万元不是有价值得多吗？

三、投资者喜欢什么样的企业？

　　那回过头来说，讲了那么多我们是做什么的，那我们喜欢什么样的企业呢？我们喜欢什么样的企业才是大家关心的嘛！你自己是不是符合这些类型，符合这些类型的企业就意味着你很有机会拿到投资人的钱。

1. 市场容量

　　首先市场容量要足够大，一个企业去找投资人，找到类似于我们松禾这种相对专业的基金，我们就会问，一年利润能做多少？如果已经做了三千万元了，利润有百分之三十的净利，九百万元。但是如果已经占了市场占有率的百分之八十了，那么你还是自己悄悄干吧，找投资没意义，扩张不了了，这并不是投资人的好标准。市场容量足够大，企业才能长得足够大。市场容量就像池塘一样，比如说买笔头这么大的锦鲤，来养在鱼缸里面，养到它死，它还是这么大，但如果你把这鱼捞出来，扔到那个大池塘里，五年以后它会长到臂展那么大。所以市场容量决定你的体量有多大，能不能长大是市场容量决定的，所以我们喜欢那种市场容量很大的行业里边的企业。

2. 客户小而众

客户最好要小而众，比如我的客户要是像在座的各位和在座的各位之外的那几千万个雄心勃勃的创业者，这事儿就可干，因为张三哪天不玩了，还有李四嘛，这时候风险明显就变小了！所以客户就要小而众。

3. 经营目标明确

经营目标一定要很明确，经营目标就是一定要明确你是干什么的，为什么？因为只有专注的事情会在现实生活中成长壮大。举个例子，东北菜和潮州菜，我是来自于北方的，在深圳生活，所以我先声明一下，让我选择的话我最喜欢吃东北菜，但是我们来看东北菜和潮州菜的区别。潮州菜以精细著称，一个鲍鱼可以卖到八百一千。你进了餐馆发现，一个燕窝卖五百元，那是基本价，你就是上个海参吧，他标个三四百，你也没觉得他过分，做得很漂亮很精细。回过头来，你看东北菜，那几个乱炖一下，里边有鲍鱼，有燕窝，还有切好的海参炖在里面，还有什么豆腐，再来两片白菜，跟你说我这个乱炖得卖五百。你一定出门就骂，可能当场就跟服务员吵起来了，说你一个乱炖敢卖五百，出门就发朋友圈说，那是一个黑店，一个乱炖卖五百，不能去！也有人跟我探讨说，企业多元化其实很多，你看美国通用电气公司（简称 GE）之类的。GE 我们经常说它是多元化的，但是这里面包含着另外一种专注，其实是忽略了。它有一个经典的口号是什么？GE 的任何一个独立单元，如果不做到全球的前三名，不管赚多少钱一定砍掉，你看他是专注于前三名的。在他那个独立领域里，他是一定要做到前三名的，所以它是另外一种专注。你看，这所谓最多元化的标杆，它实际上仍然源自于专注。我们再来看深圳，我身边发生的事情，1994 年的万科业务太乱，什么都做，从拍电影到卖玉米，从做房子到做礼品，什么都做，兼带着还卖蒸馏水，还开百货商场，还炒股票等，世间所有能赚钱的事王石恨不得都做了。但是王石从那时起开始痛定思痛，影视公司砍掉，精品公司卖掉，外贸公司关掉，投资公司不再做了。怡宝，卖！万家，卖！万科回到只做房地产，而且只做住宅地产，到了今天成为中国最大的房地产公司。王石曾经有一段名言说："如果你敢转型，我就是在坟墓里面我也要伸出一只手把你们拽回来！"就可想而知他那种决心，但是最后怎么样？万科成功了，万科是一个伟大的公司。当时万科放弃掉的怡宝是中国最大的蒸馏水公司，而万家当年都做到深圳最大的国内连锁了，但是都放弃了。正是因为这种大胆的放弃成就了万科。专注真的很重要，我的一个朋友做原材料的企业，他就急急忙忙地想要进入到下游，那你的基因对吗？你的基因，比如我们老说，那个企业没有互联网基因，做不了互联网，但回过头来，你真的有那个做消费品的基因吗？你一个做原料的企业你真的有做消费品的基因吗？你未必有。所以说在某一个阶段，你一定要专注。

4. 管理团队

管理团队，前面谈到商业意识比技术更重要。一句话概括，懂技术的企业家胜过有商业头脑的科学家。因为投资人找的是企业家，而不是科学家。一个好技术要变成一个好的生意，就像一粒麦子变成我们嘴里的面包一样，这是有一个过程的，绝不是说我有一粒麦子，我们就一定能吃到面包。这一粒麦子就像个技术，没有麦子肯定没有后面的面包。但是这粒麦子种到地里也不意味着，就一定能吃上面包。得有水吧，得有肥吧！水肥来自于哪？有人得给你投钱，这就是投资，没有投资你的技术怎么长出来让大家看到呢？好，长出来了，发芽了，长出苗来了，得有农夫来管理吧，给你除草吧，给你除虫吧，如果赶上大风大雨，倒伏了，还得给你扶正吧！终于熬到收获了，还得市场给你营销出去吧！所以，企业发展的每一步都有不同的人，都有不同的参与者，所有的参与者在这个麦子变成面包的过程中都贡献了智慧、都贡献了劳动，所以才会产生这一整个的结果。我们见到有很多的科学家，发明一个技术，恨不得功劳全是我的，其结果是什么样？结果往往是这个技术就黄掉了。所以说，我们懂技术的企业家，也就是一个科学家，最终要决定出来做商业，他最终一定要让自己变成企业家，如果他不能真正让自己变成企业家，他企业很难做大。

作为投资者，我们更愿投一流的团队，哪怕这个团队是二流的技术，而不会选择去投二流的团队，虽然这个团队可能拥有一流的技术。就像猎狗一集群，就可以和狮子抗衡，虽然是一对一的情况下，猎狗的体重体型都不够狮子的一半，所以我们一定要一流的团队。比如联想的柳传志先生就说先发展市场，技术可以差一点，柳老师的团队就非常好。当年很多只强调技术的企业四个公司叫"两海两通"，两海是科海、京海，两通是信通、四通，大家现在谁还听说过？联想当时根本排都排不上。但是联想因为有好的团队，所以做到今天，中关村老的企业里面，只有联想没有其他，所以团队非常重要。

那么，好团队的标准是什么呢？第一，学习型团队，那学习是什么呢？学习其实就是学习力，是学习能力而不是知识。那我们说，什么样的人有非常强的学习能力？谦卑的人。谦卑的人才会有很强的学习能力，凡事三人行必有我师，随时向他人学习，把身段放得很低的人才是真正有学习能力的人。海之所以为海是因为它比所有的河流都低。所有的水都流到那个地方。所以，我们经常跟企业家强调："不管你引不引进投资，你要想多挣，你的学习能力是你制胜的第一法宝！"

第二，擅长与人合作。一定要非常擅长与人合作，现在爱迪生的时代几乎很难再重现。爱迪生是谁啊？爱迪生发明了电灯、发明了电话，发明了很多很多东西。今天任何一个人，他还想像爱迪生一样单打独斗地成就一项伟大事业，真的很难。擅长与人合作就是擅长做人，我们都说这个人很会做人，你看他一定是很会跟人家合作的人，是朋友很多的人，我们才会说这个人很会做人。很会与人相处，很能与人合作。所以做事先做人，因为你做人做好了，朋友多了，事情就好做了，所以我们讲的，善于与人合作是很重要的，这个是企业家的一个非常重要的特质。

　　第三，做企业的还要有强大的市场开拓能力。你有没有本事把梳子卖给和尚？这个是北大光华的一个案例。就是说，有一个卖梳子的厂招一批营业员，每个人发了一批，说你们出去推销吧！过了一段时间，每人带回来一个订单，买方都是寺庙。问第一个人说你卖了十几把梳子，是怎么卖的？他说我去找了庙里的和尚，说师傅们虽然没有头发，但头皮会痒吧！用手抠呢，不卫生。这个梳子呢，又便宜，用来刮头皮呢，又止痒又卫生还舒筋活血，有利于你们健康。和尚想，有道理啊，文明点也行，虽然咱头发剃光了，但多少意思一下也行。于是一人买一把，推销出去了。第二个人，有几十把订单，他说我去找了住持，我跟住持讲，来跪拜的人很多，进第一个殿的时候整整齐齐的，拜完以后呢，头发就凌乱了，有的还沾了很多香灰，去拜下一个殿的时候呢，又没法整理，多少有点不恭敬。放些梳子，放那儿供人们祭拜之前整理一下，既方便了香客，也是对佛祖的尊重，买一些放在那给大家用。第三个人，每个月都有数百把订单，他说去找了方丈。跟方丈说呢，进香火的人很多，我们给这些人的回报都是阿弥陀佛，祝你发财，祝你升官，而你这个庙的历史很长，里边有很多非常好的佳句、对联，你看我们的梳子这么便宜，我把你方丈写的一手好字，把这些名言佳句都刻在梳子上，但凡捐了钱的人，给一把梳子作为回馈，既是让人们回去有一个纪念品，同时也是教育大家普渡众生，看见了这个好东西老记得，就会照着去做了，这也是做善事嘛。方丈一听，有道理，结果很多人为了得到这个梳子，就拼命捐钱，香火数倍地增长，市场就被开拓出来了。所以大家一定要想方法怎么样开拓市场，市场非常重要。这就回过头来讲前面讲的一个商业意识，市场一定是要先行的，到了今天，很多企业不是死于技术，而是死于市场开拓。好技术很快会被超越！当年我去光华上 EMBA 的时候，有个老师问我，为什么要上EMBA？我说在中国的 20 世纪 50 年代，我们上完大学就相当于买了一栋房子，折旧期 50 年，产权 70 年；到了七八十年代，上大学就像买了辆车，使用 20 年，20 年强制报废了；到了 90 年代上大学，就像买了一部手机，用了几年；到今天上完大学，就跟买了一杯酸奶似的，七天就过期了。现在的市场变化太快了，好多技术真的都是死在市场开拓不好，而不是死在技术本身，所以这一点是非常重要的。

第四，不轻易放弃。企业家一定不要轻易放弃，不能轻易放弃。我们经常举一个例子，说有一个石匠，我跟大家说那个门口有一块巨大的石头，待会有人会一锤子把那石头打开，有没有兴趣看？一锤子把这么大石头打开，说一定挺好玩，去看看他是怎么打开了。我们去看了，果然那老师傅真的一锤把这石头打开了，我们一定会去跟那白胡子老石匠说，大师你真行啊，一锤子就把石头打开了！这是我们经常用的一种恭维方式，这位老石匠会说什么呢？他说："年轻人，这块石头，我都敲了三年了。"大概是二十多年前的流行这样一句话，"九十九度加那一度"。今天我们要来反问一下，如果没有那九十九度，这一度还关键吗？所以不能放弃，要坚持到一百度，任何一度都不能放弃，要想成功，要烧开这一壶水，任何一度都不能放弃。因为许多努力不是一下子就能看到结果的，一定要有耐心，所以有一句话叫伟大是熬出来的。伟大真的是熬出来的。我跑过三个马拉松，跑到后边就是熬呗，反正总能熬到头。这种坚持对大家真的是很重要。

第五，乐观向上，一定要乐观向上。我讲个故事，什么叫乐观向上。说中国古代有个秀才，多次进京赶考，住在同一个店里。考试前三天，做了三个梦，第一个梦，梦见自己在墙上种白菜；第二个梦，梦里是下雨天，戴着斗笠还打着伞；第三个梦，是梦到跟自己暗恋多年的表妹，脱光了衣服和他躺在一起，但背靠背，百思不得其解。第二天要考试了，他就跑去找算命的。算命的听完就说你回家吧，说你看看墙上都种白菜了，那不白种吗？怎么可能种的活呢？第二个，戴个斗笠还打把伞，你这次来不就叫多此一举？第三个情况，脱光了衣服躺在一起还背靠背，肯定没戏嘛！这哥们特别沮丧，就回到店里收拾，准备回去了。店主说明天早上考试你别走啊，这哥们很痛苦，就讲了这三个梦，店主就讲我也会解梦，你且听我给你分解。墙上种白菜，高中啊；第二个，戴了斗笠还打把伞，双保险；第三个，那就更值得期待了，翻身的时刻即将来临。秀才听后，就满怀信心地去赶考，心情大好，最后中了探花。这个故事其实就是说，想法决定你的活法，心态决定你的状态，所以一定要乐观向上。因为现代创业，应该说我们面临的困难是特别多的，如果整天让自己处于忧郁状态。投资人肯定很难投资给你，为什么？他担心你熬不到成功的那一天，就得抑郁症了，所以说大家一定要乐观向上。

最后我们特别强调领导者素质，因为团队归根到底是由人来领导的，是一把手来带领的。真正的领导是懂信任，懂放权，懂珍惜，能够使用比自己更强力量的人才叫领导，领袖更是如此。什么都会干的人叫办公室主任，某一方面很精的人叫专家，什么都不会但业务做得很大的人叫领导。我给大家举两个最有名的领导：刘邦、刘备。大家能举出刘邦的特点吗？刘邦的故事大家知道，项羽说我煮了你爸，刘邦回答"咱俩是兄弟，分我一杯"，你们听说过吧。但是，我们说制胜的三要素是什么：粮草、战斗力、谋略；刘邦在这三个方面后勤粮草不如萧何，指挥千军万马不如韩信，计谋策略不如张良，但是刘邦建立了汉家王朝。第二个，刘备更是如此，刘备的特征是什么，哭，会哭，但是关羽、张飞、赵云、诸葛亮都为他所用，所以真正的好领导一定是能够团结周围的人，一定是能够把大家团结在一起的人，他就是领导，否则要么你是个专家，要么你就是办公室主任。我们有时候用药来讲，什么都会的药叫万金油，都管点用，某一个方面特别强的药，特效药，但领导是医生，他知道在哪用这些药，所以这点非常重要。要想成为一个好领导者，要放权，要用人，你有本事用到比你强的人，才是你的成功。我曾去过一个公司，我们说找底下的员工聊一聊，谈一谈，说不用找他们，他们什么都不行，什么都不如我。我说完了，那我也不用谈了，不用再具体谈了。如果说，具体的事问我们那个刘老师，那个事得去找张老师仔细聊。谈完以后，那刘老师说，我们之所以能有今天，是因为我们董事长给我们放了很大的权，让我们充分发挥，充分地干，不干预我们，那么这家企业成功的几率很高。

四、什么是创新?

下面谈谈大家关心的创新,有一句话,叫"专利不等于技术,技术不等于产品,产品不等于市场,市场不等于收入,收入不等于利润"。而所有做企业的终极目标是利润,就算是互联网企业,用户有五百万、五千万,最终也得要利润。没有利润,前面一切终有一天会破灭,再高的估值也会破灭。比如,你去餐馆吃饭,不能张嘴给人一张条说,我这有五百万用户,抵这碗菜钱了。没用的,你得给人家现金,或者能换来现金的东西。所以利润是终极的。我们说技术创新,一定要贴近市场,我们要警惕杀龙术。什么叫杀龙术?杀龙术是讲一个小伙喜欢整天琢磨稀奇古怪的事情,好让大家佩服他,于是花了大价钱学了杀龙术,回到村里,有人就问他:"你回家来杀龙,可谁家有龙让你杀呢?"学杀龙术的小伙子说得津津有味,可是你怎么生存呢?所以我们经常讲,你纵有杀龙术,你得先从杀猪始。你养活自己,成长起来,等龙出现的那一天才有机会杀龙,否则等不到龙出现,你死了,你没机会了,这龙也不是你的了。我们经常听到的一个玩笑,"领先三步叫先烈,领先一步叫先进",所以你的技术一定要贴近市场,不贴近市场你变成先烈的几率太大了。第二个创新是模式创新,什么是模式创新?举个例子,各位现在在这啊,我拿手机给在座的各位照个相,我一定会讲一二三别闭眼。但是只要人数超过十个,基本都有闭眼的,我们现场这么多人肯定有闭眼的。如果我现在跟大家说,请大家把眼睛闭上,我数一二三,睁眼有睁不开的吗?换一个模式,换一个思路,换一个想法,也许就有完全不一样的效果。比如,分众传媒,包括俞老师的新东方,这样的企业有技术吗?大家要理解,这个里边讲的技术,更多讲的是物理学上的技术,我们说俞老师有很强的技术了,技术更多体现在模式的方面,而不是硬的方面,俞老师的技术更多体现在模式方面,不断创新的模式方面,商业模式上面的创新。所以商业模式千万不要忽略,但商业模式跟技术模式有一个巨大的区别。技术往往这个门槛比较高,会通过专利、通过前期的研发投入、通过技术人员的那个智商，可能会把门槛筑得比较高，让别人进入的难度比较大；但模式创新，像我举的照相的例子，我估计大家出去照相都会了吧？模式创新得快，趁你们没走出这间房间前，我把这个告诉全国人民，大家都给我交钱了，你们再出去忽悠已经来不及了，所以要快，发展速度要快，我因此模式创新的速度，执行力必须很强，前期的执行很关键，没有很好的执行力的话，就不要在市场里让人充分了解你的模式，否则一旦有比你聪明的人，一旦有比你速度快的人，比你更有钱的人，比你执行力更好的人，你就很麻烦，很有可能是你起了个大早，人家赶了个集。

这里我就会讲到比较优势，用成本来形容比较优势。比如一般出租车起步价都是十元以上，人家滴滴打车一起步 5 角，比你有优势吧。因此发挥你的比较优势很重要。比亚迪就是有比较优势的企业，大家对比亚迪可能有所了解，比亚迪当年就是利用比较优势成功的。20 世纪 90 年代我们手机电池是镍镉来做的，不像现在是锂电池，手机一开始只有摩托罗拉一种，后来出了诺基亚，出了爱立信，电池就开始变化了。随着手机企业发展，手机企业进一步发展，出现另外一个问题，手机开始花样翻新，电池就得花样翻新，跟上手机翻新，而日本的大规模机械化电池生产开始不灵了。因为任何一个生产线，必须有足够的产量，才能把生产线的成本，就是折旧给匹配掉，但因为手机的花样太多了，单一款手机要的电池都不足以达到那个成本，价格就居高不下。而王传福利用中国相对便宜的人工，加上半自动化生产线，进行小批量生产，成本做得很低，很快就打入手机市场，在手机花样翻新的时代，一下子占领了市场。因此我们在创意阶段的时候，任何一个企业，一定找出你的比较优势，因为比较优势是你的制胜关键，拥有绝对优势在今天太难了，而如何把比较优势发挥到极致，是你成功的关键。

具有比较优势的企业，在行业内也可能相对领先。什么叫行业内相对领先？举个例子，两个人在森林里遇到虎，一个人赶紧把运动鞋换上了，另一个人说你为什么换鞋，换鞋也跑不过老虎啊。穿运动鞋的人回答说，我虽然跑不过虎，但跑得过你。这就叫相对领先，行业内相对领先。假如一个行业里的小巨人，在整个大行业里边可能处于比较落后的阶段，但在小行业里面是领先者，这就是"跑不过虎跑得过你"，能生存，就有优势。如果有绝活啊，这个人把运动鞋换上，另一个人把鞋和袜子全脱了光着脚说："我上树啊，我有能力，我仍然可以活。"如果说你表现出这种特质来，有非常独特的东西，那么回到刚才讲的比较优势，相对领先是局部的绝对优势，那能上树就是区域内的比较优势了。单纯的模仿，看人家做了一个什么东西我也去做，你这种模仿，是不受欢迎的，我们可以说养条斑点狗，斑点狗很漂亮，但斑点女人就很可怕了。我们不是有句俗话吗？第一个把女人形容为鲜花的叫天才，第二个庸才，第三个蠢材，所以这一点上，一定不要单纯地模仿，一定要有变化。

五、如何写好商业计划书

有特色的商业计划，对创业家和创业企业是非常重要的。你的商业计划一定要有特色，首先就是正确表达自己，我知道我们所有人的目标都希望是镜子里边的那个家伙，但通常，你现在还是镜子外面这个家伙，镜子里的家伙是你的目标。我是投资人，我很清楚那是你的目标，外面的才是你，所以我们会两方面都看，里边那可能是未来的你，也正因为他可能是未来的你，我才会来了解这件事情，但更多的我要了解现在的你是什么样。如果里面是只狮子，外面坐的是只猪，那显然这件事就是不靠谱了。

首先，看行业中的地位。在行业中你成功的关键是什么？你在行业中的地位是什么？你能不能很清楚地描述在这个行业中你想成功关键是什么？第二个，你公司和产品如何进入行业。实际上我在这上面列出的问题，都是未来投资人通常会问到大家的问题。如果你要引进投资人的话，投资人通常都会问到你这些问题，比如：你的产品、你的公司是怎么进入这个行业的？你怎么进入市场的？你如何判断行业的全部销售额和成长率？你描绘了一个巨大的市场，那你是怎么判定的？你的依据在哪？你数据来源在哪儿？如果你说是我编的，这显然就不靠谱了。你的来源说，我来自于XX权威单位，至少投资人听起来就觉得可信很多。还有一个，对公司利润影响最大的行业变化是什么？假如说国家取缔了这个行业，那肯定对你的利润影响极大，还有什么其他可能影响你的因素，你考虑没考虑过，其实这些都是你应该考虑的。

再说到定位，你是不是很独特？你的产品是满足了特定需求还是潜在需求？有刚需，还是说可能有需求，还是说我不知道，我只是说估计客户有潜在的需求。实际这一些问题都是需要你自己去认真思考的。因为你的计划书中能够更多地反映这个问题，那就意味着当投资人来向你做尽职调查的时候，这些问题你就很容易回答出来，这样你的融资就能往前跨进一大步，从时间节省方面等方面。还有，你如果计划取得市场份额，那你的行动是什么？你有行动计划吗？有行动纲领吗？你的行动措施有没有？

第三，你的客户群体在统计上的特征是什么？什么样的人是你的客户？如果说很多人买，那都是什么类型的人，你能不能分出类来？尤其是到了大数据年代，随着不同分类，企业的策略会发生很多很多的变化。

在企业营销策略方面，你的关键点是什么？你遵循一种什么样的销售策略？你是零售的销售战略，还是产品市场的战略？而且当产品的服务步入成熟期，你有没有应变措施？这些都是你需要考虑的。

第四，团队和员工。我们投资人经常会问："你的成员是不是都是成功者？是不是很多成功者？"如果曾经失败过，那这样的成功者更珍贵，因为人往往犯过一次错之后，再犯同样错误的几率就会下降。人成功过，重复同样的成功，那个概率也下降。其二，管理团队拥有什么类型的业务经验？你自己分分，当拥有不同类型的经验的时候，很多人事安排都会发生变化。你的合伙人，进入你企业的高管们，他们的工作动机你真正想过吗？其实静下来有时候想想，他为什么要来干这件事呢？当你想清楚之后，你企业的管理，包括你的做法等方面都会往前迈进一步。而且你的经营计划列出的任务真的能完成吗？假如底下的部门经理一拍胸脯说："老板你说今年 4000 万，没问题！"真的能完成吗？如果完不成，你的对应措施是什么？我要强调跟投资人对赌的是你，不是他。如果你不了解这件事，根据他瞎报的跟投资人对赌，你难道输的时候把他开了吗？即使把他开了，你输给投资人的股权你也得输，要赔给投资人的钱还得赔啊。所以，先把事弄清楚，别听他人一拍脑袋。再者，培训员工的费用，你真的下本钱去培养的你未来了吗？去训练你的未来了吗？你的一线工人所占的比例，你做过测算吗？在数据方面，好公司，你行业中的标杆，人家的比例是什么？你的比例是什么？你的改进空间或者你的优势是什么？都应该做一下比较。

第五，研发。谁拥有专利？专利人和专利之间的许可是什么？如果有，对公司其他人是不是同样拥有这个？而且你现在的方向是什么？如果你的很多销售建立在它研发的基础上出来，他弄不出来怎么办？你有没有应对策略？瓶颈在哪？这个瓶颈你准备怎么解决？你知道了瓶颈，才可能解决。

第六，盈利模式。你说："我有一个很清晰的盈利模式。"那么这个模式，你能用几句话说清楚？比如说，你跟我谈了两个小时了，我还是一头雾水。这就说明两个问题，一个是，我是个傻瓜，听不懂；另一个就是，你的模式够呛，连你自己都说不清楚。所以，好的盈利模式三句话就能讲明白，明白你是怎么做的，好东西一定都是能看得懂的东西。而且还要考虑这个模式是不是容易被复制？我刚才谈到，如果你的模式很容易被复制，那你的时机、速度就变成了关键。

第七，财务状况。也就是你的资金，你募了钱想干什么？其实这是你商业计划的重点，你想干什么？想维持竞争优势的话，你的投资水平有没有估算过够不够用？与你的同行相比，你的一些比较数据。数据比较，实际上是找差距，扩大优势。还有三年以后，企业对资本的需求是怎样的？因为投资人投你，绝不是看今年，而是看三年甚至是五年以后的，所以他也会关心这个。你现在的负债率怎么样？有时候有些企业说我没负债，没负债有两种情况，一种是企业真好，另一种实在是你的经营水平比较低，因为有负债你可能亏损。股权成本是所有成本里面，除了高利贷以外，最高的一种形式，如果你有本事借到银行的钱，这个成本是最好的成本。因为还完银行本金，剩下的利润、市场溢价的东西全是你自己的。但对投资人，比如说，你给了百分之十，看似不给利息了，等企业上市了，变成二十亿了，扣去百分之二十五给市场的，投资人还拿走七，这里多少呢？一亿五千万！你要是从银行借五千万呢？四年时间，每年交上百分之十，才两千万嘛。你给了投资人多少？一亿五千万，刨去本金，给了投资人一个亿。那你说，哪个成本更高？肯定是你给我的股权成本更高嘛！所以，企业发展的一定阶段一定是借债，能借债就借债，但是要有安全边际，因为债务成本跟投资成本不一样，当你做得不好的时候，债务成本就很可怕了，就有可能使你关门，所以这个里面有个平衡关系，不同阶段大家要学会。

第八，竞争对手。除了要了解你的主要竞争对手是谁之外，更重要的是，要知道人家有什么竞争策略。就比如说，现在面对面两个人打一架，如果你了解对方，对方是带着棍子的，那咱就有办法，至少我准备根棍子，或者带上把刀，至少戴上头盔嘛。这就是竞争对手你了解得清楚，对策就越强。如果我知道对面的哥们是我的竞争对手，准备跟我打一架，这哥们有什么？这哥们准备怎么打？是拳击还是散打，还是使阴招？都不清楚，那你怎么准备呀，人家万一还藏把枪呢！所以竞争对手的情况一定要了解清楚。你对他有什么竞争优势？他对你有什么相对竞争优势？你的对策是什么？而且面对这些优势，你的应对是怎么样的？你有没有针对性应对方式？如果没有，那你压力就会很大了，就会仓促应战，到时候迎战的时候你输的概率显然要比你了解清楚之后的概率大得多。

此外，你整个的计划书内容一定要很清晰，至少我们要了解你是怎么运转的，而且你不要只谈好的方面，有时候适当谈谈自己的不好，既是对自己的提醒，也让投资人感觉到你比较实事求是、比较实在。人人都愿意投钱给实在人嘛，如果对你的印象是：这个人就会忽悠，那你得到投资的概率就比较小了。

而且要注意，不要过度包装，因为现在你面对的投资人，很多都是非常专业的，你也愿意与更专业的投资人打交道，也只有很专业的投资人才更容易募到钱，也有更多的钱。这些年我们看过的商业计划书里面，有90％都是有很大水分的，因此投资人通常都会带着一个比较怀疑的心态来看你的商业计划书的。所以，尤其是初期的创业者，商业计划书不要有太多的水分。这不是说不能有水分，没水分不行，那样就太干了，但水分一定不能过，就像喝啤酒一样，没泡沫不好喝，泡沫太多，人家也就不喝了。

最后，逻辑。商业计划书一定要有逻辑。这一点有好多朋友不注意，写着写着到了后面，所得出的结论有时候把前面的论据给推翻了。什么叫逻辑呢？开个玩笑说，爱因斯坦曾经问他的学生，说有两个工人一起爬进去修一个老旧的烟囱，出来以后，一个脸上脏，一个脸上不脏，那谁会去洗脸呢？脸上不脏的！这个的逻辑是，因为干净的人看到了对面的人脸上脏，所以他会去洗脸，脏的人因为看到了对面的人脸上不脏，所以不会去洗脸。但大家想想看，同样的场景，怎么可能一个脏一个不脏？大家都进了那个烟囱，一个脏一个不脏，可能吗？很多时候我们都被自己的假设限制住了，我假设一个脏，一个不脏，首先，这个假设成立吗？其实逻辑方面，很多陷阱出在这，你的假设就是错的！因此，计划书一定要有逻辑，我们在计划书中看到了太多类似上面故事的东西，这里面的逻辑漏洞，我在这提醒大家一定要注意。我们很多情况下的逻辑是，先假设一个东西，但回过头去想，首先要看这个假设成不成立？如果假设就是违反逻辑的，后面的推论就不用讲了。

关于计划书讲了这么多，归根到底一点，对很多企业，尤其是创业企业来讲，一定要生存第一。这里对前面的内容做一个小小的总结，所谓生存第一，即融资规模、融资时机、融资条件这些要想清楚，一定不要漫天要价。在很多时候，如果你觉得自己卖得便宜了，不妨少要一点，先让自己活下来，活下来才有明天。就像长征一样，走出了瑞金，最后没到陕北，中间就都是白干了，都不用谈；一路上吃糠咽菜，吃草根、吃皮带、吃鞋，别管这些，能活下来才能有到天安门广场站着的机会。

>>> 第 *5* 课

白文涛： 中小企业创业和融资

导师简介

白文涛，男，1967 年出生，1990 年毕业于北京大学政治学与行政管理系。上海中欧国际工商学院 2002 级 EMBA。

国内著名手机软件提供商深圳万耐特集团创始人。曾任北大智海软件有限公司董事总经理、北京印研软件开发有限公司董事长兼总经理、深圳市彩秀科技有限公司董事长兼总经理。现任深圳分享投资执行合伙人。

我今天从创业和融资两个角度切入，跟大家交流一下。拿到过天使投资或是风险投资的人，实际上你们在创业路上已经实现了一个重大的、里程碑式的突破。这是一件非常不容易的事情。为什么说不容易呢？

一、创业融资难

我们看到过很多案例，也听过很多案例，在一些文学作品中也描写了硅谷的创业案例。硅谷已然成为世界的创业圣地，但其实，就算是在硅谷创业，也是非常不容易的。创始人在天使投资阶段，常常是不拿工资，或是拿着很少的工资。在这些创业公司里面，有超过80%的初创公司会在三年内倒闭，仅有不到10%的创业公司能够获得很好的回报，还有百分之十几的创业公司的表现一般般，勉强生存。大部分的硅谷创业公司前七年连续亏损，这是一个很痛苦、很煎熬的过程。80%的创业公司的CEO（创始人）会被投资人解雇。这是硅谷的数据。

至于中国的数据，只会比这个差，不会比这个好。在中国，创业公司平均寿命不足三年，70%超不过一年。当然，因为国情不同，创业公司创始人被投资者解雇的事情，在中国发生的比例较小。

创业难，而且绝大多数创业都会失败，那谁还会给你投钱呢？这也是创业融资难最主要的原因。除了这个最主要的原因之外，还有很多因素导致创业公司融资难，信息的不对称性就是融资难的另一个重要原因。我们经常听到一些美妙的案例，如某某人偶尔碰到一个创业者，也没多考虑，只是聊了三分钟，就投了钱，没过几年人家企业上市了，得了几十倍上百倍的回报。这种案例确实存在，但非常少。总有人愿意去寻找这样的小概率事件，主观上是去博超额回报，客观上帮助了年轻人创业，这其实不是坏事。但是很遗憾，这种事情成功的概率，非常非常小，基本上跟中彩票得大奖差不多。大多数投资，尤其是专业机构的投资，还是要进行深入研究和调研的。这时，有投资意愿的人，碰到的最大障碍，就是信息不对称。用老百姓的话讲，就是没有办法了解到真实的你和你的创业公司。也正因为信息的不对称性，使有投资意愿的个人或是机构，不敢下决心去投。所以说，初创企业这种存活的不确定性，和创业者和投资人之间的信息的不对称性，这两个特性决定了我们创业者的融资是一件非常难的事情。

不确定性，我们来概括总结一下，大概就是以下几条。

1. 创业企业很多处于新兴行业，行业本身就有很大不确定性，也没有可以参考的对标公司。2. 创业企业刚刚起步，没有过往的业绩可以参考比较。3. 创业企业本身尚未发展出成熟的、以组织形式应对环境风险的持续竞争能力。4. 团队刚刚组组建，甚至还没组建成型，缺少磨合，不确定性很大。5. 创业公司的商业模式往往是一种创新，不创新无法生存，但创新的商业模式一样有着强烈的不确定性。6. 人的诚信问题及信任成本，这是不确性最重要的组成部分，投资就是投人，对创业者的不了解，使这种不确定性被放大。7. 没有任何可抵押可担保的资产来消除投资的不确定性。如果我有固定资产可抵押担保，那确定性就大大增加了，可我就去找银行了，不找你来融资了。

信息不对称也是一样的，我们经历过一个失败案例。

我在刚做投资不久时有一个项目（由于保密协议，我不会讲这个企业的具体名字）。这个企业那次是准备融2500万元。其中有一个大的机构投2000万元，我们跟投500万元。投资虽然不多，但是我们也很仔细地做了尽职调查，在尽职调查（Due Diligence，简称DD）中发现这个企业各方面都不错，可是我们把钱投过去之后，很快就发现了问题。企业拿到了这2500万元之后，企业的老板没有把这笔钱用在企业经营上，而是把这笔钱抽走，去补他在老家做的一个房地产项目的资金缺口。我们提起诉讼，打起了官司，最后我们胜诉，法院判决他要返还我们的投资款。这就是一个典型的信息不对称导致投资失败的案例。

说融资难是不是就不好呢？在我看来，融资难一点，对创业来说也不都是坏事。某种意义上说，其实是好事。为什么呢？如果创业者都太容易融资的话，会造成什么样的创业团队都能融到钱，那些明显不靠谱的创业团队拿到了投资，不仅会加大创业团队之间过度烧钱的竞争，同时也让投资人的钱被浪费，使得风险投资的整体收益下降，未来的投资环境一定会恶化，整个市场流入创业投资的资金会减少。大家知道有这么一句话叫"大风来了，猪都会飞"，你想想，如果猪都飞起来的话，身上长着翅膀，不长翅膀的，都能飞并且乱飞，你是长翅膀的，但你跟在天上飞的猪撞上，你也会受伤。当这个杂草和野藤疯狂生长的时候，乔木就会无法成材。所以，融资难也是好事，通过融资难的这道屏障，市场就自然地过滤了一些不具备融资能力的项目和一些没有成长力的项目。所以说，对创业者来说，我们要直面融资难，不要把它想象成坏事，我们要勇敢地去面对它。

二、创业融资的主要渠道及投资人分类

企业融资有很多渠道可以比较：1. 内源性融资，就是比如你的员工入股；2. 债券融资，你可以借款，政府的民间借贷、商业银行等；3. 股权投资。这里的条件、成本、控制权的情况、使用的风险等都是各不相同的。

民间借贷对创业融资来说，就是一句话：不靠谱。创业融资找民间借贷成本比较高。创业企业本来利润就很薄，成本又这么高。你不仅是在为房东打工，为高铁打工，为航空公司打工，还得为民间借贷打工。实际上民间借贷有一部分如果是亲朋好友的、父母的、女朋友的钱，这倒是可以借的。如果说是纯民间借贷资金的话，我还是建议大家一定要慎重。

融资还有一个办法是银行贷款，银行贷款的特点是什么呢？特点是它从来都不是雪中送炭，只是锦上添花，下雨的时候，它把伞又给收回去了。创业公司找银行借款也不靠谱。当然现在咱们国家也鼓励银行、小贷公司向中小企业倾斜，给它们贷款。但是我们创业企业，尤其是一些高科技的创业型企业，房无一间、地无一亩，你去找银行、小贷公司、金融机构，能拿到钱的概率微乎其微。

那么什么最靠谱？风险投资最靠谱。对于我们创业企业来说，想拿到钱，想融到资，风险投资最对口。风险投资有很多种，广义的风险投资分种子投资、天使投资和 Venture Capital（简称 VC）。

我用一个比喻，如果把考上北大作为企业首次公开募股（Initial Public Offerings，简称 IPO）标准的话，早期的种子投资就是你在幼儿园的时候就开始投资，小学时投资就是天使投资，等小学念完到了初中，那就是风险投资了，如果他上了高中，考入北京四中了，在班级又前几名，你再投它，那就不是风险投资而是私募股权融资（Private Equity，PE）投资了。

我给大家举一个最成功的"天使投资"案例，那就是吕不韦和秦异人的故事。大家应该都知道有一个成语叫"奇货可居"，说的就是这段历史。吕不韦的这个故事，就可以把它理解为中国最成功的"天使投资"之一。

风险投资是什么呢？大家知道哥伦布发现了新大陆，哥伦布是意大利热那亚人，他为什么带领的是西班牙船队发现了新大陆呢？因为他游说欧洲各个皇室，希望得到资金能让他向西航行到达印度，但没有人信他。只有西班牙的伊莎贝拉女王信了他，在听他游说之后给了他一笔钱，还跟他签了一个详细的协议，约定发现了新大陆之后，收上来的税、发现的黄金和物资怎么分配，等等。于是，哥伦布才有可能带领船队去发现新大陆，伊莎贝拉女王的这个投资就叫做风险投资。吕不韦属于天使投资，西班牙的伊莎贝拉女王就属于风险投资。

这两个案例就可以告诉大家投资的阶段性，或者是用我说的这个幼儿园、小学、初中、高中的这个例子来划分投资的阶段性。幼儿园是种子期的投资，小学就是天使投资，有时种子期投资也统一叫天使投资；到了初中了，那基本上就是 VC 投资了，种子期投资、天使投资和 VC 投资都叫风险投资；等到了高中了，甚至到了高三了，要高考了，那就是 Pre-IPO 了。

天使投资的退出周期很长，需要 8 年到 10 年，甚至更长，最长的是无穷长；VC 阶段，一般来说 3 年到 5 年，3 年到 5 年就知道它行还是不行；PE 投资就更短了，3 年以内。投资越早期，风险越高，但相应的回报率也越高；越后期，风险越低，回报也相应低。有些投资几乎零风险，零风险的事，回报率自然低。实际上就资金来说，最没风险的是放到国家担保的银行里去，那么回报率也就只有利息了。

天使投资有个人的、公司的，还有加速器/孵化器的。中国这几年，还是出了很多著名的天使投资人；也有一些专门的公司来做天使投资。很多我知道的一些大公司也都专门有一部分资金来做天使投资。还有一些专门的加速器、孵化器，也同时在做天使投资。

那么天使投资能为被投资人做什么呢？实际上我认为是做不了太多工作的。天使投资人都要投很多项目，它是广撒网。它一年可能投 20 家、30 家甚至更多的创业企业。如果每一个项目都要其亲力亲为做一些事的话，根本没有时间。但是天使投资对于我们创业者来说却是很重要的。打一个比方，天使投资人就是大家的朋友，这样就好了，当你有了什么苦闷、有什么不了解的时候、有什么拿不定主意的地方，可以跟他通个电话、跟他喝一个下午茶，聊一聊。他是你的朋友，他可以把你引进到他的一些朋友圈里；这就已经很好了。不要对天使投资人抱太大的希望，希望越大，失望越大。

据统计，在中国成熟的天使投资人不到 1000 人，实际上天使投资人我认为是非常非常重要的。中国总在说由制造中国向创造中国转变，那实际上就需要天使投资人。你有了好的想法，却又没钱做，就去找天使投资人。天使投资人无论是给你投 10 万元还是 100 万元，或者 200 万元、300 万元，你有了这笔钱，你就可以满血创业，就有可能做出好的产品来，提供好的服务，所以说天使投资人是很重要的。

再来看看美国，美国有几十万活跃的、成熟的天使投资人，美国的人口和中国的人口基数没法比，是中国的几分之一，但是中国只有一千人，美国有几十万。拿到天使投资的项目，2011 年到 2012 年美国每年几万个，中国披露的还不到 1000 个，是 747 个；60% 的投资额在 300 万元以下，单笔投资额在 100 万元到 500 万元的占 38%。在美国，几十万的天使投资人每年投资的项目数以万计；2011 年上半年有 2.63 万家创业企业获得天使投资，每年投资总额达 200 亿美元；这些数据实际上告诉我们，中国的天使投资亟待发展。目前，天使投资主要集中在经济发达地区，其他有很多的地方都没有天使投资。美国在 2012 年天使投资单笔金额的中位数是 60 万美元。美国的 60 万美元，你不要把它乘以 6，想象成人民币，美国的 60 万美元就相当于中国的 60 万人民币，就这样想。所以说，天使投资每笔的投资金额都不大，其实也足够了。

美国的天使投资人，有很多人自己也是创业者，他的企业被大公司收购了，或是 IPO 上市了。他有了很多的钱，再反过头来做天使投资。在美国，天使投资已经成为了一个产业。

狭义的风险投资一般是指投资于成长期项目，也就是投资"小学高年级到初中"这个阶段的。到了风险投资这个阶段，大多数投资人都是机构，而不是个人。机构投资就相对麻烦一点，它有一些流程。而就个人投资来说，就很简单了，他看你顺眼就直接投给你钱，这个决策往往在很短的时间就会做出。但是到了风险投资这个阶段，没有谁可以说见了第一面就会投资给你，它有很复杂很细致的流程，会有律师、会计师，还有投资委员会来参与这个过程，还有更多的业绩承诺等这些东西。

在中国，风险投资在 2007 年前后大规模兴起。为什么呢？因为中国修改了《公司法》，允许有限合伙企业注册。有限合伙的方式，又是全世界风险投资采用最多的组织形式。2008 年上半年就达到了将近 500 亿美元的投资。实际上随着经济的涨和落，投资金额也受到影响，如果经济景气，央行开闸放水，获得的金额就会大，反之就小。

跟中国相比，美国的风险投资非常成熟，投资金额也非常大。

三、投资人、融资渠道的选择

对于创业企业而言，在成长的不同阶段，适用不同的融资渠道。对此我有以下几个建议。

1. 种子期：首选自有资金/亲友借款、天使投资。

2. 启动期：首选天使投资、管理层/员工/战略伙伴、风险投资、政府扶持基金；其次自有资金/亲友借款。

3. 成长早期：首选管理层/员工/战略伙伴、风险投资、政府扶持基金。

4. 快速成长期：首选风险投资、战略伙伴投资、政府扶持基金、银行政策性贷款。

5. 成熟期：首选 PE 资金、公开发行股票、债券、银行贷款。

在种子期，主要的融资来源我认为，一是自己有资金、自筹资金，第二是亲友的钱，第三是天使投资的钱，除了这三种来源，其他的钱都不靠谱。到了启动期、早期成长期，VC 就可以参与了。你得有一定的商业模式，你得展现出你的成长空间，那个时候你就可以找 VC 了，还有政府扶持基金和一些设备租赁、抵押贷款等。到了成熟期，有 PE 资金，等再成熟点，可以上市发行股票。所以说在不同的阶段有不同的融资渠道。

我们的重点是寻找天使投资，还有一些企业处于快速成长期，可以选择风险投资，所以说天使投资和 VC 是最合我们胃口的。

有了资金就要涉及成本，成本的计算其实比较简单。这个融资需要多少钱，怎么算，我的资金成本怎么样，简单的四则运算就解决了。创业所需资金的计算，其实每家企业都是不一样的，融一次，找天使投资人也好、找亲友也好。最好要保证有可以支撑一整年活下去的资金。这些钱是什么钱呢？办公司需要租办公室，要有人手需要发工资，会有商业活动需要差旅费、交通费、通信费等。如果你是生产型企业，需要考虑原材料、库存、电费、水费，把这些必须支付的都要计算出来。如果融了太少的话，不到一年你的周期还没有做完，你的资金又紧张了，还要花精力去融，融不到的话，就死掉了。要是融了太多的话，也不划算，如果你的公司很小的话，融了太多的钱，就会被稀释很多。融资要给别人股份，所以融资后牺牲掉的最大成本就是被稀释掉的股份。

四、创业融资的关键步骤

如何融资则更为容易，我认为一是朋友引荐，二是个人品牌，这两点是最靠谱最实际的。自己找也是可以的，不过成功率不高。实不相瞒，到目前为止，我们投了这么多的企业，没有一家是因为他给我发了一张名片或者是给我发了一封邮件，我看了这封邮件和名片主动找到他的。所以说，如果大家想要融资的话，最好是通过朋友引荐，或者是建立自己的个人品牌。参加北京大学创业训练营就有这样一个好处，在这期间，可以接触到很多的导师，有了群体、同学关系，就建立了某种联系和信任，这个时候，融资就会很容易。

在这里我想要强调的是，大家如果刚创业的话，看起来是在经营企业，实际上是在经营个人的品牌。因为你这家企业很有可能会倒闭，创业失败是一个大概率的事件。但是你创立的企业可以失败，你的个人品牌却不能失败，你创立的企业可以倒闭，你的个人品牌不能倒闭。人的品牌是无限责任的，是跟自己走一生的，是到哪都带得走的。所以人这一生最重要的投资就是要投资自己的人生品牌。

融资的好处有很多，比如说资金得到保障；投资人还给你注入经验、资源和品牌。这里的品牌是指，你可以很骄傲地和别人说，某某某给我投资了或是我已经拿到了第一笔融资。这样让你的员工和客户对你有信任感。融资还能让你的企业拥有更健康的治理结构，以前就是你一个人的公司，而你拿到投资后，你每个月就要给投资人一份报告；你融到了第一笔，对第二笔的融资就起到了标杆作用。但是融资还存在一些可能的问题：比如估值过低，收益被稀释，融资过程精力被分散，发展步骤受影响。因为投资人需要你快点挣钱，快点进行下一笔融资。总之，融资有优势也有弱势。

所以我认为呢，有效的商业模式远比资金更为重要。资金不是创业成功的充分条件，甚至也不是必要条件。从来没有万事俱备，只欠资金的项目。

我见过很多的创业者，经常说我现在就差钱，如果给我钱我就怎么怎么样，说这话的，他要么是真的不懂，太盲目乐观，要么就是在骗人。

投资人有他的游戏规则，有他的运行法度，如果他和你一样关注这个企业就不对了。你要是抱有太大希望的话，对企业的发展是没有好处的。

我给大家讲一个案例，这也是我们投的一个失败案例。这个企业当时是一个很早期的项目，当时他的团队有三十几个人，但他有一个不错的商业模式，所以我们就给他投了一笔资金量并不太大的投资。投完之后的一年，他账上的资金比我们给他的投资还多，也就是说，我给他投的钱，他并没有花，而且现金流还增加了。这个商业模式证明他做的是很不错的；这个时候，这种商业模式就被热炒起来了，大量的投资公司找到他。我和他讲，我给你投的钱你还没有花掉，这个时候不适合再融资。可惜的是，他后来没有经住大笔资金的诱惑，融了5000万元的现金。他从来没管过这么多钱，开始在各地建分公司招人扩大规模。因为资金的刺激，公司的市场占有率迅速上升，就招来了更多资金。最后一共融了1.65亿元的现金，最后的结果是这个公司没了。他预期还会有第三笔、第四笔的钱到，但随着大的经济环境变化，第三笔钱没融到，但烧钱并不能马上停下来，因此这个公司也就倒闭了。确实，当大笔的现金等着你来拿的时候，人很难保持理性。所以说融资不一定都是好事。这个项目告诉大家，有时融资融到很多的时候，反而会死得更惨。

你要对你现有企业的现状进行分析，选择合适的融资渠道，评估企业价值。分析本项目所处的行业类型；分析本项目的所处阶段；分析自身的融资条件；计划完成融资的时限；计划融资规模；考虑采用组合的融资方式，是不是要选择组合型融资等。组合型融资主要以风险投资或天使投资为主；也可以通过暂押供应商的资金；也可以考虑银行的小短期的周转；或者是保理业务，这里的保理业务是指你给用户提供了产品和服务，用户没有马上给你钱，但是用户很讲信用，你把你跟用户的合同押给银行，银行就替用户给你贷款，但你要付利息等。

融资就需要估值。在评估企业价值的时候，估值带有很强的主观性。影响估值的因素，除了各方对企业发展阶段、成长潜力和退出前景的不同看法，还包括投资方与企业之间的协同和增值效应。

融资的估值需要很多工具，使用最多的是利润的倍数法，还有同业比较法、现金流折现法、资产重置法、用户价值法等。

说到利润倍数法，那么用哪一个阶段的利润更合适呢？这个还是有点复杂的，比如说，是用我前一个会计年度的利润？前12

个月的利润？前 6 个月的利润乘 2？还是用未来一年的利润？未来
两年的利润？甚至是未来三年的利润？如果用未来三年的，具体
什么算？怎么乘？是把未来三年的加在一起，除以三算出一个平
均数，还是我加一个权重？这些算法的不同，得到的估值结果也
是不一样的。

　　投资的估值还有一个投资前的估值和投资后的估值。打比方
说，我投资前企业估值一亿元，如果我再投 5000 万元进来的话，
那我这 5000 万元就占 30％；如果说投资后估值一亿元，那我投
5000 万元的话我就占 50％了。那么什么时候应该用什么样的估值
呢？一般业内有一个传统的说法，就是说如果你的 PE 是我的钱进
去以后带来的，那么这就是投资后估值，因为你的 PE 跟我的钱有
关；反之就是投资前估值。主要就是看外来的钱对利润有没有贡
献，有的话就是投资后估值，没有的话就是投资前估值。

　　还有一个重要的问题就是对赌。我不知道大家在拿了天使投
资的钱时有没有对赌条款，一般来说天使投资不会设什么对赌条
款。因为投资金额小，投资太早期，设对赌没有什么意义。对于
天使投资人来说，这笔钱，他投给你的时候，就已经认为他是不
记成本的。但是很多的风险投资，是有对赌条款的。出现对赌条
款的根本原因是什么？当然是对被投企业的估值无法达成统一。
投资人认为估值过高，创业者认为估计太低，怎么办？只能用对
赌来达成共识。对赌来说一般会赌很多内容，比如说最多的是赌
利润。对于没有利润的就赌市场份额，还有一种是赌现金流的。
对赌的结果，大多数调整的是股份，还有一部分调整的是现金，
或是两者一起调整；还有就是调整管理权；你做得不好，那么我
就要派 CEO 了；调整管理权的比较少。

　　现在有一个规定，你跟这个公司对赌，高等法院不支持，而
你和这个公司的大股东对赌，高等法院是支持的；因为他不损害
其他小股东的利益。所以我们这些做投资的人，也是时刻关注着
法律方面的发展变化。如果现在有对赌的话，我们都不是和公司
签，而一般是和他的创业者、大股东来签。如果你完不成任务了，
那就从你个人的股份里面给我，或者你个人给我钱，而不再是你
公司给我钱。

如果投资人跟被投企业有对赌，我认为是有很多后遗症的。我投资你的第一年，应该全心全意地帮你去做利润，帮你拓展，但如果有对赌，那么在这个时候我是不是还愿意无条件帮你拓展市场呢？本来你可以挣1000万，如果我帮你之后，你做到了2000万，本来应该大家一起来分享这个好处的，结果却是我的股份少了一半了，挣更多的话，那我的股份就更低了。还有就是短期利益，影响了公司的长期发展，如果说，我把所有需要前期投入的事项全部停止了，全部去做利润了，但结果到了第二年，问题就出现了。这对公司是很不利的。

创业是非常符合墨菲定律的。墨菲定律，用我的语言来说就是：好事情不一定能发生，但坏事情一定会发生。比如说你回家，你站在走廊里听到屋里电话在响，你很想去接这个电话，你兜里有两把钥匙，一把是外面那个安全门的，一把是里面那个木头门的，两把钥匙很像；你如果是不着急进去，里面没有电话响，那么你掏对钥匙的概率是50%，但如果是电话铃响或者是听到水流声，得赶快关水龙头，这个时候你掏对钥匙的概率是0，这就是墨菲定律。在创业中，你穷尽你的想象所想到的困难，可能是你实际遇到困难的10%，所以创业真的是一件世界上最难的事，当然这也让创业拥有着很大的魅力，太简单的话，自然也就失去了魅力。因为墨菲定律起作用，所以你对公司未来的发展是过于乐观的。而且人类在认知问题上有一个特点，就是总把一两年能做到什么想的太好。但是却不敢想5年、10年可以做到什么样子。所以，人们一般过高地估计自己1年到2年内能做到什么样的成绩，但过低地估计自己5年到10年内做到什么成绩。因此，在企业投资的时候，跟创业者谈，最艰苦的就是这一点。其实我是最反对做对赌的，对赌没有什么意义，但有些时候确实是创业者太乐观。我告诉他，你一定会有很多的错误，他听不进去。所以有对赌的，几乎90%以上是完不成对赌，极个别的是可以完成的。我建议大家在融资的时候不要去设对赌，没有太多意义。有些时候如果你认为这个钱很重要的话，一定不要太坚持，设了对赌会很痛苦，对赌没完成，公司也没做好，那么怎么还投资人的钱？就只能给股份了。而要是给股份的话，一计算下来你心里又会很难受，就会有阴影，心态上出问题，那么这个时候也就无法和投资人搞好关系了。大家以后不管是拿到投资的还是没有拿到投资的，还会继续面对这个问题，因为你一开始拿到的只是天使投资，以后还会接着拿，所以不要太执著，不要太坚持，适可而止。

融资过程中，融资商业计划书，也就是 Business Plan（简称 BP）很重要。我相信大家不管成立公司的，还是没有成立公司的，都写过商业计划书。如何写好商业计划书呢？有五个要素。第一个是做什么，你要告诉投资人我做什么；第二，告诉他谁来做；第三，如何做；第四，为什么我能做；第五，展现数据。

首先告诉他做什么，这个是蛮重要的。有句话叫做"男怕入错行，女怕嫁错郎"，你做什么就决定了你这件事怎么样。那么在当今，什么样的行业最受投资人欢迎呢？实际上，颠覆式创新和跨界竞争的行业目前是最热的。你要告诉你的未来投资人，要做的是什么事。有很多人讲了半个小时了，都没有讲清他的公司是干什么的，一定要开门见山告诉自己要做什么。

第二个就是谁来做，你要告诉我你的团队怎么样。这个时候最好不要说我怎么样，要说我们怎么样。在这个团队里，我认为豪华履历加草根气质是关键。经历了这么多年的投资，我现在很谨慎地去投资那些没有什么文化背景的人，我很愿意投那些有豪华履历的人，但如果他只有豪华履历，没有草根气质的话，也不适合创业。

关于团队问题，在创业初期我建议大家尽量不要用那些在大公司，尤其是在世界 500 强、大国企工作过的团队伙伴。你刚刚创业，你的企业文化很弱小，而这些人他们之前所在的大公司，企业文化很强大，所以你很难去影响他。另外他的做派也都是大公司做派，与创业公司差距甚大。团队要在你的商业计划书里表现出来，我的团队有多么的互补这也很重要。你不能只和投资人说，只有我一个人怎样怎样；你还要说，除了我之外还有谁，他们能做什么。

第三个是如何做，在这个世界上，你所有的创业公司，无外乎三种存在形式。第一是你的成本领先，就是说我做的东西虽然差不多，但是我的成本低、便宜。第二是产品创新，我不便宜，但我是首创、独特。第三是平台式的，我提供服务的平台方便大家。所以大家要思考你的公司是哪一种。

第四，我能做。这是一个什么概念呢？这就是一个门槛或者壁垒的概念。你要告诉投资人，我干好这个事情是因为我有自己的秘技，或者是我拥有的这个东西，别人需要半年或一年之后才会拥有。你这么小的公司做了，大公司再去做的话，就一定会把你淹没掉，所以多多少少你要在一定的地方设置障碍，要有壁垒。什么样的壁垒是最有效的呢？最好的壁垒或者叫护城河是品牌，有一句话叫红颜易老，但是技术更易老，如果用技术做壁垒的话那也就半年的时间。重要的是品牌。我举个可口可乐的例子。当初我们国家有那么多的可乐品牌，天府可乐、少林可乐、非常可乐等。而如今呢？一个也没有了。那么假设可口可乐有一天所有的厂房设备甚至技术都消失了，它还有价值么？它依然有它的品牌价值在。你说技术好，那我们可以把配方分解调试出一样的，可是做出来的可乐你依旧卖不出钱去。所以品牌非常重要。这里我提一下前面讲过的，每人的个人品牌也是很重要的。不一定每个人都在创业，但是每一个人都在投资，投资自己的品牌。作为企业来说，最重要的不是你的产品和技术，而是你的企业品牌。

第五，你的商业计划书要有数据支撑。做产品的，要有同类产品的对比、毛利率以及你的良品率。如果一个计划书里没有一点数据，就是不完整的，没有说服力的。所有这些数据里面，我比较看重的是毛利率，如果你告诉我你的毛利率只有5％或10％，那么这就很难了。你的净利率可以很低，因为你属于初创期，但如果你的毛利率很低的话，只能证明你的这个产品没有竞争力。产品没有竞争力，你还会拿到投资么？所以说，当你的毛利率很低的话，你要找找自己的原因。

建议大家在准备商业计划书的时候，要多准备几个版本。项目演示需要针对不同的场合和要求，准备并练习：15秒钟版本的电梯推介，比如你在酒店里面正好碰到投资人，这短短的15秒你要可以说清楚以上五点；1分钟版本的酒会推介；5分钟版本的快速约会；15分钟版本的讲台推介。这些版本做好了，你才可以更好更快地拿到投资。

当你在演示的时候，要记住以下一些投资人不希望听到的表述：

1. "我们的预测是很保守的"——创业的预测永远是乐观的；

2. "某咨询机构认为市场规模达到百亿美元"——团队没有做过市场调研；

3. "没有人在做/能够做到我们正在做的事"——要么这件事不值得做，要么创业者没有做竞争对手调查；

4. "我们有领导关系和政策支持"——那么人事和政策变动就足以致命；

5. "只要资金到位，我们就能……"——从来没有只差钱的好项目。

除此之外，寻找投资时也要做到反向尽调，知己知彼。选择最有可能帮助你成功的投资者，而不是出价最高的投资者，找到最适合资金的投资人、投资机构。

有些投资人未必对你合适。比如如果是一个天使投资类的项目，你就不要去找风险投资人和 Pre-IPO 的资金。如果你是一个做产品或服务的，那就不要找已经投了你竞争对手的企业，因为很难保护商业秘密。当然也有一类投资人在一个行业里面选择四五个企业进行投资，反正到最后你们谁死掉，我都能剩一个。这种情况下，如果你是最弱的一家，他就会牺牲掉你。还有，就是尽量去找投聪明钱的人，比如有两家公司，有一家什么都不懂，他给你一笔钱，他给你的只是一笔钱，另一家是专业的投资机构，除了给你钱外，他还可以给你带来更多的附加价值。

如果公司的估值过高会有什么问题呢？这不仅对创业者的心态有影响，对你的下一步融资也会有影响。当你的公司不值那么多价值的时候，有人把你的公司价值提高，拔苗助长其实不是好事。

融资可能会带来一些后遗症。企业估值过低，老股东心理不平衡；卖老股后影响创业者心态；融资稀释股权过大，影响团队创业动力；产业链上下游投资时对企业市场等方面的影响；外资比例过大会带来行业准入问题；不恰当的对赌；分期到位的资金不能如期到位；投资者对企业管理的过度干预；新老股价不同造成国有资产流失影响上市；种种股东的利益输送。如果你已经想到这些后遗症自然就不怕了，怕的是想不到，想到了就会有解决预案。

大家要记住这句话，你创业不是要比已有的企业做得更好，你要做的是跟他们不同。颠覆式创新和跨行业竞争是现在投资人最喜欢的创业模式。别人已经做了好几年了，有几百人上千人在做的，对于你一个处在创业的小企业，要做成比他更好是非常难的。如果你真的做出来，别人也很容易模仿。所以，创业就是创新，无创新不创业。

五、创业企业股份如何配置

投资人喜欢投资的公司，需要有一个很好的创业型股份比例。那么什么样的创业股份比例是最好的？

首先一定要有一个核心人物，他的股份在开始阶段一定要相对多，至少要 60% 以上。但不能都是这一个人的，还要有一些股份分配到其他搭配的成员身上，他们也要有一些股权。如果他有百分之六七十，那么其他核心团队成员每人就有百分之十左右。在经历了两轮融资之后，创业团队应持有 51% 以上的股份。我很在意在创业团队中，不应该是每人平分股份，一定要有一个人比较突出地持有大部分股份。即使是兄弟几个一起创业，也应该有一个人为主；如果以我为主，那么我就要多出一份力，多挑一份担子，你们其他人每人分的少一点，但是不能说三人一人三分之一，四个人一人百分之二十五。另外有一点很重要，就是要预留出一部分股权，给以后的骨干员工，否则新的能人就进不来了，一般留出 15% 到 20% 的期权池比较好。还要注意，要有一些约定，比如在多少年之内，如果创始人团队中有人离开，要有合理的机制把这部分股权全部或部分回购。

投资者喜欢聚焦的创业者，具体地说，我们投资人不喜欢创业者还有别的产业。我喜欢找那些把全部的精力、全部的时间放在一件事上的创业者。当然你不能骗投资人，我建议你在创业初期只做一件事。因为我们做一件事都未必做成，那么多做别的事则更做不成了。

投资人还喜欢节俭低调的创业者。我不喜欢我给他投资，结果他高尔夫打得比我还好，那我不敢给他投。一个创业者天天打高尔夫，哪还有时间创业呢？我不希望我投的这家企业老总每次出门都坐头等舱，到哪都住五星级酒店。我给大家举一个例子，比亚迪的董事长王传福，他出门不管去哪，他都让他的秘书买最后一班的航班。因为这样不耽误时间。而且到了当地，已经半夜一点钟了，第一件事就是开会，开完会可能要两三点了。大家要知道，他是做过一段中国首富的，他住如家、七天，他的那些高管都是几亿身家的老总，他们最不愿意做的事就是和王传福一起出差。一个做到这种程度的企业家都这样，如果你作为一个初创企业的领导还那么讲究吃住玩乐，那投资人怎么敢给你投资呢？

还有一点，就是投资人喜欢诚实、踏实、务实的创业者，投资人不喜欢创业者一上来就海阔天空的去谈，不要谈一些太理想化的东西。一见面就谈如果上市就买一架私人飞机，做大慈善家等，这就让人感觉有点悬，反而会让准备给你投资的人不给你投资了。

还有最后一个，就是要有好的人际关系和家庭关系。创业是一个苦行僧的生活，需要和周边的人搞好关系，同时还需要在家里有一个和谐的氛围。不能有一些乱七八糟的东西，不能过于张扬。如果那样，也没有投资人愿意与你合作。

创业融资的过程不仅仅是寻求资金的过程，也是寻找创业伴侣的过程，是检验企业商业模式和竞争力的过程，是重新审视企业缺陷的过程，是创建人脉、推广品牌、树立口碑、积累资源的过程。拥抱资金，同时也戒备资金；重视资金，但不迷信资金；善用资金，但不能依赖资金。

>>> 第 *6* 课

孙陶然： 创业 36 条军规

导师简介

孙陶然，男，1969 年出生，1991 年毕业于北京大学经济学院经管系。中国最成功的多次跨界创业者，蓝色光标品牌顾问股份公司等多家上市公司的创始人、董事，拉卡拉集团董事长兼总裁。2005 年创办的拉卡拉支付有限公司是首批获得央行颁发《支付业务许可证》的第三方支付企业，是中国最大的便民金融服务平台之一。

在当前的语境中创业总是充满诱惑力，然而对于很多已经在创业道路上的人而言，创业更多意味着辛苦、困难和风险。那么到底什么样的人适合创业？创业过程中需要注意和避免哪些陷阱？创业过程中有什么要坚持的原则呢？本堂课将作出精彩的回答。

一、创业前想清楚再出发

1. 只有极少数人适合创业

创业其实是成功率非常低的一件事，但是我们可能感觉不到，尤其是你接触的层次越高，越觉得好像到处都是成功的创业者。我参与活动最多的有两个俱乐部，一个是北大企业家俱乐部，一个是创业板董事长俱乐部。这两个俱乐部里面的都是上市公司董事长，所以有时候你会有一种错觉，就是全世界都是上市公司，或者做一个上市公司有什么难啊，或者有时候看到一个人，你会觉得，这家伙都能做董事长，那真的是很容易啊。

但其实不然，各种统计数据表明，创业是非常难的，创业成功绝对是小概率事件。中国 A 股的上市公司也就几千家，但是中国的创业者有多少呢？可能有几千万。所以成功就是这样一个比例，可能是万分之一。当然啦，你可能说我不是奔上市公司去的，那如果以这个公司健康可持续发展来作为评估成功的标准，那我认为更难。健康可持续发展的公司比上市公司的数量还少，很多上市公司其实都在苦苦挣扎着。再降低一下标准，比如说一个公司不愁吃不愁喝，也就是说，不为发工资发愁，不为流动资金发愁，不为下一年的增长发愁，这样的公司我认为最多也不超过三分之一。所以创业是一件很难的事情，创业成功是一个小概率事件。

有人问我，什么样的人适合创业？我说最简单的一个标准，你应该是一个孩子王。如果大家有问题不会来问你，不愿意跟着你走，那你就不适合创业。创业，就是你要带着一堆现在你都不认识的人，去一个现在你都不知道在哪儿的地方。这种"开天辟地"的事情什么人适合做呢？老大，老大需要什么特质呢？黑帮老大都是什么样的人？当然，你可以说我不是想做老大，想做创始人，想去一个新创业的公司工作，这可能对你的要求会低一点，但是它同样对你的心理素质，对你的承受能力会有考验。因为大公司毕竟很稳定，它做事很规矩，所有事情都有制度和流程，而创业公司是没有流程的，你时时刻刻都要面对变化，要拥抱变化，所以只有极少数人才适合创业。

那么这条军规的结论是什么呢？就是在创业之前，你要想清楚，创业是很难的，不是每个人都适合。如果你想清楚了还决定去干，那就去干。可是我看到很多人根本没有想清楚，就去干了。开弓没有回头箭，你在创业之前一定要想清楚。

2. 梦想是创业的唯一理由

你为什么要创业？有的人可能认为，我要挣钱，所以我要创业。因为打工的收入是可以预期的，今年 5000 元，明年 8000 元，后年 10000 元，而创业一旦成功，我所拥有的股份是不可估值的。这是一个很美好的想象，也是很多中国创业者的理由。但事实不是这样的，你统计一下就会发现，至少一半的创业者没有通过创业变得更富有，而是变得更贫穷了。因为创业借了很多钱，因为创业放弃了过去几十万元的年薪，反而要借钱去给别人发工资。所以创业对于很多人来说不能帮你创富，创业是一个漫长的、艰苦的过程。

对于创业者，你的常态是什么？常态不是在那儿接受采访，不是在纳斯达克敲钟，不是在那儿欣赏你的企业的成功，而是面对一个又一个的问题和挑战。每天都有。小公司有小公司的难题，中型公司有中型公司的问题，大公司有大公司的问题，所以创业的常态是一场在泥泞中挣扎的持久战。

那么在这个过程中你怎么才能感受到快乐？只有一个可能，就是你为梦想而创业，那你就可以享受这个过程。如果你是为了成功的荣耀去创业，那这个过程对你来说就非常痛苦了；如果你是为了挣钱，那你就更加痛苦，因为本来有大把赚钱的机会在你身边你都放跑了，而选择了在这里挣扎。

所以我特别主张，如果你适合创业，你还要问自己为什么创业。创业是一种绚丽的生活方式，套用一句老话，你创业的一年，等于别人工作的五年。你可以问很多创业者，他一年所经历的酸甜苦辣、波澜起伏，可能相当于平时过日子的五年。当然，如果是在高校里，如果你是高校的一个讲师或教授，你可能十年都经历不到这样的生活。所以我认为，创业是和平时期最绚丽的生活方式，你爱他就让他去创业，当然如果你恨他也让他去创业。

对我而言，我是一个特别不安分的人，喜欢冒险，喜欢未知，所以我适合创业。但我也要把创业的目的想清楚，如果我是想挣钱，我就很痛苦，因为如果我把创业的时间花在别的事情上，我会挣更多钱。但如果是为了一个梦想，为了做出一个产品，去改变什么，那你就会非常充实、非常强大，可以面对任何问题。我有时问一些比较沮丧的创业者："如果你今天建了一个公司，明天投资人就把钱摆在你门口求你接受，后天你就去纳斯达克敲钟了，你觉得有意思吗？"他说，没意思。那就对啦。如果用八年完成这个过程，那就有意思啦。创业是一种生活方式，原则上你选择了就得干一辈子。但如果你说我洗手不干了，我退休了，我把公司卖了，但就算你把企业卖了，你还是跟它保持着联系。所以一旦创业，就是一生创业，你不应该为其中的过程而感到起伏。不能今天高兴就一直高兴下去，今天沮丧就一直沮丧下去。所以我告诫那些想创业的人，我希望他们想清楚两点：第一，这事儿很难，是不是一定要干？第二，如果是为了挣钱，你最好再仔细想一想，如果是为了梦想，那 OK。

现在我们讲万众创业，这非常好，因为我们中国一直不怎么重视商业，我们重视读书，我们重视农业。但确实来讲，创新创业才是这个社会活力的源泉，所以国家鼓励创新创业，我觉得非常好。但实际上，创业的规律是没有改变的，它是你个人的事情，不是说谁鼓励你就要去创业，而且我认为创业之前，你需要想清楚刚刚我说的那两个问题。

二、初创阶段应该如何做

第二部分，是关于你一旦决定开始创业应该如何去做，我总结了六条规则，无论你做哪个行业都是通用的。

1. 学先进，傍大款，走正道

"学先进，傍大款，走正道"，核心是走正道，这点对于创业者非常重要。什么是走正道呢？就是要正，不能走歪门邪道，出来混总是要还的。无论是非法添加、偷税漏税，还是行贿受贿，都是歪门邪道，从长远来看，都是要还的。如果从三年以上的时间长度来看，我认为走正道反而是捷径，走正道路会越来越宽，你的伙伴会越来越多。这不是唱高调，而是事实就是这样，你要做有良心的产品，提供有良心的服务，走正道就是捷径。

走正道的同时还要"学先进，傍大款"，这也是非常重要的。有谁做得好，你就应该向谁学习。学习能力对于创业者来说必不可少。"傍大款"就是要跟比你强的人联合、合作，只有跟比你强的企业联合，你的企业才能走上跨越式发展之路。前一段大家都在谈抱团取暖，这其实是错误的，弱者自保还来不及，又能帮谁取暖呢？所以，很多创业者说要找跟自己差不多的合作，这是不对的。你们精神上可以相互鼓励，但是从业务上来讲，要找更强的、更有实力的公司合作。

"学先进，傍大款，走正道"，这是一个公司持续发展的根本，你按照它做不一定成功，但是不按照它做一定失败。

2. 先创新再创业

这几年这一点越来越被接受了，不过曾几何时我们一度认为复制、模仿是创业的捷径，但我认为恰恰相反，复制是大公司的捷径和权利，你作为一个新的创业者，只有创新才能找到市场的空档。足球场上没有空档要拉出空档，为了拉出空档你就必须要跑动。创业也一样，市场的空档是什么？就是未被满足的需求，做出一个产品满足这个需求，你就成功了，这就是创新。所以创业者不要想着走复制这条路，而是要去创新，去找空档。对抗复制的最好方案是继续创新，模仿者只能复制你昨天的东西，它复制不了你的现在和未来，所以一定要先创新，再创业。

十几年前通讯非常不方便，如果说想去别的学校看看女同学都要先写信，然后等回信，然后再骑自行车过去。后来有人就说这太麻烦了，能不能让沟通简单点儿，于是就有了传呼机，这是一个很大的市场。再后来人们发现寻呼机还不够，能不能随时随地通话呢？这就是手机，再后来人们对即时通信的要求越来越高，于是微信又出来了。所以你一定要去发现未被市场满足的需求。如果找到了并且能够把需求满足了，这就是创新。现在很多公司都在说国际化，我说拉卡拉目前不考虑国际化，因为中国市场还远远没有被满足。一家中国企业，如果连中国市场都没有做好就天天嚷着要国际化，那是很奇怪的。记住，创新是创业者唯一可用的武器，创新的前提是抓住需求。

3. 放下身段死缠烂打

如果你端着，放不下身段，那就别去创业。如果你创业，就是没有身份，没有尊严，没有面子。特别对于在一些大公司已经做得很成功的人，放下身段是一个很艰难的过程。程门立雪，我就干过这事儿，做任何事想成功都必须死缠烂打，创业者就是这样。要"给点阳光就灿烂"，你敢给我个机会，给我个线头，就能扯出来一张网。对于大多数人来讲，身边大把的机会没有抓住，就跟打井一样，再坚持十米就能打着了，你一定要坚持下去。所以，放下身段、死缠烂打对于创业来说是非常重要的。你放不下身段，你还指望着你的商业伙伴放下身段吗？你不死缠烂打，机会难道会在门外等着你吗？

其实世界就是这样，别人做不到的事情你做得到，那你就成功了。理论上讲，谁都具备这么做的能力，但是你有没有这个意识，比如说你从来不迟到，说到的事情都会办到，那你一定给周围人留下一个靠谱的印象，接着你就会发现有很多人想要和你合作。

我还有一个体会，就是世界上人与人之间很少会有比能力的时候，为什么呢？因为有 50% 的人，想了没做，比如说都想学画画，在 100 个想学的人中有 50 个可能根本就没去学；而去学的 50 个人中又有 50% 在面对第一个困难的时候就放弃了，这样就只有 25 个竞争者。在这个学的过程中，又有一半以上没有坚持，所以要想成为最后的赢家，很少需要做到"刺刀见红"的程度，你的性格、品性就足以使你胜出。放下身段死缠烂打也是如此，这是能让你性格力倍增的一件事，因为很多人根本做不到。

4. 凡事只能靠自己

任何一个创业者必须明白，遇到事儿任何人都指不上，凡事只能靠自己。有人能帮你分担，那是偶然；没人帮你才是必然。遇到重大选择的时候，你说我们集体讨论是走左边还是走右边这是不可能的，你一定要事先想清楚是要走左边还是走右边，然后和大家讨论，开会只是一种印证。任何时候，不能让集体的智慧使你放弃了思考，你必须自己拿主意，不能用集体领导来逃避你做老大的责任。无论是你的团队还是你的投资人，你都不能让他们帮你决策。不要指望有人可以分担你的最重要的责任，凡事只能靠自己。

5. 要坚持不要维持

我们前面也讲了，创业公司的常态是挣扎，那么所有的事都不是一蹴而就的，凡事都可以分为两种状态，一种是坚持状态，一种是维持状态。如果你处于后者，我就建议你放弃、转型。如果你在原地踏步，要判断一下你是在坚持还是维持。

什么是维持呢？维持就是无论你再怎么花时间、花财力，都不会有什么本质上的改变，你看不到能够发生质变的方向在那里。这一点各行各业都不一样，但是我还是要请各行各业的创业者脑子里都有这根弦，就是说你的状态到底是在坚持还是在维持？经济学中最重要的就是要讲机会成本的概念，就是说你干这个就不能干别的了。比如你们在这儿听我聊天，可能就放弃了出去散步的机会。而对于一个创业公司来说，你的机会成本几乎是无限，这就是对创始人智商和情商的考验。如果是维持，我建议你早日放弃，越早放弃越解脱，摆在你面前的其实是广阔的天地。一个维持着的公司，如果你有勇气把它关了，或者说转型，那么情况就会完全不一样。

6. 不要搞"大跃进"

对任何一个创业者来说，饭要一口一口吃，不能一口吃个胖子。公司的发展也是循序渐进的，从 10 个人到 50 个人，到 100 个人，到 300 个人，也不是从 10 个人直接到 300 个人的。公司的发展、产品的发展都不能搞"大跃进"，很多创业者都是死在这个上面的。特别是在融资之后，拿到钱就像当时跟投资人吹的一样去搞。就像你用美图秀秀，修完图了发出去，你要知道这就是一个参考，而不是你真长这个样子。正确的做法是，按照规律来，一步一步地走。只要每一步走扎实了，那就能可持续发展。所以欧美人做公司的心态是非常好的，他们觉得每年能增长个百分之五、百分之七就已经非常不错了。而中国人不是这样的，炒股票恨不得能赚 10 倍，开公司营业额要翻百分之两百。金庸小说里周伯通怎么成为天下第一呢？就是熬。你看王重阳、黄老邪、欧阳锋都没了，那天下第一不就是他的了吗？只要你每一年都有百分之二十、百分之三十的增长，几年下来就非常了不起了。就像我们徒步，走个 40 千米，得第一的往往是匀速走完的人，那些老是冲刺的人，不要说得第一了，可能连终点他都走不到。所以这强调创业者需要有一个良好的心态，不要看到别人快速发展就沉不住气了。你要相信，做企业是一辈子的事，只要你还活着，只要这家企业还活着，慢慢做下去，持续稳定地发展下去，这家企业就会走到一个很高的高度。

三、创始人的修养

第三部分我们讲一讲创始人的修养，即创始人必须具备的六种能力。这六种能力我认为绝大部分都是天生的，但是后天也可以培养和锻炼。我觉得投资可以去幼儿园，去看看那些孩子王，他们将来要么成为特别的好人，要么成为特别的坏人。绝大多数领袖的品性都是天生的，所以你找合作伙伴的时候，如果他不具备某种领袖品性，那我建议你换人。

1. 要有预见性

什么是预见性？就是要向远看，你必须要经常想，六个月以后你的市场、你的公司是什么样子的？你必须现在就做准备，如果六个月以后你的现金流就要断了，那现在你就要开始考虑和做安排，到时候就是水到渠成；如果你现在没有想到六个月后公司的现金流会断，或者想到了但现在什么也不做，那六个月后一定是灾难。我创业之所以成功，就是因为我有预见性。就像开车，路上有一个大坑，你如果走到跟前才发现，那就很麻烦了，而老司机就不会急刹车，也不会猛加油，因为他早就发现，并且早就准备好了。比如你一百米外就看见了那个坑，这就很简单。很多竞争其实就是性格、做人的竞争，你把这些做好，那你就赢了。如果你经常去想可能要发生的事情，那你就会有预见性，其实很简单，这就是一种习惯。即便在我玩的时候，我也会思考业务上的事情，去试着站得更高，看得更远，创业者一定要培养这种思维习惯。

2. 强大自己的心力

就是让自己有一个坚强的神经，坚强的大脑。很多时候创业者垮掉，其实是心态先垮了，你只要再坚持五分钟，可能你就胜利了。我看过一位将军的回忆录，说辽沈战役的时候，四野和国民党交战，打到要不行了，他准备下撤退的命令，可是他突然发现国民党那边也不对劲，就等了等。果然一会儿国民党就撤退了，四野乘胜追击，打了一个大胜仗。其实就是差这么一点点，你只要再坚持一下，就成功了。人是怎么垮掉的？不是体力上，而是心理上的。其实你的体力远远比你以为的要好，但是你会找各种理由说不去了吧，停下吧，休息会儿吧，所以你就放弃了。所以创业路上你需要有强大的神经，去应对各种各样的困难。所以创业者要不断地提升自己的心力，就好像出去打架，都拿着刀，谁心里都害怕，但那个故作镇定的，假装不怕的，往往就能带着大家把这场架打赢。所以，其实绝大多数的胜利都是心力上的胜利，再多坚持五分钟，垮的就是对方。

3. 敢于冒险

这点其实非常重要，不敢于冒险的人是不适合创业的。人与人的性格都不一样，而有些人的性格是求稳，这个在德扑桌上特别能看出来，有一句话叫你不想活了才能活下来。有些人老觉得自己条件不具备，那就一直不会创业了。我刚创业那会儿，投资人问我说："陶然，你有几成把握？"我说："六成。"他说："六成是不是有点低啊？"我答："六成就得马上干了。"你有的就是勇气，如果勇气都没有了你也就不必创业了。失败也没有什么，反正是无名之士，站起来拍拍土再前进。对于创业者来说，你的机会是不多的，所以一定要抓紧。求稳一般是大公司的做法，而这就是我们的机会，你要更积极一些，创业者作为市场的新来者，勇气是你的武器。

4. 相信直觉

直觉是上天给予创业者的恩惠。我们每个创始人都有直觉，什么叫直觉？就是你一见到这件事第一时间的判断、第一个感觉。我认为直觉是有依据的，是你的大脑在一瞬间综合各种信息做出的。可能是因为上帝知道创业者太辛苦了，所以当你做判断的时候，上天给你一个帮助。所以创业者应该相信自己的直觉，至少在做与自己直觉不符的决定时要特别慎重。而我认为随着科学的发展，应该也能给它找到依据。

5. 相信自己

有一句话叫"你怎么成功的，你未来就会怎么失败"，然而还有另一句话叫"相信自己"。这似乎是个悖论。我们创业者成功要相信自己，一定是你有什么独特的地方，而不只是运气的因素。所以我们说一定要自信，因为你是最了解这个行业的，也是最了解自己的企业的，所以即便是我们，也是在用心和生命在做这个行业的。最开始我所想的是，成功之后不折腾。后来改成相信自己，要把资源整合起来为我所用，而不是找个人来替代。

6. 善于学习

有人说："学习是一种生活方式。"这句话我非常赞同。创业是一门学问，没有人生来就会，那你怎么能学会呢？这就是爱学习。为什么一开始差不多的人后来会有很大的差别？我认为有两个原因：一个是心态与态度，还有一个就是学习能力。什么样的心态能成功呢？就是创业心态，就是说你认为你在做的事情就是你自己的事情，所以一定要成功，不达目的不罢休，这就是主人感，务求达成目标。

我认为学习有三种途径。第一种是向前人学，多看书。爱看书的人是不会差到哪里去的。第二种是跟别人学习，学先进，看看别人是怎么做的，一个好的公司它是怎么做的？看到身边有好的东西、好的方法，你要多琢磨一下，看看别人好在哪里。第三种就是跟自己学，从过去的经验中学习，就是叫"复盘"。这是围棋的一个术语，围棋高手的棋力就是通过复盘来提高的，要随时随地进行复盘。复盘能起到什么效果呢？至少下次遇到这个问题你就有办法了。公司每个季度也可以进行复盘，看看我们当初想做成什么样，后来做成什么样了。跟自己学习就是"写菜谱"的过程，你要总结方法和规律，你掌握了这些，你自己就提高了。你养成了这三种学习的习惯，你就会越来越强。学习对于我们创业者来说是非常重要的事情，包括诸位来参加北大创业训练营的培训，除了联络感情，还要在彼此身上学到一些什么。

这是我们谈到的几条创始人应当具备的素质和修养。你要是不具备，你就要努力使自己具备。

四、公司的治理结构

关于公司治理结构的问题有以下几个方面。

1. 股东要宁缺毋滥

首先是关于股东，我认为股东要宁缺毋滥。什么样的人能够做股东？我要告诉大家，不是任何人都能变成你的股东的，有些人只适合做企业的员工，那你就让他做企业的员工，而不是企业的股东。你要区分好，一个人到底是企业的员工、股东，还是朋友，只要对企业长期发展有所帮助的才能成为股东。我建议诸位不要把股份作为一种短期的回报，我们都说，企业应当进行一次回报，而不是二次回报。二次回报正是指企业利润的这种再分配。你的核心团队成员应该成为你的股东，你的天使投资人也应当成为你的股东，天使投资人不只是给你钱，还能给你指导。除了这些硬条件，还有一个软条件，就是志同道合。这个公司做成什么样，大家意见要差不多，大家也要认同差不多的游戏规则。所以股东宁缺毋滥，创业者容易犯这个错误，就是把不合适的人拉过来做股东。尤其是不要把股份作为一种赋酬的手段，一种工资的补充，要看他是否能长期贡献力量。

2. 要按现代企业制度办

也就是说，企业要按照现代企业的制度来安排。要把角色分清楚，通过现代企业制度来进行安排和分配。创始人应该听大多数人意见，跟少数人商量，一个人做决策，不能把股东、董事会和经营层混在一块儿。经营层肯定是总经理说了算；如果到董事会，就需要少数服从多数，因此一定要建立现代的企业制度。这点对"兄弟创业"特别重要，一定要把角色分清楚。

3. 要有股东协议

这在中国不是太重视，因为我们有章程，但那个是工商局搞的，有些东西就没有包括在内。实际上，股东之间应该事先有一些协议和规则，尤其是决策的规则、退出的规则等，要在事先把这些东西都谈好。其中最重要的，就是要有退出机制，比如一个人想走，他要怎么走？如果大多数股东认为少数股东不合适，那应该怎么办？

4. 企业文化必须一开始就建立

创办公司有两个层面，一个是物理上建立的公司，另一个是精神上建立的公司。精神上是什么？就是企业的文化，包括企业的价值观这些，等等。《亮剑》中写道："一个部队的性格是第一任主官注入的。"所以，创始人需要为这个企业写几条规则，比如企业的核心价值观和方法论，即什么是正确的，什么是不正确的。它就像是一把尺子，约束着企业的人，所以要把企业文化建立好，要在精神上建立一个公司。企业文化不是要等到发展壮大之后才建立的。

五、公司的经营部分

下面讲一下公司经营部分。

1. 找一个好的总经理

好的总经理不是说创始人，也不是说大股东，对于初创公司来讲，好的总经理几乎等于一切。没有柳传志就没有联想，没有任正非就没有华为。初创公司能做成什么样跟总经理有非常重要的关系，一定要找一个能胜任总经理的人。

2. 创业要靠团队

创业要靠团队，不要做独门生意，要找几个志同道合的人一起来做。要找合作者和你一起来参与这件事。市场营销的、经营的这些方面都要照顾到。创业一定需要团队，你需要有个团队和你一起干。我认为核心的团队不超过五个人，而你是老大，其他人各有分工。

3. 先赚到钱再谈发展

经营上一个很重要的问题是先赚到钱再谈发展。很多公司都会犯的一个错误，就是还没把眼前的钱挣到就天天憧憬未来。创业就是三个字，做买卖，做出有人愿意买的产品并卖出去。你反复论证说你这能挣钱，不如你真正把钱挣到。很多创业者犯的错误就是概念谈得太多，说我这个只要怎么怎么的，就一定能赚钱，赚多少钱，然而你谈发展时的有些前提可能你永远也实现不了。所以我对创业者的告诫就是，要注重眼前，要把钱赚到你的账上。你赚钱的过程，其实也是一个安排发展、进行布局的过程。要踏踏实实地把钱都赚到，在这个基础上再谈培育市场的问题。

4. 解决主要矛盾

主要矛盾是不能逃避的，主要矛盾不解决，你解决一万个次要矛盾也是不重要的。对于初创公司来讲，主要的矛盾就是产品，你是否做出来有需求的产品，而不是管理、招人这些。当然你发展到一定阶段，主要矛盾可能会变为融资、上市等问题。企业本身能不能发展主要还是自身，而不是只盯着别人，你自己产品没有做好，没有自己的核心竞争力，谈其他是没有用的。"打铁还需自身硬"，企业一定要有解决发展的能力，要解决主要矛盾。攻不下来你眼前的这个坎，你做的其他很多事情都是没有意义的。创业者一定要清楚你的主要矛盾是什么，你的企业在各个阶段的主要矛盾是什么。

5. 抓刚需

有人说企业经营的过程中有四条非常重要，分别是产品、市场、管理和资本，但一切的核心都是抓刚需。什么是刚需？就是不可替代的，你能抓住每个人生活的刚需，那你就能做成世界上最牛的企业之一。要抓住大多数人每天或者每周每个月都会有的需求，而不能抓那些可有可无的需求。你针对的需求是别人的刚需，那么别人会来找你的。不需要看外人怎么评论，就是要抓住刚需不放。

6. 做减法

不论是做产品还是公司经营范围都要做减法，很多创业者做产品的时候喜欢做得大而全，就是什么功能都有点，这是不对的。因为一个产品胜出只能是因为它拥有杀手锏样的功能，而不是因为它什么都有一点。互联网时代创业，产品功能要少，抓一个杀手锏，然后快速上线，在运营过程中不断改善和优化。这就是"做减法"，要在一个领域内做到数一数二，而舍去其他多余的东西。做产品也是要做减法，要有杀手锏般的功能，而不是说做一个大而全的东西。

7. 商业模式定天下

做产品还有很重要的一条是商业模式定天下。商业模式基本上决定了成败，同样的能力做出了不同的东西，这就是模式的不同。模式不同，结果也会千差万别。如果你觉得你的产品没出问题，那就要检查你的商业模式是不是出了问题。商业模式并不神秘，其本质就是你怎么赚钱。包子在路边摊做早餐可能就值一元，而到了五星级酒店成为点心，可能就值十五元。所以创业者一定要去优化你的商业模式，这是必须的。

8. 找到可复制的推广方法

关于市场观，最核心的一条就是找到可复制的推广方法。我认为创业就是两件事儿，做出有人愿意花钱买的产品，找到一条可复制的推广方法，产品和推广是同样重要的。

六、公司的管理

第六部分是关于管理。

1. 建班子，定战略，带队伍

建班子是管理的首要问题。我认为，核心就是柳传志先生讲的九个字："建班子，定战略，带队伍。"而管理中建班子是首要的，联想公司考虑决策时最先想的就是有没有人去做这个事儿，要记住人是决定性的因素。

2. 坚持战略和定战略同样重要

我们很多人容易犯的问题是不坚定，老是怀疑自己错了，要调整。所以要相信自己，不撞南墙不回头。撞了南墙也要把南墙撞透。有些企业经常改战略，但有时候公司的问题不是你的战略错了，而是你没有坚持下去。

3. 打造一支铁军

这其实就是讲带队伍，公司就像带兵打仗一样。我个人可能比较保守，是比较怀疑现在有些人讲的发挥主观能动性这些观点的。当然，我们也不是说要把职工视作工厂机器里的部件，我们是说企业需要形成一个序列和一个规则，特别是规则。一个企业需要建立起它的规则，要招之即来，来之能战。现在有些表象，比如穿拖鞋上班，这就需要一套比较严密的规则来加以规范。所以在中国建立规则、建立铁军非常重要，而建立铁军不只是说订立一个规则，而是建立一种文化。你们不需要担心扼杀创造力这个问题，因为中国还没有达到说因为你的基层员工没有创造力，从而使得你的企业也没有创造力的这个阶段，至少我是这么理解的。有时候不能被一些"先进"的理论给忽悠了，我们缺乏的恰恰是规范和管理。

4. 干部要靠自己培养

所有的初创公司都面临着找人的问题。拉卡拉当初那些精挑细选的"空降兵"，后来存活率大约在一半左右，所以说直接空降过来的，一般效果不太好，至少也需要像大闸蟹那样"过道水"，经过一段时间，有一些功绩再提拔。理论上讲干部你一定要自己培养，这是很重要的。

5. 物质激励是基础

这点是我后来的一个体会。我发现物质奖励和精神奖励都是必需的。没有精神奖励是不行的，但是你物质上一定也要跟上，只是不能把物质基础作为唯一。作为上级和老板，你一定要为底下人考虑，包括物质收入的增长，但是界限是我可以为你考虑，但是你不能主动找我要。有谁来跟我谈说他想加薪，那么在我这里是会减分的。当然最好的做法是你先于他考虑，在他没有想到升职加薪的时候，你就已经去给他办好了。物质激励是基础，但是你不能以它为导向。

七、资本运作

最后一部分关于资本运作，因为任何公司都离不开资本，这里面有几条。

1. 不要输在资本的起跑线上

第一个就是不要输在资本的起跑线上。什么意思？就是你要融资。现在的资本已经非常发达了，你不能还是小米加步枪，而别人已经是飞机大炮了，所以必须要融资。

2. 资本从来只是锦上添花，不会雪中送炭

资本从来只是锦上添花，不会雪中送炭，换句话说，就是你越需要钱时，资本越不给你。那创业者怎么办呢？那就是你自己不竭尽全力，资本不会来帮你。创业者应当自己先把你能做的事情做了，把能投的钱都投了，项目好的话资本会来找你。资本就是这样，越确定你能做成，它越会来找你。创业者自己不使出全力，别说资本了，别人都不会来帮你的。

3. 融资时要敢于吃亏

资本都是这个世界上最聪明的人。有个投资人跟我说资本是什么？就是虽然跟你在一条船上，但是船沉的时候它要跳走的，而且它跳下去之前一定会把最后一个铜板都拿走的。那这个时候你怎么办？就是要敢于吃亏。融资是上枷锁，而不是解套。融资不是买公司，所以你做高估值没有任何意义，你敢于吃亏有助于你把这个事儿做成了。很多人在这个时候去较真去谈，是没有太大意义的，你应该赶快把这笔钱拿到，然后用这笔钱去做事儿。

4. 不要让投资人替你决策

我告诉你，公司是你的，只有你能为这个公司负责。你要去说服投资人，按你的意见办，说服不了也要去想办法争取。公司对你来讲是百分之百的，而对投资人来说，可能只是他 50 个项目中的一个，他只是暂时陪伴你一会儿就离开了，投资的目的就是在于有一天离开。所以你必须清楚，你要去管理你赋予投资人的种种权力，而不能让投资人来替你决策。

5. 上市是企业的成人礼

因为很多企业在创办的时候都想着去上市，但其实这是一个水到渠成的事儿，你做得大了，自然就会走到这一步，这就像是成人礼，你不能让一个 10 岁的小孩去结婚、去过家庭生活。同理，一个企业没有发展到成熟阶段就去上市是很毁企业的。只有发展到成熟阶段之后，再去上市，这是一个自然而然的过程。创业者永远要清楚，你不是卖公司，你融资也好，上市也好，都只是你给自己找的帮助，创业者一定要把这个问题想清楚了。

最后送给大家的一句话是，创业不是一场 Show，不是你在表演，别人在看。创业是你自己的事儿，是你自己要去努力经营使之成为健康可持续发展的公司。你演得再好，如果你的公司发展不行，最终也是没什么用的，因为你会看到一个跟你现实差距很大的图景。创业它是你自己的一个过程，你会有一个团队，但是最重大的事情都是你自己的事情，创业是你本人的奋斗和修行。虽然我这么讲听上去可能不那么温馨，但是它的本质就是这样。所以创业者一定要把自己的公司经营好。

>>> 第 *7* 课

傅　强："学习行"　组织建设与领导力

导师简介

傅强,男,1969 年出生,本科毕业于北京大学中文系,研究生毕业于中国人民大学新闻学院。现为智囊传媒总裁,《新智囊》杂志、《新远见》杂志、中国管理传播网出品人/总编辑,传媒与管理咨询专家。"影响财经人士的 100 个传媒老总"之一,中国人力资源研究会常务理事。2006 年被中国企业联合会管理咨询委员会评为 2005 年具有影响力"中国管理咨询专家 500 名"。

当前的创业浪潮澎湃、富有活力，同时也汹涌、险象环生。不少创业者倾心于求利，讲机会讲退出，谈及创业，他们似乎更像是在谈抓取赚钱机会的某种技巧。然而，正如我们所见，在一波又一波的创业潮里，各色公司兴起又衰落，方生方死。对创业者来说，如何规划和谋求自己企业的发展？是该讲求时效性？还是应当注重企业后续生命力的培养？如果是后者，作为企业领导人要如何才能让自己的企业在风向多变的大潮中站稳脚跟？

对这些问题的回答构成了本堂课的主要内容。

一、企业家可以分为哪两类？

面对时间的流逝，不同人有不同的态度。孔夫子在川上感叹：逝者如斯夫！周宣帝则与宫人夜中连臂踏蹀而歌：自知身命促，把烛夜行游！毛泽东却放出豪言：俱往矣，数风流人物还看今朝！不管每个人的人生态度如何，感叹逝去的往事，把握现在的规律，应对未来的挑战，都是人类发展的必然。

纵观百年来的管理发展，同样如此。那些试图掌握管理规律的人会发现，他们面临着多么大的困难。正如一位管理学家所说的："50 岁的律师完全可以坐下来沉迷于他所拥有的基础知识，但管理者却不能享受这样的奢侈。50 岁的管理者也可以回顾、沉湎于过去的知识，但如果这样做的话，他很快会发现，他将失去工作。"因为，管理需要变革和持续的发展，变动的时代需要变动的管理。我们创业者尤其需要认清这一点！变化，是创业者所面对的一种"常态"，以前如此，现在如此，未来还会这样。

当然，在我看来，企业家可以分为两种类型：一类是搞投资金融的，他们讲求的是"机会"与"退出"，在他们眼里，利益往往是唯一要素；另一类就是从事产业的，他们的信念则是"梦想"与"坚持"。在困难频出的时候，这些人用"梦想"激励自己，当黑暗降临的时候，这些人用"坚持"熬到了天明。有意思的是，那些讲求"机会"与"退出"的投资人往往更看中有"梦想"与能"坚持"的创业者。这里面有一个最基本的道理，搞产业的不能比搞投资的还跑得快，否则搞投资的又如何盈利呢？

恰恰我们现在，本来想搞"梦想"与"坚持"的，玩儿的却是"机会"与"退出"，把那些搞金融的甩了。然后有些玩金融类的呢，却秉承着"梦想"和"坚持"，一看不好了还扛，总梦想着第二天可以翻盘。所以我觉得这两种可能是不一样的，没有好坏之分，只是不同的企业类型，会有不同的心态。所以我认为学习型组织本身，其实是一个门槛。今天我就假设在座的各位，一是相信人，二是相信你的企业，而且未来的企业是可持续的。也就是说，学习型组织是与可持续发展密不可分的！

上述是第一种类型，下面讲第二种类型。在这里我想先考大家一件事。大家有没有发现学习型组织这里面有一个字是有问题的？是的，就是学习"型"的"型"字。先在这里卖一个关子。为什么这个"型"字有问题呢？而需要变成这个"行"呢？这是有说法的，因为这个词的中文翻译确实是我和彼得·圣吉（Peter Senge）当面讨论过的。

其实刚刚的那个"型"，已经是约定俗成，是已经进入词条的了。但事实上这个词来源于《五项修炼》一书。但是这个词会带来一个很大的麻烦，就是这个"型"字一旦出现，我们的心智模式里马上就会有人问：什么样的是学习型组织？而什么样的又不是学习型组织？而正是这样的一个分别性，恰恰在很大程度上阻碍了学习型组织的发展。

目前创建学习型组织已在我国企业界以及整个社会掀起了一股热潮。社会上出现了各种有关学习型企业理论的学习班、研讨会，创建学习型社会、学习型城市、学习型企业、学习型社区等口号此起彼伏。学习借鉴"学习型组织理论"这种当今世界最前沿的管理理论本来是一件好事，反映了我们跟踪世界管理潮流的可贵进取精神。但在这个过程中，出现了对学习型组织理解的泛化、庸俗化、片面化现象，最突出的表现是一些单位或个人根本就不去认真领会学习型组织的内涵和本质，望文生义地认为学习型组织就是组织员工开展学习活动，或对员工进行培训，把"学习型组织"错误地理解成了"组织型学习"，使创建学习型组织成了一种赶时髦的形式主义。学习型组织，英文 learning organization，直译是"学习中的组织"，或"学习实践中的组织"，或"获取（知识和能力）过程中的组织"。在《第五项修炼》一书中，特别是第一章末"心灵的转换"一节，更是强调其精神取向和行动能力。由于它并没有特别的"型"或"式"的含意，所以译成"学习型"有很大歧义，还特别影响了这套理论和以往案例在中国的学习和实践。只是它早已成为习惯用语，恐怕要一直沿用下去。中国在进行前所未有的转型——要成为创新型国家，要推动世界和谐，甚至引领全球可持续发展。因此，中国的组织要成为创新型组织，其实正需要突破各种已有的"型"和"式"，并真正培育团队和组织的深层沟通和互动协作，这样才能有强大的"团队"，才能改变"三个和尚没水吃"、都要当"龙头"或"鸡头"的传统习惯。可持续发展的挑战不能简单地靠使用过去熟悉的方法，靠解决危机中的问题，靠灭火消除"危"；根本的出路在于创新，在于寻找"机"；而且关键在跨界协作，即超越传统条块划分、部门或集团利益界限的利益相关方组成的社群协作。靠学习西方两百年的工业化时代的"型式"不行了；靠精英的个人"才能""背景"和领袖"魅力"驱动的家长式领导模式来实现企业发展，恐怕也不是未来的根本方法。

我们曾经开玩笑地说，在翻译《第五项修炼》时真应该把"学习型组织"译成"學-習-行"组织！也就是说，组织成员首先需要"学"，繁体"學"即模仿；然后是"习"，繁体"習"即演练过程；最后落在身体力"行"的实践上，即熟练掌握团队独特的人际沟通和工作协同的微妙要诀！

二、为什么要建设学习型组织？

我先不急于回答这个问题，而是先问我们正在创业的朋友们几个问题吧。

你是否发现刚刚精心架构起来的组织却很难能适应市场以及客户需求的变化？

你是否在组织变革中遇到了上上下下的阻力，从而感到孤立无援？

你是否感到整个团队在研究与制订战略上的精力严重不足？

你是否感叹自己组织的执行力薄弱，公司重要的战略和运营决策无法迅速转化为行动？

你是否深深感到组织的创新能力缺失？

你是否发现你身边的人，包括你自己都很容易深陷忙于"不断解决问题"的泥潭？

你是否很难让"个人梦想"变成"组织梦想"？让"个人的坚持"变成"团队不懈的努力"？

你是否曾经站在自己千辛万苦发现的"蓝海"边扼腕长叹，原因是，发现自己的组织能力其实无法支撑日益显现的市场与商机，并成为阻碍创新的最大障碍？

你是否看到你的团队成员表面上彼此说着好话，但其实根本无法交流与沟通？更谈不上相互学习和共建了？

……

如果你们的回答是"是"，那么我下面分享的一些观点和方法，或许对你们有用！

五百多年前，王阳明先生提出了"知行合一"的道理；彼得·圣吉先生也在谈话中多次提到，学习型组织是"行"的学问——一个人如果不骑自行车，就永远学不会骑自行车，如果不下水去游，也永远学不会游泳。虽然组织学习可以提高组织的工作能力和工作效率，但这远远不是学习型组织建设的目的。一个组织的学习，是这个组织走向未来的过程，是这个组织勾画自己的未来、承诺自己的未来、行动自己的未来、实践自己的未来、学习自己的未来的过程。所以，我们认为，学习型组织建设的实践就是未来组织建设的实践。在学习和实践中我们看到，在走向未来的过程中，我们的企业、政府和非政府机构都面临着巨大的组织挑战，都开始感到过去的思路、方法、路径、工具，既不能解决现有的问题，更不能清晰地勾画未来发展的路径。我们看到，有些已经非常成功的企业，多年无法解决"接班人"的问题；有些迅速发展的企业，逐渐陷入了"大企业病"的陷阱；更多的创业企业是在不确定的未来、激烈的竞争和尚不成熟的管理能力之间，努力而挣扎。但是我们更看到，许多组织已经开始新的实践，问题直指"企业为什么""企业做什么""企业与社会是什么关系"等组织发展的基本问题。过去三十多年，中国经历了一场波澜壮阔的变革，三十多年前的各种组织，到今天已经面目全非，这是一场伟大的进步，也是一次波澜壮阔的组织的学习。但是，未来三十年呢？当我们的前辈面对三十年前那个"国民经济濒临崩溃"的烂摊子的时候，说的是"发展才是硬道理""摸着石头过河"，正是这种从实践中学习的态度，造就了过去三十年中国的成就。未来三十年，中国企业组织将经历一场新的、波澜壮阔的变革，无论是从"中国制造"到"中国创造"，还是中国走上"绿色发展"之路，都会使中国的企业组织产生根本性的变革，造就一代新型组织，而这恰恰是你们这一代创业者的机遇和责任。新型组织的建设应该会有多种路径，每一个企业的学习都是独特的学习，每一个企业的路径也应该是独特的路径。同时，不同的企业也可以相互学习，学习如何在学习中学习，共同影响和造就中国企业的未来。

当下，创业与创新成为了一个热词，而我们今天跟朋友分享的不是那些"自谋生计"的创业，而是依托一系列创新的创业，从某种意义上讲，就是我们说过的"非创新，不创业"！但我们不得不承认，创新的确让人感到模模糊糊，若即若离，有个视角的问题。如果把创新看做是组织要去做的"一件事"、是"一个职能"，自然就要去"管理这件事"，也自然要去"做规划、建机制、定办法"。然而，如果把创新看做是组织成长本身，看做是组织生命本身，就会有很大不同。我们的视角决定了我们看到了什么系统（或者是系统的哪些特征），我们看到的系统决定了我们会采取什么行动。一个组织看待创新的视角，看到的与创新有关的系统，及其所采取的创新行动全部加起来，构成了这个组织关于创新的心智（系统）。反过来说，一个组织创新的成功与否，从根本上取决于这个组织看待创新的视角。如果需要对创新加以管理的话，对于组织创新心智系统的形成和演化的把握，似乎就应该是所有创新管理活动的核心。

三、创新与创业需要我们一起"看到未来"

创业与创新要做的事，一定是一个组织过去没有做过，现在可能刚刚开始做（或许只有一点冲动要去做）的事。怎么看都是模模糊糊，感觉上也是懵懵懂懂，但总归是一件关于未来的事。而对于未来的憧憬、目标的确立、创新行动计划的制订，都是我们今天要交流的核心内容。从某种意义上讲，今天的分享不仅仅与现状、与变革有关，更与未来、与创新密切相连！

所以说到底，创业与创新本身是有关一个组织的未来的：一个组织如何看待未来，看到了什么样的未来，这是一个组织开展创新的基础。对此，彼得·德鲁克（Peter F. Drucker）做过这样的叙述："寻找已经发生的变化，期待变化可能带来的影响，会为观察者（管理者）带来新的视野。关键在于要让我们自己能看到它。至于其后的'可以做什么''应该做什么'，往往反倒不难发现。机会既不遥远，也不模糊。关键是要发现变化的模式。"德鲁克的叙述指出了一个组织看待创新的关键角度：组织的领导人要"看到未来"。但是，他也提到，"看到未来"是"寻找已经发生的变化"，并且"期待变化可能产生的影响"——并非是请咨询公司去做市场调查和市场预测，尤其不是根据过去的数据去预测未来的市场变化。手机行业跌宕起伏的故事，或许可以说明这个道理。十几年前，手机作为通信的终端产品且主要功能是打电话，绝大多数手机的制造企业，也都是从以往"打电话"的角度去做手机设计和营销的。但是有一家并不太知名的北欧小国企业诺基亚，看到了"另一个未来"：随着移动电话用户的迅速增加，手机可能成为一种消费品，手机市场可能成为一个细分的、快速变化的市场。而对于这个"不同的未来"的期待，就使得诺基亚采用了"全然不同的"的产品设计、推广和营销的模式，也造就了几年后多数厂家退出手机市场，诺基亚"一家独大"的局面。然而，到了几年之前，刚刚从困境中走出来不久的一家企业——苹果公司，也看到"另一个未来"：随着移动终端消费的丰富和普及，手机可能成为"时尚"，于是就引发了近来我们都看到的天翻地覆的变化。

四、创业与创新都是"小概率事件"

对于任何一个组织来说，未来都是充满不确定性的，这就为创新的衡量制造了很大的麻烦。要衡量就是要看结果，这就引发了两个层面的问题。一个层面的问题是，创业与创新活动的"边界"究竟在哪里，是基础技术的研发，还是一个产品概念，或是一种产品设计，甚至是这个产品商业上的成功呢？更糟糕的是，这几个步骤在一个企业中往往是由不同的人群来完成的。一个组织如果从阶段的角度去看待创新，究竟应该是哪个阶段呢？还是应该从最终的商业成功去看创新呢？这样分阶段开展的、由不同团队完成的工作究竟应该如何组织，如何衡量呢？另一个层面的问题是，如果创新失败怎么办？大规模的人力、物力资源投下去，不成功就"打了水漂儿"，稍有不慎，企业就会破产关门。心理学研究表明，每个个体都有"风险规避"倾向，组织也是如此，那么一个组织如成规避创新失败的风险呢？如果把创业与创新的成功看作是一种小概率事件，或许会有些不同。小概率事件，就是成功概率很小的事件，也就是说这种事件发生的可能性很小。说创新成功是小概率事件，就是说创新企业大部分都不会成活下来——只是"流星"。实际上，这个道理恰恰就是创业投资（"风投"）管理人工作的基本假设。创业基金管理人的一般预期是，在投出去的十个项目中，只有20％左右的投资，最终能够成为上市公司的资产，并且能通过股票市场退出并获得回报。反过来也就是说，基金经理人在组成基金的时候就假定，有80％的创新活动不会获得成功，有80％的投资有可能获得不了预期的回报，甚至会"惨败"，会血本无归。然而，基金管理人的管理策略是，只要有20％的投资获得回报，就可以保证整个基金的总体回报。同时，在确定每一个项目投资的价格（投资与收益的相对比例）时，也都假定这个项目必须成功上市。这也就是为什么通过创业基金融资，是最为昂贵的融资方式之一。需要特别注意的是，在这个机制中，基金投资通过金融市场回收投资和并获取收益，是基金经理对于一家企业创新介入的终点。也就是说，衡量创新成功的不是研发、不是产品概念，也不只是一个产品，而是一个企业组织通过组织创新活动获得的成功。德鲁克提到过，创新的目标"并不是对产品进行'改进'和'调整'，而是去创造一个新的事业"，就是这个道理。这样的价值创造的成功，自然是小概率事件。正因如此，我们就回到了前面说过问题：创新的起点，是企业领导人究竟看到了什么样的未来。以组织的成功去衡量创业与创新的成功，是从组织活动的角度去看创新，从组织成功的角度去确定创新的价值，创新也由此成为一个组织发展的问题，而不是一个职能管理的问题。创新关乎企业未来的事业，关乎组织未来成长的方向，从这个角度去看创业与创新，组织的创新能力如何形成和成长，就成为企业创新成功的焦点。

说到底，创新是去做一件自己从来没有做过，别人可能也没有做过的事，创业与创新的过程本身就是一个学习的过程。德鲁克对此做过这样的描述："创新的组织懂得，任何创新都是从一个想法开始萌芽的。一个想法就像一个婴儿——刚诞生的时候，是细小微弱的，是不成熟的，是不成形的，虽有发展前景，但需细心培育。但在创新组织中，管理人员不会说：'这是一个蠢到了极点的想法'。而是会问：'我们应该做什么，才能把这个不成熟、不完善的愚蠢想法变成良策，才能让它变得可行，才能让它成为我们的机遇呢？'"

五、创业与创新需要"持续学习的能力"

一个组织具备持续创新的能力，就是具备这样的持续学习的能力。这个学习过程包含了组织在三个层面上的学习，我们把一个不成熟的想法变成了事业发展的机遇，是学习；我们进入了一个新的发展领域，形成了一个新的发展方向，也是学习；更重要的是，在过程中我们也学会了如何把握这个学习的过程，学会了如何面对未来的不确定性，如何把小概率的事件做到成功。而这第三个层面，是最为重要的，这或许就是我们常说的"创新能力"。比如：我们从不会游泳到学会游泳。在这个过程中，我们学会了游泳，也学会如何学习游泳，更学会了如何学习。而学会如何学习，正是会让我们一生受益无穷的能力。放到企业组织上，持之以恒地做下去，形成的就是企业的新的发展基因——创新的基因。20 世纪 70 年代，一位叫做罗伯特·弗里茨（Robert Fritz）的美国人开始教授创新过程课（其后，他与彼得·圣吉一起设计了最初的"领导力与超越"课程，这个课程的内容后来成为《第五项修炼》的一部分）。弗里茨是一位作曲家和电影制片人，但对于帮助组织理解和掌握创新特别有兴趣。他在创新过程课上提出的基本问题是："你想要什么？"他发现，对这个简单问题的回答，许多成年人都感到非常困难。经过一段时间之后，他察觉出，真正的问题是：许多人不知道如何思考他们想要什么？弗里茨说，"你想要什么"这个问题的背后，是"你想创造什么"。而这就是组织创新心智形成的起点。要回答这个问题，组织领导人就必须"看到未来"，一个组织就必须意识到创新是一个把小概率事件做成一项未来事业的巨大努力，也必须体会到创新本身是一个组织学习的过程。创新能力的基础，是创造未来的勇气，这也是创新的组织心智的基本元素。对此，德鲁克如是说："创造未来的风险极高，但是不去创造未来的风险更高。尝试去创造未来吧。固然大部分人不会成功，但可以预见的是，不去尝试的人更是毫无胜算。"

六、领导力的"共同修炼"

在我看来，整合创业过程其实就是你和你的团队"想明白、说明白和干明白"的学习过程。而整个过程中创业者必须坚持一点——Taking People With You! 有人把它翻译成："引领人们和你一起共创伟业！"由此可见，要想成为一名优秀的领导者，培养领导人才，打造核心团队，强化团队合作显得尤为重要。尽快地告别"英雄＋战士"的领导模式，对于创业者来说尤为重要。

很多创业企业，甚至是很多已经创业成功的企业，他们的管理结构基本是"英雄的决策"加"战士的执行"，这造就了它们的初始成功，但也是其发展到一定阶段后处于"止步不前"状态的"缘由"和"起因"。

在我看来，很多创业企业的发展不是融资问题，钱有的是；也不是技术的问题。当前技术的开放性已经非常好了，很多企业都在开放自己的技术。很多创业企业的处于"止步不前"的状态，就是组织"作茧自缚"把自己"锁定"在了目前的"组织生存状态"之中，造成了难以突破，举步维艰的状态。其特征就是我们在致远看到的几个十分纠结的矛盾状态：个人效率高与组织效率低的矛盾状态，对未来发展方向的强烈意愿与发展路径和发展行动茫然的矛盾状态，无法形成共同愿景的状态，重视解决问题与忽视系统改变的矛盾状态，分析问题强与共同行动弱的矛盾状态，开放沟通与形成高效决策的矛盾状态。要打破这种状态，"解决问题"的方式已经难以奏效，因为在目前的组织状态下找到的"解决方案"，固然可以减缓当下的"症状"，却反而会强化目前的组织状态和组织心智模式。要走出这种状态，就要走出目前的组织生存状态，走出给组织带来成功的组织成长模式及管理模式和习惯，走出当前的组织心智模式。走出目前的组织生存状态，就是在"做新事"的过程中，形成新的组织状态，这需要组织的领导团队带领组织重新"共同勾画、共同谋划"自己的未来，需要组织在"行动自己的未来的过程中"，形成组织成长的"知"与"行"的反馈学习能力，逐步构建新的、实现未来所需要的组织成长系统和领导力，逐步建立新的管理模式和管理习惯。当前的领导力建设上有一个重要的不同之处：大多数修炼传统都聚焦在个人身上，而建设真正的学习型文化所要求的修炼，除了个人的方面以外，还必须有集体的方面。建设深度会谈的容量能力，即依靠集体智慧也同时生发集体智慧的、真正的共同思考和共同行动，必须在工作团队中培育；从最基层一直到最高层都是如此。同样，建立共同愿景的容量能力也不是个人的技能，它要求大家真正学会相互聆听，并且"聆听"正在我们身上发生和成长的东西。其目标只有一个——如何让企业家的"个人梦想"变成"组织梦想"？

我确信今天来到这里的大家，百分之百都有自己的梦想，那么我后面就要追加一句：你的梦想，是不是这个组织的梦想？是不是已经变成了这个组织的梦想？你底下的人信还是不信？当然，这其中也有将信将疑的，有真信的，也有不信的，整体上是一个什么样的比例，这里我说的不是一个结果，而是一个过程。恰恰是我们通过管理，通过一个新的领导力的训练，可以让个人的梦想变成组织的梦想。所以今天我不是在给大家讲成功学，而是将怎么样变成这样。

我前一段时间，在一个企业做访问的时候，有一个高管说了一句很朴实的话："现如今社会已成为没有目标的人跟着有目标的人走，有小目标的人跟着有大目标的人走的状态。"大家是不是觉得这句话很朴实？我觉得还是说得挺在理，所以要明白你凭什么引领别人走。

七、不要总去解决"问题"，要着眼"创造"

如果一个领导者总把自己看成是一个解决问题的人，那么你就会住在解决问题的"房子里"不断地去解决问题，一个问题接一个问题。到目前为止，从我听到和看到的事情来看，其实我们都是在给自己构建一个系统。实际上，你们一直在试图建立一个对问题的思考系统，想建立这么一个框架。在这个过程中，你看到一种现象：当你发现问题时，你马上会去想办法解决这个问题。

比如，当企业的利润率下降了，管理者马上就去降低成本；当企业的销售量下降，我们就去增加广告的量，然后去解决销售下降的问题。但是我们这么解决问题的时候，常常忘记了考虑这些问题的副作用。要知道，我们的这些似乎去解决症状的解决方案，常常是会有副作用的。这就是企业为什么面临那种老要解决问题的状态背后的一种原因。而且这种副作用会把这个系统弄得更复杂，从而让企业的管理者不容易看到这些根本性的问题并寻找深层的解决办法。

一个变革的真正动力，永远来自于我们对未来的期许、未来的愿景及我们对现实生活的认识。只有愿景和只有未来是不够的。但如果说我们一直把眼光放在眼前的这些现实的时候，我们就会掉进不断解决问题的循环当中。如果说我们只是说未来，只是说愿景的话，大家都会说这事太理想主义，这事太浪漫，这事不着边际，这是一个疯狂的想法。人们一定要看到愿景与现实之间必要的联系。

这个就是领导力的核心，是我这么多年来的一个体会。这个领导力的定义比较独特，实际上我觉得这个定义还是说明了我们为什么觉得领导力重要，为什么我们关注领导力，为什么我们说领导力是一个人类的社区塑造未来的能力，是一个人类的社区去创造未来的能力。所以，对我来说，这个就是领导力，就是一群人，非常清楚地看到他们希望实现的未来，也能够非常清楚地理解他们的现实，这件事就是领导力。

我和彼得·圣吉一次聊天的时候，我曾问他，你觉得什么是领导力？彼得·圣吉就找来了一根皮筋开始拉。开始他让我先拉，我发现，越拉越勒手，越拉恐惧感越大。最后他说："这个过程是整个领导力的定义的由来。实际上要找出两点，第一，上面是你的愿景，下面拉的是你的现实。换句话说，一个企业家或是一个企业的领导人，他非常知道自己要去哪，同时他又很现实地知道自己现在所处的位置。那么这个时候会有很多人称这两者之间的距离为差距。"彼得·圣吉称之为创造性张力。现实和冲突叫做创造性张力，关键不是愿景是什么，而是要不断地问自己，愿景能做什么。第二叫体悟当下，要特别明白现在当下的情况，彼得·圣吉这样说过："个人的职位与权力，与领导组织改变的能力是不一样的，所以对我来说，所谓的领导力是，有这么一群人他们非常清楚地看到组织的走向与希望性的未来，也能够非常清楚地理解他们当前的现实，这件事就叫做领导力。"我觉得他真的是超出了我们现在对于领导力的看法，这方便我们怎么可以更系统地把一个组织的结构看明白。

那么我想问大家，你们的远大目标到底是什么，你要和谁一起来实现这个目标？这是实现个人领导力变为组织领导力过程的第一个小工具，考虑我的企业到底率领哪些人，哪些关键性的人，你看到的是什么样的系统。第二个工具，如果有可能，你们可以私底下讨论一下。那就是：什么是你组织的最重要的事，你个人想做什么，一定是做个人的表达。然后你再想，你有没有能力把个人的表达与组织的未来链接上。这是很重要的。实际上这个小组讨论是从个人开始的，而不是从组织上开始的。第二，你要判断这个目标是否足够高远，是不是能够让人心潮澎湃。第三，你是否把它当做一个阶段性的目标，而不是一个远大的目标。

领导力绝不仅仅是个人的领导力，而是组织的领导力，也就是组织面向未来不断创新的能力，是能否让组织从现实走向未来的能力！

这样一群人，他们非常清楚地看到组织的希望和走向的未来，也非常清楚地能够理解他们当前的现实，这件事就是领导力。

领导力的建设需要看到更为复杂的"系统"。1. "战略"是指你必须清晰地定位你的团队目标和你想要的行动结果；2. "组织架构"则是指你必须合理安排合适的资源和程序，方便你的下属协助你执行计划以便巩固战略；3. 而"文化"是指你需要创造一种环境，通过激发你的下属，鼓励你所希望的行动来实现你的目标。

最后我给大家做一个阶段性的小结，先请大家听一段音乐。大家可以听到三种音乐，三种不同的创造风格，三种不同的创造形式。尤其是到最后谁还在意那些专业化呢？实际变成了每个人都参与其中，每个人都在创造。当我们是这位指挥，而不再是一个乐手的时候，我们不再是一个专业人员，而是一个帮助整个组织共同创造的过程。换句话说，这三种音乐代表着三种领导力。我们不单单要考虑能不能演绎好、指挥好，还要考虑能不能让全体人员和自己一起呼应。其实到最后，个人的创造，变成了一种整体的创造。

最后给大家分享一张图，告诉大家如何摘到低垂的果实：将一些苦难大的、效果小的扔掉；而将这些困难大的、效果也大的捡起来，专心去做；那些容易的、效果大的就快速去做。其实我们可以为我们以后的行动做一个规划。

陶行知先生一生笃信"知行合一"，所以他自己给自己刻了一枚章"知行合一"。我在下面加了一个"言"字，我把我的理解放了进去。管理是认知，管理是实践，管理是沟通。无论是共同愿景的达成，还是别的，都需要沟通。知、行、言这三个都合一，这件事就成了。这个字也是我给自己的一个符号，不断地提醒自己，管理就是知、行、言合一。

八、众创空间需要升级版

2016 年伊始，有关众创空间的发展得到政府的强力支持——国务院总理李克强 2 月 3 日主持召开国务院常务会议，部署建设双创基地发展众创空间，加快培育新动能等相关工作。会议指出，建设新型创业创新平台，为更好实施创新驱动发展战略、推进大众创业万众创新提供低成本、全方位、专业化服务，可以更大程度地释放全社会的创业创新活力，增强实体经济发展新动能，增加就业岗位，为化解过剩产能创造条件。与此同时，科技部继 2015 年 12 月公布了全国首批 136 个众创空间之后。又于 1 月 29 日，拟将第二批 362 家众创空间纳入国家级科技企业孵化器的管理服务体系。一时间，大大小小的众创空间在全国可谓遍地开花。

北大创业训练营是全国范围内较早组织并参与众创空间建设的机构，作为中国最大的全公益创业教育与扶持平台，至今三年多来已经服务了数十万创业者，同时在创业帮扶方面做了许多有益的探索和实践。我从北大创业训练营创办之时便参与其中，三年多的实践让我越来越坚信：中国创业的第二季已经到来，众创空间的发展也已经到了需要"升级版"的时候！

2015 年上半年，在政府的鼓励下，众人拾柴，创业大潮风风火火；下半年虽然出现"资本遇冷"，创业者依旧没有放弃对梦想的追逐。经过一番洗礼，创投圈的泡沫迅速减少，行业也在历练之中不断前进。事实证明，寒冬只是"滥竽充数者"的痛点，却是优秀而认真创业者的良机。

但与此同时，我们必须清醒地看到，一哄而上的粗放型创业模式，在 2016 年已经难以为继。从北大创业训练营创办至今，我对每一期学员讲授领导力课程的时候，就不断地告诉来自北大以及全国各地的创业者们，创业是一个艰辛的过程，而非一个美妙的结果；所谓创业成功，本身就是一个"小概率"事件，创业需要激励和扶持，但更需要方法的学习和能力的提升；创业者需要资本的助力，但创业并不等于融资，更需要考量如何真正地创造客户价值，不断学习，提升创业企业自身的造血能力。而众创空间恰恰需要为这样的创业企业提供助力。当然，在一两年前说这番话时，还有不少创业者认为是"危言耸听"。今天，越来越多的创业者认同这个观点，原因很简单，那些凭着一个想法和花5000元外包一个商业计划书就能拿到钱的日子过去了，很多人开始有了切肤之痛，开始真正地思考如何做好企业，而不是仅仅去想着如何忽悠投资人，这是个很大的进步。

众所周知，受到2014年8月份资本市场的影响，2015年下半年众创空间里获得融资的项目数量明显下降，这一方面是受大的经济环境影响，同时也暴露了众创空间里孵化的项目中，同质化比较明显，很多跟风的项目成功率很低。以3W空间（孵化器）为例，2015年，全年的融资大户仍是O2O，其次是社交及工具。但对比上半年和下半年的融资案例数量发现，O2O及社交领域的融资案例数量反差较为明显。

但同时应该注意到，2015年下半年，在资本寒冬的呼声中，也有一些行业逆势而上，比如在线教育、互联网医疗、旅游行业融资数量不降反升，其增长比例分别为3.5%、8.8%、11.2%，充分体现了消费升级中细分领域的机会。因为这些领域内的消费与经济周期关联度较弱，所以行业内的发展机会将更为稳定。2016年以来，一些有技术含量的项目更加成为投资者青睐的目标，比如智能硬件。

由此可见，在"创业的第一季"，很多创业者和投资人看到的还是所谓单纯的"模式创新"；而在新的阶段中，"技术创新"会成为发力的原点，一些精益生产和智能相关的项目会更加引发关注，这便是我说的"创业第二季"。当然，我还预计，与此相伴随的是专业领域的平台类企业的兴起，即分享经济的来临，我称之为"创业的第三季"。

三年前，北大校友会创办北大创业训练营的时候，社会上还没有流行"众创空间"这个概念，更没有什么政府"认证"之说。在李克强总理大力提倡"双创"之后，众创空间的发展进入了快车道。基本模式是"地产＋资本＋政策"，一些闲置厂房、仓库和部分商业地产，如卖场等改造为双创基地和众创空间，吸引创业者来此注册、办公；吸引投资机构来此与创业者直接对接，洽谈项目；政府对办公用房、水电、网络等设施给予补助……我管这个阶段称为"众创空间 1.0"。在这个阶段，国家推动主要在政策层面，不仅吸引了资本，还激发了创业者的热情，吸引了众多的创业者参与其中。

随着创业发展进入第二季，众创空间的价值也需要发生变化，由提供办公地点、享受优惠政策和提供投融资机会，到可以提供更为深入的创业服务。

担任"北创营"的创业导师以来，我接触了很多创业者，他们中间的很多人忙于参加各种聚会和路演，希望由此获得资源和融资的机会。其中有不少人把他们的路演 PPT 发给我，征求我的意见，老实说，绝大部分是"公司简介＋融资说明"，根本没有在商业逻辑、产品爆点、客户获取、合作伙伴、竞争对手、财务分析以及团队能力等关键创业要素上下工夫。这并不是说他们不想把这些关键问题讲清楚，而是真的没想明白，也没有人教他们！与此同时，很多投资者和机构也是"选秀"的心态，他们很自信自己的眼光和经验，总希望用最短的时间看更多的项目，不想也不会伸把手弥补这个空白。事实证明，由于缺乏更深入的沟通和了解，投资人的项目成功率在第一阶段也很低，他们和创业者一样，欲速则不达，浪费了时间也浪费了钱。

我来做一个比喻，在"众创空间 1.0"时期，越来越多的创业者被吸引到一个码头（众创空间），这里只有维持生存的几担粮食和水，以及几个质量不太好的救生圈，眼前是滔滔江水，江水对面是一排排等着他们游过来的投资人，在没有渡船的情况下，大批的创业者喝了几碗鸡汤，便跳下水去……试想，这样能游过去的又有几人？

所以，"众创空间 2.0"的核心是服务，是为创业者提供渡船，把一些创业亟需的核心能力教会他们，提高他们的生存率！

在我看来，众创空间不仅仅是那些创业者工作、融资的地点，还是一个"学习空间"。创业本身就是一个学习的过程，众创空间如果不把"学"与"习"这两个字落到实处，其发展也不可持续。所以我们首先要把众创空间变成一个"学习社区"，然后在学习社区里，通过私董会、团队学习等方式，发掘更多有价值、可投资的项目和团队。这种创业教育不同于传统的商学院教育，而是一种"社群式的学习模式"。这样的模式更强调实战，是"习"中"学"。我们称之为"四有社群"——即有空间、有项目、有导师、有资金！

实际上在当众创空间进入 2.0 的过程中，其自身的运营模式和商业模式也在不断地变化和升级中。众创空间不应该是短暂的时代产物，其自身发展也需要可持续。我认为众创空间实际应该采用的是非营利性企业的运营模式，它的未来是一个平台化的"社会企业"。

总之，如果说"地产＋资本＋政策"是众创空间的 1.0 版，那么为创业者强化"服务"，提高创业者生存率的服务模式，才是众创空间的 2.0 版！当然，我预测很快会迎来 3.0 版，即分享经济的"平台"模式，即借助互联网平台，让创业者、客户、服务方、资方及其他利益相关方参与到价值创造、价值传递及价值实现等各个环节中来，从而形成新的价值创造与分享模式，开创全新的分享经济，让众创空间的发展真正地做到"可持续"！

>>> 第 *8* 课

信跃升： 创业企业的兼并收购

导师简介

信跃升，男，1970 年出生，1992 年毕业于北京大学国际经济系。1997 年进入美国哈佛商学院，1999 年获哈佛商学院工商管理硕士学位。

中信资本直接投资有限公司董事总经理。国内资深 PE 投资人，中信资本私募股权投资团队的创始成员之一，在 PE 基金管理、并购项目投资，国际资本市场等方面拥有良好的理论基础与大量的实战经验，其主导的中国并购项目包括：哈药集团、上海冠生园集团等国企改制项目，分众集团私有化、亚信联创集团私有化等大型杠杆收购项目，顺丰快递、中国信达等成长收购项目等，同时也参与了日本POKKA 公司私有化项目、Narumi 收购项目等国际项目。

看到今天课程的题目，大家可能会问：创业公司为什么要学习兼并收购？兼并收购是大公司的事，是不是离创业公司太遥远了？我公司 A 轮还没拿到，没钱怎么做兼并收购呀？我们这堂课的目的就是要告诉大家，兼并收购其实在你身边，随时可能发生。而且对创业者来说，兼并收购就像是结婚一样，大多数一辈子只有一次，这个决定是你创业过程中最重要的决定之一，而恰恰是绝大多数创业者最不熟悉的领域。

一、为什么要了解兼并收购？

企业家首先要了解，兼并收购是最重要的战略武器之一。兼并收购往往能成为公司的转折点，造就伟大的公司。以分众传媒举例，十年前中国有很多户外媒体公司，可以把电视屏和框架放到电梯口。十年后的今天，你能够想到的只有一个分众传媒，一个收入超过 80 亿元，利润超过 30 亿元，市值超过 1000 亿元的上市公司。分众传媒在三大业务领域：LCD 屏、框架和影院市场有绝对领先的市场份额。分众的成长历史就是兼并收购的历史，收购聚众成为 LCD 的老大，收购 Frame Media，垄断了电梯内外的空间，收购影院业务、卖场业务等，几乎每一个新的业务都是收购来的。这些业务围绕白领生活圈，加上分众强大的销售平台，造就了一个媒体。没有并购就没有分众。

我们投资过的新浪也是靠兼并收购起家，当时是三家公司，中国大陆、中国台湾和美国合并在一起的。今天在海外打开新浪网页，会显现一张地图，让你选择是哪个新浪。亚信科技也是通过并购成长为中国电信软件行业龙头的。今天，中国的互联网行业更是并购频发，滴滴合并快的，美团合并大众点评，优酷合并土豆等。并购可以消灭竞争对手，集中市场份额，造就行业领袖。

企业并购还有另一个不是那么明显，但很重要的原因，就是保持创新和寻找新增长点。企业到了一定规模很难成长，一百万增长到两百万很容易，一百亿增长到两百亿就很难。大公司没有创新能力。恐龙大，恐龙先死。对大公司老板来讲创新都是骗人的，他们知道拿工资的人很难创新，创新一定要靠创业团队，所以大公司一定会收购。并购已经成为 BAT ① 的主要业务之一。美国的谷歌、微软、IBM，甚至苹果，绝大多数新的业务和技术也都是买来的。

虽然买别人很过瘾，但是今天讲的主要是卖，主要有两个原因。首先，虽然创立下一个分众或阿里巴巴是大家的目标，可是现实是只有不到1％的创业企业能够成功走到上市，成为独立的行业巨头。有些公司消失了，但是大多数企业是在成长过程中被并购了。所以创业家有99％的可能性去卖公司，只有1％的可能性要买公司。另外，学会了如何卖，买只是硬币的另一面罢了。

创业为什么？大家都在讲情怀。但是冷酷的事实是，创业就是为了赚钱。不是只为创业者自己赚钱，更是为股东，为投资人，为拿了期权的员工。团队跟你走是为了过一种体面富足的生活，投资人是为了获取回报。只有卖公司，才能真正拿到钱。所以说，聪明人都是在高点把公司卖了。上市是一个伪命题，上市你拿不到钱。特别是 A 股，大股东从公开市场套现基本是不可能的。要有一个观念，企业不是财富，现金才是财富。内蒙古有个有意思的说法：家有万贯，带毛的不算。什么意思呢？有房子、地、金银才算拥有财富，而牲畜不算财富，可能一场疫病就全没了。企业是带毛的。比如阿里巴巴今天很牛，说不定出什么问题明天就没了。马云常常讲危机。摩托罗拉、诺基亚等，大企业垮台也就几年的事。要冷静，你创业的目标是为了赚钱。

二、为什么要卖？

很多人问我，谈到兼并收购，要考虑哪些因素？我没有复杂的理论，只有实践中得来的老生常谈。问自己几个问题：要不要卖？卖给谁？怎么卖才能实现价值最大化？

（一）要不要卖？

"要不要卖"是最重要的问题。很多创业者找我，问有人要买我公司，我要不要卖呀？我的答案是我也不知道。但是我可以把

---

① 中国互联网公司百度公司（Baidu）、阿里巴巴集团（Alibaba）、腾讯公司（Tencent）三大巨头首字母缩写。

这个问题分解成四个问题，帮你找到答案。

第一个问题：战略问题，什么才是对公司最好的？首先要考虑市场机会，比如说决定独立争取IPO，但是市场有一个比我大很多很多的企业在前面，市场前景也不好把握，就凭着我们这几条枪往前冲，能行么？这个公司未来五年在我的手里会实现价值最大化么？是不是把公司交给人家，公司会增长更快，市值会更大？先不要考虑自己的利益，先考虑把蛋糕做大了，再考虑怎么来分。如果把公司卖给竞争对手，合并价值大十倍，你就可以拿到三倍。拼命再烧三年钱，也不过如此。为什么不卖呢？如果把个人利益、公司利益、股东利益搅在一起，这个问题就越想越乱。卖掉公司是创业者最难的选择，但是，有时就像旧社会，在家饿死，还不如卖给别人当丫头。

第二个问题：是不是好的时机？就像股票一样，卖的时间点非常重要，不好把握。比如说易趣网，如果坚持做下去，说不定就没淘宝什么事了。现在价值一万亿，当时只卖了十个亿，差一千倍。但是，不卖也可能早死了，血本无回。要考虑产业是不是在往上走？资本市场是不是比较好？我现在业绩怎么样，能不能卖出好价钱？还有一个重要的问题就是，创业者自己的心态和团队的士气。再好的企业，人累的时候，也管不好。别问我该不该卖，我也不知道。是不是好时机，只有你自己知道。

第三个问题：如何使各方利益最大化？公司是谁的？表面是股东的，其实股东只是其中一个参与者，公司也是员工的、客户的、供应商的。利益相关者都是公司所有者。怎样使各方利益最大化？要把所有相关的人列出来，是不是大家都获利了？只有大家都获得了适当的利益，才能卖得成。

最后一个问题：卖了以后创始人干什么？我经常买别人的公司，我也知道有些创始人卖完之后确实是比较失落的，人生最痛苦的事情就是只有钱、无所事事、混吃等死。我发现有些人在股市上赚了很多钱，但很苦恼，因为每天一睁开眼发现没事情做，只好再入市，碰到股灾又赔进去了。所以，创始人要想清楚，公司卖了之后干什么。写到黑板上，想清楚再做。

还有，这件事是不能商量的，你可以听听大家的意见，但是最终是要一个人在小黑屋里下决心的。孩子是你生的，他的前途你要负责。如果你想清楚了，在别人手里公司会发展得更好；现在时机最好，再晚市场就会有变化；而且出售可以让团队和投资人获得期盼已久的回报；最后，你确定拿到钱后，可以开始追求儿时的梦想。那么，就要面临以下问题。

（二）卖给谁？

市场上基本可以分为两类买家，战略投资人和并购基金。说起来简单，但其实有很多技巧。战略投资人一般是指同行业的竞争对手。比如做互联网的，腾讯、百度、阿里巴巴之类的公司。真正的并购基金在国内还不是很多，国内所谓的并购基金一般是指配合上市公司并购的基金，本身并没有任何运营和管控的能力。并购基金在成熟市场上是 PE 投资的主流。美国的 KKR、凯雷、黑石等就是代表。其实，做中小型并购的基金有几千家，它们是并购市场上最活跃的力量。国内还有一种买家，就是所谓进行转型和市值管理的上市公司，既不是有明确战略目的的同行，也没有并购基金的专业性，这种买家不规范，要非常小心，这里就不细讲了。

卖给战略投资人，是目前国内并购的主流。理论上讲，战略投资人更看重市场、技术、渠道等方面的协同价值，所以可以给出更高的价格。但是，和他们打交道，风险也大。只有了解他们的行为方式，才能保护自己。战略投资人的一般策略是出个高价，进去看清楚了，就不买了。掌握了战略核心，把人挖走，可能是对他们最有利的方法。而且，同行最愿意做的事是抄后路——从侧面收买公司的核心人员，收购不成对团队的影响是很大的。所以，和战略投资人打交道，如何限制尽职调查的内容，如何尽快完成交易，如何提前把团队的利益安排好，如何保证内部人员不会被收买是关键。

并购基金相对比较专业，是行外人，对公司的威胁小。他们比较讲究程序，更看重和管理团队的协同和对团队的激励。作为财务投资人，虽然有一定的运营能力，并购基金的首选还是和管理团队形成共同体，所以在大多数情况下，公司可以保持相对独立的运营，对内部的震动比较小。缺点是看重财务指标，出价比较谨慎，而且程序比较长，法律条款比较复杂。

真正卖公司时，要主动寻找潜在买家，要对有兴趣的投资者进行尽职调查。对方有没有资金实力？主要的诉求是什么？以往的名声如何？内部的决策程序和决策人是谁？花一点时间，把潜在买家了解清楚，知己知彼，才能立于不败之地。

三、做得好不如卖得好

想好要卖了，也圈定了潜在卖家。下一步如何开始呢？卖公司是一个复杂和专业的过程。要记住的一句话是：做得好不如卖得好。程序把握得好不好，是成功和失败，以及价格多一个零和少一个零的差别。

（一）卖公司永远是老板的责任

卖公司是没办法交给别人的。卖不卖这种事是不能商量的，投资人、董事会、管理团队都有自己的利益，七嘴八舌，噪音很多。把所有的噪音清除，要坚信，企业的目标是赚钱，大家参与到企业中来不是干革命事业，是为了利益。所有反对的理由，归根到底是因为利益不够大。回到前面讲的，卖公司的决策是一个利益的决策，只要实现所有公司参与者利益的平衡和最大化，一定可以做成。

我亲身经历过，公司老板放弃上市，要把公司卖给竞争对手，管理团队都反对。开会吵架，创业这么不容易，为什么卖？管理团队要自己上市。兄弟几个喝点酒，情绪高昂，坚决不同意，说好如果股东卖，明天就辞职。结果，明天全同意了。为什么哪？他们干了十年，这次卖成功了，按照激励机制，每个人可以分几千万。回家跟老婆一商量，老婆说，3000 万元不拿，辞职？你傻啊！大家都不是干革命的，都是打份工，拿 3000 万元，不喜欢就去再找份别的工作。人聚集在一起都是非理性决策，等他们单独冷静下来就变得理性。饼足够大的时候，所有的困难都不是困难。

核心是创始人，要有决心。卖公司的是创始人，过程中会遇到各种各样的事情，如果创始人动力不足，这个过程中噪音会把你淹没掉，想通了你就去行动。特别要注意，没想通时不要谈，启动卖公司的程序，又没卖成，对公司伤害很大。

（二）具体技术问题

并购中具体的技术问题，我在实践中总结了四个关键点，供大家参考。

1. 中介公司的作用

很多创业家都很自信，对自己的谈判能力很有信心。自己能干，为什么要给中介公司 100 万美元？总觉得不值。我也不喜欢给中介公司送钱，但是这笔钱一定不能省。因为你打交道的是专业投资人，买卖公司是他们的生意，对创业家而言，卖公司像结婚，一辈子干不了几次，但你的谈判对手每年要做很多次。要是不找中介，就相当于一个新手跟一个老手在谈，永远是吃亏的。就像你卖房子一样，你一定要找一个好的中介公司，给人家钱。不能完全成功收费，而且在这件事上不能小气，完全成功收费的中介都好不了。每个月给点钱作为差旅费，然后成功收费时再扣除，而且按行规走，不要使劲谈价钱。多付一点中介费，公司卖得好一点就全赚回来了。中介能不能真正帮你卖个天价很难说，但是有一点，一个优秀的投行至少可以保证你少犯和不犯错误。有点像买保险。市场上有很多优秀的投行，老板要亲自谈几家，不仅仅要找到好的公司，更重要的是找到好的团队负责人，能够和你密切配合。

2. 应对尽职调查

另一个经常被忽略步骤是应对尽职调查。我见过很多的企业家，认为尽职调查就是查查账，叫财务总监对接一下就好了。结果，发现资料不全，账务账不清楚，管理层讲的内容互相矛盾。买方一下子对公司的所有数字都产生了怀疑，感觉到处是风险，所有数字都打折，最终价格就打折。所以，是不是重视买方的尽职调查，最终价格会是精装和毛坯的差别。例如，服务业的公司人员很多，大多数情况下五险一金是调查的重点，各家有各家的高招解决这个问题。如果公司不能够解释清楚如何处理，而且拿不出未来逐步合规化的方案和成本计算，考虑到法律风险，买方可能要假设很高的合规成本。这一进一出差别就很大了。

我不是要公司做假账，但公司要利用准备尽职调查的机会，把战略、运营、财务、法律等方面梳理一遍，知道自己的强项和弱项，以及买方最关心的是什么。组织专门团队和中介机构配合把公司的账理清楚，法律结构上的瑕疵赶紧弥补，管理团队进行培训，对哪些问题怎么回答有一个统一的认识，内部先培训、演练。人家来了一看，干干净净，清清楚楚。给买方信心，所有风险都摆在桌面上，尽量减少买家心里的"或有风险"。

另外一个核心问题是保密。哪些东西可以给，什么阶段给，哪些不能给，要有一个明确的方案和内部批准的流程。特别是应对战略投资人，不到最后阶段是不能给业务和财务细节信息的。因为作为同行，他们应该对公司的业务、市场等有充分的了解，不看心里也应该有数。在业务和财务方面要强硬。所以，他们的尽职调查应该是以法律为主。保证公司资产没有瑕疵。一个好的中介会帮助公司制订完善的流程。

3. 法律文件

我见过的绝大多数创业家，在卖公司，甚至融资的时候，都没有从头到尾看过法律文件。而且很多时候，除了价格、付款等核心条款外，对90%的其他内容也不理解，什么陈述与保证、随售、领售、优先清算权、董事会及股东的表决等都不清楚。最近这些年，国内海归出身的律师越来越多，法律文件越来越像美国，一大厚本，枯燥难懂。我怀疑律师行业是故意把简单问题搞复杂。他们按小时收费，反正文件越长收费越多。作为老板，法律也不是你的强项，但是在卖公司的这件事上，决策者一定要通读法律文件，而且要找个好的律师，把你不懂的地方讲清楚。谈判的时候，要重视法律细节。虽然90%的合同条款都是在防范一些小概率事件的发生，99%的协议，签完了，付完钱就再也没用过。但是一旦有事，一个条款可以决定公司所有权，会对未来有几亿甚至几十亿的价值影响。

法律文件要从公司第一次融资的时候就开始关注。现在你的公司小，没有完善的治理结构，基本是创始人说了算，从没想到几页纸有什么力量，等你过日子的时候才发现爱情和婚姻是两码事儿。举个例子，有一个条款叫"Double dipping"，意思就是两次参与分配的权利。按照这个条款，投资人先把本金和利息收回，剩下的钱再按股比分配。如果公司不上市，三年后最终卖掉，卖了450万元，钱怎么分配呢？投资人当初投了150万元，占30%的股份，赎回回报IRR12%。投资人根据两次参与分配权合计可以拿走总价的64%！

所以交易条款书和法律协议后面的几页非常重要，因为未来你会发现大部分公司都不上市，最终都是卖掉了。如果卖那天才知道还有这种分法，才反悔，就会开始吵架。公司小的时候，法律条款不重要，但是公司值钱了，分钱的时候法律条款就变得非常重要了。你看阿里巴巴被雅虎稀释成那样，最后费多大代价才拿回来部分股权。很多创业者连赎回条款都不看，赎回时你发现要用很多钱，比贷款贵多了。

上海人不好打交道，跟他谈合同，一条一条跟你磨，北方人豪爽，三页纸的合同，喝顿酒就谈完了。但后来，你会发现不跟你谈合同的这些人就没想执行合同，那些一条一条跟你磨的人才会去执行合同。我们团队里说，信总你去谈的时候，他们不懂，你偷偷往条款里塞一个什么，他们都不知道，你千万别跟他们挑明了，我说这都是胡扯。他不懂这合同的时候，他是不会去执行的，写在纸上也没用。我们每个人都这样，你骗了我，当时签合同的时候我不懂，虽然签字了，出了事，我是不会去执行的。所以有一个很重要的原则，签合同的时候要把条款看懂。要不耻下问，每一条是什么意思，要是这事儿发生了会怎么样？很多人说我这合同签了三年了，放在那里也不用。确实是，很多合同签了就放在那里也不会用。但一旦某个条款开始发挥作用了，未来的代价可能是天文数字，而且解决起来耗时耗力。

要了解一些基本的概念，例如大股东和小股东的关系，卖的时候大股东可以要求小股东一起卖，这叫领售权。小股东说怎么保护我？领售权的另一面是随售权，大股东卖的时候，小股东可以要求同比例、同等条件一起出售股权。这是大小股东之间互相制约、互相保护的做法。

还有一个条款就是对赌，约定一个公式来执行，达不到就稀释创始人。作为投资人，我不赞成对赌。因为企业是活的，没有人能够保证未来。对赌就是逼着企业家造假，把利润给你做出来。年底费用不用，划到明年，渠道塞货，把销售冲上去。大量的短期行为，对企业非常有害。很多 VC 希望有对赌，因为他付的价钱比较高。我建议宁可把价格降下来也不要设对赌条款。

还有一个比较重要的条款就是董事会的决策机制。通常是一个很长的单子需要投资人同意。创业的时候习惯一个人做决策，现在进来一个投资人，对业务不懂，你还得做什么都跟他商量，处理不好是非常头疼的事。在这个过程中，要充分了解投资人，大家在关键问题的想法上要一致。还有就是一些基金的人总在换，今天合得来，明天合不来，别嫌麻烦，沟通很重要。还是那句话，你拿了投资人的钱，你就得对股东负责，你答应的事情就要能做到，做不到的事情你就别答应人家。作为创业家，签字的文件要认真读；答应的事情要做得到，因为股东间一旦闹起来，企业就完了。大多数董事会起两个作用：监视和添乱。形式主义为主。好的董事会不是橡皮图章，而是真正的决策机构，应该是精挑细选的人参加，真正的讨论和解决公司的战略问题。

4. 谈判的核心——创造需求

创业者很多都是谈判老手，每天都在谈判，谈销售、谈采购，但是最难的谈判是企业的兼并收购。怎么通过谈判把企业卖出好的价钱？有很多技巧，可以写一本书，但是最核心的理念是要创造需求。

永远不要只跟一家谈，但也不要和全天下的人谈。我把这些年的经验总结成了一句诗："举杯邀明月，对影成三人。"卖公司，至少要有三个人来争，只和一个人谈不但卖不出好价钱，而且很可能卖不出去。卖公司是麻秆打狼，两头害怕。用术语讲就是买家在贪婪和恐惧中徘徊，不买怕失去机会，买又怕买贵了或受骗。越是没人争的时候越没有人买，不是价格问题，是不敢决策了。所以一定要通过竞争创造需求，帮助买家克服决策中的恐惧。

怎么创造需求呢？是不是找个投行满世界去谈就能获得最好的价格和条件？想象一下，全世界都知道我要卖公司了，员工开始动摇，客户开始动摇，没卖已经先输一步。开始谈了，你谈了很多家，牵扯很多精力，反而谈不成。为什么哪？因为大家看有那么多竞争对手，成功的机会小，也都不认真谈。要理解买家的心理，收购公司是个大事，所有买家都不喜欢完全竞争的程序，很多基金以能拿到非竞争程序的项目为荣。如果买家相信有路子，有特殊的角度，即使价格高也觉得便宜；而完全竞争的程序，即使价格低，也觉得贵。那么，怎么用李白的这句诗来卖公司呢？

在一个理想的谈判中，已经想好了理想的买家，因为这个公司对这个买家的价值最大，同时要引进两个竞争对手："明月"就是上市，公众股东永远是最好的托儿，"影子"就是目标买家的竞争对手。一讲上市，把团队的人心凝聚起来，尽职调查大家也没意见，因为上市啊。要闲着没事儿，来一大群会计师、律师、投行，一定谣言满天飞。通过准备上市的过程，公司把内部梳理好，所有审计、评估、法律结构等都搞好了，达到要卖的条件。不论卖给谁，都大大压缩了尽职调查的时间，特别是卖给战略投资人，大大降低了泄密的风险。

我就见过几十亿的交易没有尽职调查，两周完成的事情，就是因为上市准备一年了，所有报告都有，可以很快决策。上市的另一个好处，是树立了价格标杆，通过投行给一个估值区间，卖的时候就有了一个价格，成为谈判的基础。邀请明月时，不能简单地讲故事，要真正地启动，A 股也好，港股也好，新三板也好，要热火朝天地准备。要让买家感到公开市场的竞争，理想的时机是在上市之前把公司卖了。

"对影成三人"，是指一定要找另外一家同时发力，理想的"影子"是潜在买家的直接竞争对手。认真谈，该花的律师费要花，合同要写，报告要给，要让潜在买家真的看到和感到"影子"的存在。给目标买家的逻辑是，现在不买，公司一上市就买不成了，而且贵很多。更差的是，还有可能被竞争对手买走。上市有时间表，有价格，倒逼目标买家在我的时间表，按照我的目标价格成交。总之你要尽量多地给目标买家克服决策恐惧的理由。

说来容易，做来难。因为在兼并收购的过程中，都是专业人士，都是高手。如何控制信息，如何把握火候是最大的挑战。因为几十亿的交易，买方会抄后路，会找公司的人了解情况，保密协议的作用非常有限。所以要有一个非常精干的两三个人的决策团队。有时有些想法只有老板一个人知道。

总结一下，从你创业的第一天起，兼并收购就是公司成长的一部分。你经常要想的问题是，要不要卖公司？第二、谁是最好的买家？一旦下定决心，要做周密的准备。最后就是"举杯邀明月，对影成三人"，创造需求，按照你的时间表，卖出你想要的价格。反过来讲，你买公司的时候，遇到这种精明的卖家，很难买到便宜的公司。但是，掌握了卖家的心理，可以在谈判中获得主动。

四、企业的估值——科学和艺术的完美结合

到目前为止，还有一个最重要的问题没讲。买卖公司，最重要的是价格。一个公司到底值多少钱？公司的价值是怎么确定的？最简单的答案是价格都是由市场决定的，估值是谈出来的。因为非上市公司的买卖没有价格标杆，谈判的基础是什么呢？企业估值可以讲一学期的课，是投行和投资行业最基础的入门技能，也是最难的一件事。这里，我们只想提几个概念，为大家用到时参考。

所有的创业家们都非常聪明、有干劲，而且对自己创业的领域非常熟悉。但是，我发现一个现象，99%创业家不懂财务，很多看不懂财务报表。如果你也属于不懂财务的，你需要回去找一门课来学学。今天公司小，看不懂财务报表没关系，找一个懂财务的管账就行了，但是越到后面，数字就越重要，管理要靠数字，融资要靠数字，资本运作也要靠数字。公司的管理就是一个数字的管理，公司发展到一个阶段，大多数创始人需要一个懂数字的合伙人，才能把公司带到一个新高度。马云有蔡崇信，马化腾有刘炽平，这样的例子不胜枚举。

但是在找到数字合伙人之前，创业家要对企业的估值有一个基本的概念。大家最熟悉的指标是股票市场上的市盈率（PE）。其实，PE是一个很差的估值指标，在做并购的时候没人看PE，主要原因是利润很容易合理合法地被"调整"。你看雨润，是卖猪肉的，过去曾经每年有近6亿元的利润。但仔细一查其中5亿元都是

政府补贴，政府招商引资，建厂土地白给你，会计上，这个土地估值就进入利润了。这只是冰山的一角，还有很多办法来调整利润。例如税收，是30%还是15%？公司借款还利息，买楼提折旧等，都会影响利润。PE是资本市场上炒股票时常用的，老百姓们找一个简单易懂的指标就好。并购时我们要看什么？看现金流！看这公司每年赚回多少现金，把折旧、摊销、利息、税拿掉，形成息前税前折旧摊销前利润。太长了，用英文缩写EBITDA。并购用得最多的是EV/EBITDA，即企业价值对EBITDA的倍数。

另一个指标是PS，即市销率，股权价值对销售额的倍数。这个指标主要针对零售和贸易企业。为什么零售企业的销售更有价值呢？零售销售额非常大，但是利润非常薄。收购其实是在收购它的销售，有了销售额，只要管理到位，就会实现一个正常利润。例如沃尔玛的平均利润率是6%左右，而国内的一般超市只有2%不到，这就是管理的差距。对于沃尔玛，只要收购你的销售额，通过加强管理，就可以获得很大的盈利。

另一个重要的估值指标是市净率（PB），买银行、证券公司、保险公司等金融机构或钢铁厂、水泥厂等重资产企业，要看PB。金融企业的成长依赖他的股本，要成长20%，就要多放20%的贷款，就要增加20%的资本金。所以银行利润增长，就要发新股，稀释股权。银行的利润成长和股东没关系，看金融机构要看净资产回报率（ROE）。基本上ROE×10就是PB的倍数。有兴趣可以看看招商银行和农业银行的ROE和PB的关系。

还有一类企业，我们称为三无公司，无销售、无利润、无资产，那怎么算呢？就看你梦想有多大。我给取个名字叫PD，梦想的价值。在其他指标的基础上，看你的梦想，看未来的发展，这是对创业团队的溢价。

给企业定价。最后是所有上面这些指标加在一起，加上你的谈判技巧，形成一个价格。懂一点估值的方法，可以帮助考虑并购时的估值是怎么形成的。也可以帮助创业家考虑，做哪些工作能够增加企业的价值？

另外一个问题是，多少倍PE算合适呢？倍数是怎么来的呢？其实在资本市场上，叫PEG，G是英文Growth，成长的意思。

PE/利润预期平均成长率，就是PEG。当然这只是很粗的指标，道理是一致的——估值倍数是未来成长决定的。创业板估值高，除了市场炒作外，高成长也是高估值的基本推动力。

如果想继续学习，建议去上一门专门讲财务管理和分析的课，或找到你的数字合伙人！

中国的互联网行业，兼并收购风起云涌。这些市场大潮中成长的公司，最接受市场的规则。新一代企业家，把兼并收购作为企业成长或实现财富的重要手段。对初创的企业家来说，兼并收购貌似遥远，其实机会可能就在拐角处。越来越多的企业在创业三年之内就卖掉了或和别的公司合并。市场集中越来越快，美团和大众点评合并，携程收购去哪儿，优酷收购土豆又卖给阿里巴巴等。作为创业家，要把兼并收购作为企业发展的常态，作为你的管理工具之一，每天累了的时候就想一想，把公司卖掉是不是一个更好的选择呢？

>>> 第 **9** 课

马　斌：移动互联网时代的机遇和挑战

导师简介

　　马斌，男，1975 年出生，毕业于沈阳工业大学，北京大学 2004 级光华管理学院工商管理硕士（MBA）。曾服务于松下、西门子通信，2004 年加入腾讯科技，现为深圳腾讯科技公司移动互联事业群副总裁；北京大学光华管理学院 MBA 校友导师，中国互联网协会移动互联网工作委员会副主任委员。

2015 年的"互联网＋"的确带给了我们很多惊喜和机遇，而"互联网＋"到底带给我们每个人什么？我们该如何做？我们该如何将它运用到产业中？

我是 2004 年加入腾讯的，到现在 12 年了，一直在通信信息行业工作，因此见证并经历了中国的整个信息化进程。而在这个进程当中，从通信网络固话到语音再到数据，从互联网再到移动互联网，信息行业有了多层次的演进路径。为什么会有这么大的变化？而这些变化与每一个人息息相关，我们都在找转型、发展的路径。

一、从大背景来看：这是一个什么样的时代？

我们正在经历着人类历史上最重要的一次变革。为什么这次变革跟以往不太一样？

因为以往的每一次变革我们都是接受者，这次我们不仅仅是接受者，还是所有科技进步演进的见证者，甚至可能成为创造者。如蝴蝶效应一般，如果今天每一个人，在互联网上有一个创新的 idea，如微信、微博，都可能会引起全球的蝴蝶效应。任何一种创新都有可能在人类历史上创造出巨大的影响。

在这个重要的节点，原来所构建的所有秩序和规则都会发生变化。我们每一个人都能够成为社会变革的力量，进而推动社会进步。

这种秩序和规则的变革是因为创新而启动的，在这一时间点上，我们正好赶上了历史的窗口期，所以每个人最大的感受都是两个字——焦虑。为什么？因为信息来得太快了，我们每天被大量的信息淹没。

在这个人类历史最重要的节点上，我们应该如何去应对呢？

商界传奇比尔·葛罗斯（Bill Gross），全球债券市场主要操盘手投了两百多个公司，最终找出了"如何做好一个公司"的商业化规律：时机占 42％，团队占 32％，创意占 28％，商业模式占 24％，最后才是资本的力量占 14％。

二、天时地利人和很重要

历史给了每个人最好的机会，关键是大家能否抓住这个窗口期。雷军说："当风来的时候，猪也会飞。"除了抓住这个窗口期，其他要素都要有，如果没有，那就一定不能创业。我们在研究一个企业如何成功的同时，也要研究一个企业是如何失败的。这段时间有很多关于失败的案例，其中的教训大家都要注意，因为这些失败案例都是由真实资本砸出来的，这就叫血泪。

因此，当这些规律成为每个人的认知时，我们手里就有非常多的教义，帮助我们成长。

从中国互联网发展的历程来看：中国三大门户（百度、腾讯、阿里巴巴）一开始就是把线下拉到线上。阿里巴巴重新定义了售货方式，时间和空间的限制都消失了，所有售货的人都可以 24 小时随时随地在网上交易；腾讯让面对面的沟通限制消失了，变成了可以随时随地在网上沟通的形式；百度的信息检索，是把今天所有的信息做了排序，进而完成信息搜索。小米就是用硬件再加上线上融合，硬件＋软件＋服务，京东是线上统销统购并一天四送加服务。

从三大门户到小米、京东，都是把所有线下的内容搬到线上，抓住了窗口期。但也有一家公司，在互联网 3.0 的时代到来之前就做了开始的所有事情，却失败了，在那个阶段，它做早了，就成为先烈了。因此，时机非常重要。

（一）中国最大的机会来自于人口和改革的红利

很多公司正在成长起来，但还有非常长的路要走。中国最大的机会来自于人口和改革的红利，在这个过程当中，谁把线下搬到线上，就抓住了这个窗口期，抓住了这个机会。

现在这个阶段，线上和线下的系统已经完全数字化了，并且谁先数字化谁就先强大，谁先数字化谁就先生存下来。我们这个社会已经全部数字化了，就像线下的 360 行，有 3600 个职业，未来会一一映射到虚拟空间，并且一一映射到线上。可以说数字星球的时代已经到来，数字化时代到来的标志就是线上线下的全部融合。

历史给了我们一个数字：20 年前市值排名前 15 的互联网公司，如今只有苹果一家，未来还会有很多公司，可能再过 10 年苹果就会消失了。因为历史上，任何一个行业，任何一个国家，都告诉了我们一个很重要的规律：生命周期的规律。每一家公司，每一个行业，都有一个生命周期。你进入这个行业能否把握规律、能不能占领制高点、能不能找到创新点才是最重要的，只有具备其中的关键要素，你才会成功，但成功不一定是永恒的，只有时代的企业，没有成功的企业。最终的成功是能否安全地退出，即在生命周期中能够成功退出才是最重要的，这就是时代的规律。

中国的互联网虽然发展起来了，但我们还有非常长的路要走，华为去年移动终端的崛起，是因为它在芯片以及供应链上做了很多工作，它赢在了供应链以及核心能力上。

因此随着数字时代线上线下的融合，更多领域，如能源技术、材料技术必须要不断创新，才能创造出更多有价值的内容，才能推动社会进步。

在这个过程中，中国的"互联网＋"实际上已经做了规划，如去年政府推出了行动指南进而连接生态。在这个过程当中，谁能够重新定义规则，谁就是赢家。在多次和政府部门做沟通的时候，我都强调：最终打败我们的不是某一家公司，某一个产品，而是这个时代的趋势。有一些产品我们可以不做，但是国外的企业不会不做，如微信等产品如果不是中国人做出来，海外用户都将用 WhatsApp/Line 的产品，损失的还是我们自己，所以最重要的是我们能不能把握这个时代的趋势。每一个行业都需要进行数字化融合，当线上和线下要进行全部融合的时候，这个阶段如果你不进化，那一定会被更高效率的公司所替代。

我们做线上线下融合的核心逻辑就是提升效率，为什么要提升效率？因为互联网就是把我们的信息透明化，所有信息的背后全都是数据。如果你的效率不够高，就一定会被更高效率的企业所替代。

为什么互联网会强大？

因为效率的提升。传统行业没有这个工具，没有这些方法，更重要的是没有想到。互联网最核心的逻辑，最本质的内容就是把所有的信息透明化，形成了最终的数据和效率。

我们看到了互联网的以下几个现象。

第一，移动智能终端快速发展。

在这个过程中，中国的人口红利是全球任何一个国家所没有的，正是因为人口红利，我们才能感受到中国互联网创新的蓬勃发展。

第二，将会有超万亿的传感器。

手机上使用频率最高的几款软件，第一个是微信。每个人平均每天花了四五个小时在上面，微信、微博占用了我们太多的时间，甚至在洗手间的时候都会用到，这些过程意味着我们日常当中的时间碎片化。手机应用端移动化，手机成为每个人身体的一部分。我们出行的时候，汽车成为了我们身体的一部分；在任何一个环境下，所有的硬件都有可能成为我们身体的一部分。华为在未来 2020 年的报告中表示：在地球 70 亿人口中，将会有一千亿台智能设备，它们都可能成为我们身体的一部分；

第三，将会有十万亿的数据。

所有的内容都会数字化，我们进入了数字化生存时代。在这个过程中，正是因为这些应用，让大家感受到互联网对现实世界的冲击。最终结果就是谁的效率高，谁才能在这个时代下生存下来。

第四，年轻代表未来，要了解他们的行为才可以更好地了解需求。

在机场经常能看到粉丝对明星比如李易峰、吴亦凡等的追捧，这种粉丝经济的诞生带来了巨大的利益。

粉丝的状态是什么？

我们进行了调研，发现这些粉丝对生活的状态，对文化的理解，对明星的追求和我们的理解完全不同。很多人认为微信用户增长了，QQ用户会下降，但事实不是如此。为什么？因为很多孩子不愿意和父母用同一款软件，这就是他们生活的状态。他们自己本身的生活跟我们想象的完全不同。

关注年轻人的成长变化，进而了解数字化生存背后的本质，可以更好地刻画用户的行为画像。

（二）互联网的本质没有变化，主体是人和物，本质是连接。

线下和线上进行连接，信息把人和物进行连接，当物体和所有内容通过传感器全部连接在一起以后，整个社会将全部数字化、数据化。而随着信息的透明，信息的背后是数据，数据又刻画了我们每个人的行为，一切的数据资产也就都可能成为金融资产。我们可以看到，在线下可以区分为金融行业、通信行业、制造行业，而线上的世界当中却没有行业划分，谁有需求，谁满足了需求，这个市场就是谁的。在虚拟空间里，谁能够最有效率地提升、满足用户的需求，谁才是最有价值的，这才是这个过程当中的本质。

企业和用户最终一定是有关系的，不是强关系就是弱关系，但很多传统行业跟用户体验没关系，这是最大的问题，这个要解决。

互联网本质的规律，首先是连接，线下连接线上；其次一定是规模；如果没有规模就谈不上互联网。在这个过程当中，你会看到，"收费—免费—补贴"，发展路径都是尽快要规模。尤其是互联网发展，是需要很大规模来发展的。因为互联网的规模经济能够带来边际成本为零的效用，而传统行业做不到。最后是速度。互联网加入了传感器，最终形成了物联网。物联网进化的最高境界就是心联网。最终把物质的连接完了以后，连接的就是人的情感，连接的就是人的心灵。这次 AlphaGo 与人类的围棋大战，就是人工智能和人类智能的比拼，你会发现人工智能因为没有情感的输入所以还无法替代人类的智能，只能是功能性替代。

因此，互联网从最简单的工具开始，最终发展到渠道，进而完成互联网信息的生态，将线上和线下十万亿的数据进行连接。从"移动网络—硬件终端—操作系统—应用服务"，我们看到了更多的发展，也能够看到整个社会效率的提升。

我们的时代进入到了快时代、扁平时代、娱乐时代、感性时代，我们的时代在发生巨大的变化。

在这个变化当中，有非常重要的一点：我们还是关注人性的本质，所以数据化需求是人性需求的具体体现。

其实人性的剖析就是人的需求的剖析。在这个过程当中，我们看到人性不同阶段的需求，我们把马斯洛的需求重新对应为三个部分。基础的都是物质需求，也就是荷尔蒙的需求；然后是心理需求，也就是多巴胺的需求；最后才是更高层面的精神需求，这一点全世界只有不到百分之五的人有这方面的认知和需求。

每个层面的需求都不同，在这里，所有的内容都是人性的诱惑和满足，同动物一样的需求就是荷尔蒙和多巴所胺驱动的。而人和动物的区别就在于人能够控制自己的欲望，而正是因为荷尔蒙和多巴胺的驱动，人性的认知包括傲慢、贪婪、懒惰、窥视、虚荣等等最终会在虚拟的互联网世界中重新刻画，也就带来互联网发展的驱动力。

这是一个看脸的社会，也是看重物质的社会，伴随着社会进步才能有更高的发展要求。在这个过程当中，人和人之间的关系也从没关系到有关系再到有强关系和弱关系之分，正是因为有关系，我们才进入了社群经济时代。

互联网经济又表现出另外一个现象：所有商业形态都是流量的导入、沉淀、变现，这就是核心的闭环。做什么样的内容才能提高这个链条当中的效率？其实一切产业都是媒体，一切关系都是渠道，一切环节都是体验，所有内容与其他的产品有没有差异化就成为关键。在这之后很多创新都源自于谁能够更高效率地提高我们的服务，可以满足客户更多的需求，一切标准都要以用户的需求为准。

任何创新都分为渐进式创新和破坏式创新两种。大公司存在效率与创新之间的矛盾，但是小公司的创新却非常多，我们怎么去融合？这就是生态体系的对待方式。任何的创业都在渐进式和破坏式创新当中切换，但决定性的是后者，不这样做肯定无法适应这个时代的变化，这个时代带给我们的趋势实际上是最重要的。

以腾讯的产品为例，我们做产品、做功能，颜值一定要高。张小龙在做微信"摇一摇"的时候，就是简单到无法超越，如同公理。所有体验的最高境界就是舒服。

如果我们做的产品，颜值高，产品的设计功能又好，又简洁，这样的话就一定能够满足用户的需求。

另外，所有的产品都在解决用户的痛点，再找到尖叫点，进而找到引爆产品的爆点。在这个过程中，大家会看到，我们在做的产品，最终都是在做人格化、拟人化。

产品要占领用户的心智，产品＋技术＋服务：要懂人（认知人），要拟人（模仿人），最终代替人（超越人）。

所以腾讯人的精品产品观是：

- 打造超用户预期的产品；
- 像追求心上人一样，死嗑自己，愉悦对方；
- 打造一个 100 分的产品，比几个 60 分的更打动人；
- 敢于郑重地在产品上签名；
- 打造充满人文和科技气息的产品。

这个时代一定要以人文和科技为基础，因为任何一个产品，都离不开它的两面性。

（三）从互联网到"互联网＋"最终融合的要素

从互联网到"互联网＋"最终融合的要求包括：

A. 产业演进趋势；

B. 技术路线图；

C. 关键要素分析；

D. 客户价值与关系价值评估；

E. 资源能力审计；

F. 关键路径；

G. 微生态构建；

H. 跨界协同融合；

I. 动态调适；

J. 持续迭代；

K. 自我颠覆。

有了这 11 个要素，再到市场、品牌、产品、技术、服务、渠道、供应链、资金、团队以及商业模式的闭环，这些环节的每个要素都不能缺。

任何一个企业的成长，只有在这些关键要素上都做对了，这种企业才能够成功，但只要有一个要素错了，企业就会倒下。

做转型也一样，如果你的大脑里没有这个基因，就一定要让有这个基因的人进来，如果你做的所有的内容都是照猫画虎，那一定会倒闭。这些是规律，我们一定要找到关键问题。

（四）关于人和企业的追求

人和企业一样，最终的结果还是用户价值的创造，进而完成价格实现，没有这一条，所有的价格实现都是暂时的。

怎么找到用户价值？

发现价值、创造价值、传递价值，是所有企业都要做的事情，但是在这个线路当中，有一部分是渐进式创新，有一部分是破坏式创新。

在这个进化当中，人不仅仅是完成自己的价格实现，更重要的是价值创造。否则，更高效率的内容来了或者更高效率的价值创造来了，你就会被这个时代替换掉。我们从人的角度来讲，长寿、富贵、康宁、好德，最重要的还是善终，我们每个人都思考一下墓志铭就是自己的愿景和目标，以终为始才能最好地完成人生的生命周期。

每个企业的愿景都是基业长青，当我们以终为始的时候，就可以非常清晰地定位：你是谁，你在哪里，你去哪里？这些路径和关键要素找出来之后，就可以看到我们的路径是什么，我们的定位就很清晰。

其实腾讯就是在做连接，因为微信和 QQ 完成了人与人的连接，现在连接的是生态。构建好之后，我们就推送给我们的合作伙伴，在上面做内容的连接，和合作伙伴一起成长，所以说半条命留给自己，半条命留给合作伙伴，共同打造互联网生态圈。在这之后的大数据模型，是所有行为背后的态度，包括人性、动机、心理，所以要打上标签，让行为数据化，最终结果才能够找到用户的核心需求，完成价值创造。

数字时代更要注重的是安全。2015 年一年，黑色产业链条已经达到了 300 亿元的营收。所以对我们来讲，我们要共同还击。在这个过程中，腾讯依托 17 年的大数据安全的能力，在云、管、端布局并和合作伙伴一起构建了一个安全的生态圈，同时也通过众创空间，把我们的基础能力、平台的能力开放给我们的合作伙伴一起使用，一起成长，一起肩负责任。

最后我希望我们在座的各位企业家，在移动化时代到来的时候，每一个人都能找到自己的定位，找到自己的核心能力，迎接移动互联网的浪潮。

第三篇　管理精研

>>> 第 *10* 课

张国有： 企业创新与战略竞争①

导师简介

张国有，男，1949 年出生，1973 年考入北京大学经济学系，1991 年获得北京大学经济学博士。北京大学原副校长，现任北京大学校务委员会副主任，北京大学国际经营管理研究所所长。中国企业联合会副会长、中国企业管理研究会副会长、中国企业家协会副会长、国务院学位委员会工商管理学科评议组成员、全国企业管理现代化创新成果审定委员会副主任、中国太平洋学会副主席、北京市社会科学界联合会副主席。

专业领域为企业管理。教学重点是管理理论和战略管理。研究重点是企业的全球战略和战略竞争力。研究的方向侧重于以跨国公司全球性发展为背景，以战略竞争力为基础，探讨企业在全球环境中持续成长的机制性问题。

个人主编丛书有"企业家实践战书""现代工商管理丛书"。同时独著或合著以下作品：《工业企业管理》《中国企业股份制的理论与实践》《工业经济管理》《中国私营企业经济管理指南》《中国企业管理百科全书》《企业管理》《怎样组建股份制企业》《中国企业管理方法大全》《中国企业的跨国经营》《国际营销》《生产经营》《怎样组建股份制与股份合作制企业》《中国工商管理全书》。

---

① 本文是张国有教授在北京大学创业训练营的几次专题演讲的内容。同一个主题，不同场合有些侧重点不同。成稿时，对语句进行了整理、增删，有些则做了背景上的说明。

今天和大家探讨关于企业创新与战略竞争方面的问题。企业创新是面向未来，战略竞争也是面向未来。现在，重点谈谈两个问题：面对未来发展，怎么在战略竞争中进行创新？怎么在创新中进行战略竞争？

一、创新，一个很小又很大的战略问题

创新很大，关系全局和未来；创新很小，一天一天一点一滴都在做，这个很大又很小的问题又与战略密切相关。2015 年有两件事大家比较关注。第一件事是第二届世界互联网大会 2015 年 12 月 16 日在乌镇举行。第一届大会对乌镇的发展来说是个创新，是个促进。当时策划师就在考虑，用什么样的机遇和节点，为乌镇的将来创造一个发展环境。把乌镇作为世界互联网大会的永久会议地址，是一个非常好的战略性思维。参会者的感觉，就是互联的乌镇、智慧的乌镇，同时在乌镇的夜晚，还能听到打更的梆梆声。千年历史的古镇和现代的互联网科技联系起来，是个很妙的创意。把中国的过去、现在和未来联系起来，把一个水墨画的地方与智慧城市联系起来，可以给世界很多的思考。同乌镇一样，在这个切面时间，世界各地，还有许多很妙的创意，还有很多战略性的思考涌现出来，将创新与战略勾连起来。

第二件事是我国的一颗暗物质粒子探测卫星于 2015 年 12 月 17 日发射升空。对暗物质的探索和数据分析将有助于发现新的能源，这是了不起的成就。过去，我们都是靠国外的卫星，使用别人得到的数据。现在，我国能独立地发射暗物质科学研究卫星，自己去收集数据，可以进行独立的研究，这是个战略性问题。美国、俄罗斯的物理界人士，对中国的这一举动和卫星本身的水平，给予了高度的评价，并表示将来愿意与中国在暗物质数据分析和科研上进行合作。过去我们求人家，现在人家愿意和我们合作，这里就有一个创新的问题，有新的东西、有实力，人家就会另眼看待。

有些创新，你必须到了一定的地步，或是积累到了一定的水

平才能实现，不但自己进行研究，自己往前走，而且能够吸引很多资源，为我们所用。在这之前，你想去筹集资金、集合人员，人家凭什么给你钱，人家凭什么到你这里来？你没有积累，你没有实力，人家不能分享。这一次暗物质科学卫星的发射，中国是令人刮目相看的。这说明你必须创新，一步一步往前走，积累自己的实力，然后才可以跟"先进"的别人一起研究、一起分享。创新就是这样，没有积累，光说一些道理和逻辑，虽有启发，但没有人会真正重视你。

创新，说大，它决定了一个机构、一个企业未来的发展方向和它将来的竞争优势。说小，任何创新都是从一点一滴做起的，是天天都在做的事情。光说概念，天天叫喊是喊不出来的。当你建立起一个规则和平台之后，大量的事务都是新的又是平常性的工作，在不断地完善中不断地走向成熟。在这个创新的平台上，一点一滴地往前走，战略地往前看，又踏实地天天做，这就变成创新的生活方式了。

世界互联网大会在乌镇举行，第一次开会是创新。从那以后，乌镇的智慧化发展就在一点一滴地做、在变化、在完善。十年以后会怎么样呢？大会在乌镇的举行就会成为常态，就不新鲜了。但在第一届的时候，前所未有，就是一个很大的问题。这个问题就是乌镇要不要走这样的路子，率先在中国、在全球把一个千年的古镇变成一个非常现代化的智能城市，这是影响乌镇将来的发展方向、发展定位和竞争优势的大问题。两届互联网大会，使乌镇的知名度大大提升了，很多人都想到那里看看。在那个地方，想问什么问题，想去什么地方，不知道怎么走，用手机扫一扫，什么都明白了。这些事情都要去布置，一根线一根线地进行连接，逐渐系统化。过几年之后，再去看乌镇，它将变成一个非常智能化的城市，变成古镇智慧化的样板。什么时候再有创新的大动作呢？这要看积累，看乌镇陈旧化的速度和新化之间的差异所造成的压力。

对企业也是如此，创新是一个很大又很小的问题。大的意思是关乎战略全局，小的意思不是无关轻重，而是一点一滴十分重要的积累过程。

二、创新和战略，总是面对三个趋势

将来大致是个什么趋势？看清这一点，对企业创新和战略竞争很重要。每个企业，由于产品、技术、市场的不同，所处的行业不同。面对的趋势千差万别。我们除去各种差别，除去行业之间、技术之间、产品之间、市场之间的差别，还有机构性质的差别等等，无论企业、政府、学校，甚至我们个人，都有三个趋势，我们要特别关注。这三个趋势大家都在经历，我要强调的是在战略和创新过程中，它们处于什么样的地位。

第一个趋势是"国际化与全球竞争"。企业从里向外走，是扩大优势的竞争，实际上是对别家企业的世界份额的挑战；别家企业从外向里走，实际上是对你的国内份额的挑战，对你来说，是保护自己优势的竞争。这对于创新而言意味着什么呢？意味着在无边界的情况下，考虑一个新产品、新技术、新模式的时候，除了想想国内规则、国内标准是什么以外，还要想想国际规则、国际标准是什么。你可能觉得，自己企业刚建立起来，还谈不上国际标准，能达到国家标准就不错了。这并不是说一定要企业马上达到国际标准、适应国际规则，而是一定要知道国际标准、国际规则是什么，差距有多大，扩大自己的视野，做些预思考。软件设计，可以根据统一的设想和标准，根据时差，在全球国家转着圈地进行。当太阳落山的时候，把继续设计的任务交给太阳升起的地方，一天 24 小时不停，效率很高。世界上大的汽车制造商，其标准和网络已经全球化了。客机的制造和标准也全球化了。美国波音公司把分散在全球的设计商和制造商整合成高度复杂和组织严密的合作系统，成功开发了"梦幻 787"飞机，形成"风险共担、利益共享"的全球协作模式，公司由传统的飞机制造商变为"大规模供应链集成商"。这个模式，对大精尖的产品的生产，尤其对成本、速度、质量的管控是个很有借鉴的做法。没有国际标准的考虑，没有国际规则的训练，就无法进行国际合作。人家进不了你的圈，你也进不了人家的圈的创新，迟早有一天，你就发现没有出路了。所以，国际化和全球竞争就在眼前，就在将来，你的创新不能不顾及这个趋势，不能不考虑国际标准、国际规则、国际习惯。

第二个趋势是"高科技与互联网络"。这个趋势首先考虑的问题是高科技的问题。航空航天我们发展的很有成就。高速铁路发展得也很快，这个领域集成了牵引动力、输电变电、路基路轨、信号系统、车辆构造等多方面的新技术。现在，世界上最大的国家有了最大规模的高铁，发达国家都感到震撼。连美国都感到再不发展高铁，都对不起美国民众了。中国正在制造自己的大型客机 C919，2016 年底就总装了。我们的"蛟龙号"可以在大洋深潜7000 米，世界上只有三四个国家可以做到。这都是大产品。你的企业的产品不一定都是大的，但无论大小，当创新产品的时候，要考虑你自己的产品是否集成了新技术、新手段？这个新技术所造的产品是否是用户所期望的？如果没有新的解决问题的手段，你的产品不但上不去，也进不了市场。还有一个问题是计算机网络、互联网、移动互联网问题。前一阶段，我去山东、江苏考察了一些淘宝村。淘宝村的情况，原来都是在材料上看到的，现在身临其境，给我的感受很深。过去一个偏僻贫穷的乡村，现在能够如火如荼地上网。民众的生活、村镇的面貌都发生了变化。这是由于互联网技术。互联网把这个偏僻的乡村与外面的城市、外面的省份、外面的世界连接起来，市场大大地扩展了。眼光大大地扩展了，原来不起眼的产品，销路一下子就大了。一台电脑加上一根网线，儿子、媳妇上网做生意，爷爷奶奶帮着看孩子做饭，连原来的婆媳纠葛也变得和谐了。这个互联网，改造了一个村镇，不但有技术，还有经济，还有社会关系。一家上网，别的村民一看很实惠，也参与进来，家家开网店。一个四百多户的村子，百分之八十都开了网店。低成本是它的优势，家店的生产技术比较原始。互联网的家户订单，带动了一个庞大的加工基地，例如、服装加工、家具制造等。这个加工基地的流程和管理与我们平时所看到的加工模式没有什么区别，区别就是互联网，加上成本低、价格低、个性化、物流快，村里就能出个产业。科技含量不多，但网上接单的规模很大。将来的问题不是规模问题，而是技术、质量、品牌、成本的问题。我们现在天天、时时都生活在互联网中，企业也在各种与网相关的技术发展之中。互联网、移动互联网、物联网、云计算、3D 打印、智能机器人、智慧城市、智慧企业等新的气象不断涌现。B2B、B2C、C2C、C2B、O2O 等电子商务的经营模式也在不断地逼着用户做出选择。这个趋势是挡不住也回避不了的。所以，当你的企业进行创新的时候，你要考虑有多大的科技含量，能不能利用互联网来营造和加强自己的竞争优势。即使起步阶段的水平较低，但是一定要知道以后的发展肯定和高科技含量有关，和互联网有关，否则，企业将越走越困难。

第三个趋势是"以人为本的可持续发展"。这个问题，大家一开始就会想到现在的环境污染，当下的大气雾霾问题。雾霾这个问题太严重，已经变成一个全球性的问题了。这就不仅仅是中国，而是许多国家，甚至全球都面临着地球环境恶化的问题。地球环境有自然问题，现在看来和居住在地球上的人的行为方式也有很大的关联。真正需要考虑的是以人为本的问题。什么是"以人为本"？对地球而言，以人为本；对动物界而言，以人为本。关键在于在什么环境中以什么人为本的问题。在一个企业，是以职工为本；在一个国家，是以百姓为本；在北大，是以学生为本。这些"为本"都是基本理念、基本关系，对管理者而言，这是不可动摇的。什么是"以人为本的可持续发展"呢？就是人离开了某些关键理念和关键行为，自己是要灭亡的。所以，人要考虑自己的存活条件，创造和保护这些条件，得到持续发展。企业也是这样。这里的关键因素是什么呢？第一是"生产"。对人类而言，生产很宽泛，但原始问题是得到食物的问题，当然还有穿衣、居住、交通工具等问题。但首先是吃的东西、入口的东西。食物得不到保障，人类要灭亡，人类无法持续。对企业而言，"生产"意味着产品、服务、利润，没有这些，企业就得关门。第二是"生活"。生活也很宽泛，但原始问题是人类的繁衍问题、生儿育女问题。不生儿育女，人类也要灭亡。对企业而言，"生活"意味着新人员的产生、接替和更新，没有新人接替，企业就没有活动。第三是"教育"。这个问题并不为人特别关注，教育实际上是一个与人类生死存亡相关的问题。教育的功能是什么？教育是将上一代人、上若干代人积累的知识和技能传给下一代，同时把当代创造的新知识、新技能也一同传给下一代，使下一代具有更合适的理念和规则，具有更强的能力，去处理现代的人与自然的关系、人与人的关系，以及去处理自我的问题。如果没有这种传授和创新，人们分析问题和解决问题的能力就会越来越弱，最终退化到跟一般动物差不多。这时人就消亡了。对企业而言，"教育"意味着对企业人的培训，是将解决企业问题的知识、手段、规则等一代一代地传下去。没有这些，企业就没有持续能力，存活就成了问题。

第四是"环境"。人的生存要有空气、阳光、温度、水、植物链、动物链、食物链等，这些都是人存活的自然环境。还有人文社会环境，要就业、要更安全的衣食住行，不要战争、不要动乱。哪里环境好，人们就愿意去哪里。广西的巴马是个长寿乡，世界闻名，那里的气温、泉水、阳光、磁力效应、食物结构、人的心态和关系等，都有益于身体健康。大量的人涌到那里，出现了新的问题，就是垃圾处理。如果环境不好，人就会离开，北京的雾霾就把很多机会送给了上海、广州、深圳。日本福岛的核泄漏，使那里成了无人区。万一有一天，人类把地球折腾到无法生存的时候，要么，人死，要么，转移到其他星球。前一段报道说发现了类地球的星球，这是人心底的期望。对企业而言，"环境"意味着社会环境，政府、媒体、研究机构、用户、投资者等都是环境。有的时候，并不是环境不好，而是被你搞坏了。破坏了生态，也就破坏了自己生存的环境。

当考虑创新和战略竞争的时候，企业要特别关注以上三个方面的趋势。这三个趋势提出三个问题：一是全球化方面，企业能为整个世界提供什么，而不仅仅是为本市、本省、本国提供什么。二是在高科技方面，企业提供的过程能不能强化科技含量，能不能利用互联网机制，这是非常迫切的问题。三是在可持续发展方面，企业能不能持续地进行培训，能不能特别关注环境恶化的问题，担负起环境的责任。三个趋势，创新要面对，战略竞争也要面对。

三、战略，下一周期创新的意图和构思

在未来趋势中，如何考虑下一阶段的创新？下一周期的问题就是战略问题。

我们先来界定一下"战略"，不清楚"战略"，就不明白战略竞争中的创新。战略是什么？一般人将宏大的、全局的、长远的问题，看作"战略"，小的、具体的、近期的问题，不看作是"战略"。现在仔细想想，战略，你能讲得清么？当你讲出来的时候，又不太像是战略。究竟什么是"战略"？我们不妨先从战争本源上去看战略的本性，战略来自于战争，先弄清本性，再延伸使用。

18 世纪末有个普鲁士将军，叫比洛，他把战略看作是在"视界和火炮射程以外进行军事活动的科学"，把战术看作是"在上述范围以内进行军事行动的科学"。其中的"视界"，是眼睛看得到的地方，眼睛看不到的地方就是战略。眼睛看不到的地方，还想在那里做事情，怎么办呢？那就凭以往的经验，依据预见能力和逻辑判断，设想那里的情形，考虑怎么办才好。很多事情，就是在不知道的情况下，通过预测预判来确定下一步要不要走。其中还说到"炮火射程"，这指的是什么？实际上指的是解决问题的手段。火炮打得到的地方，是可控的，是有解决问题的手段的。在有解决问题的手段的领域不是战略领域，而火炮打不到的地方，没有解决问题的手段的领域，才是战略领域。有人建立公司，经营往火星上移民的业务，现在正在训练像宇航员一样的旅游者。就此，你想做星际网络，地球到火星的互联网，这是意图，但不清楚怎么做，这时，你就要设想解决问题的手段。这个领域的状态就是战略状态。

还有一个将军，叫约米尼，是 19 世纪的普鲁士的将军。他说，战略是在地图上进行战争的艺术，是研究整个战争区的艺术；战术是在发生冲突的现地作战和根据当地条件配置兵力的艺术，是在战场各点使用兵力的艺术。这就是说，战略是在地图上指挥战争的艺术。这个说法也挺有意思。因为战争不能试，怎么进行战争布局呢？只能通过地图进行。想想地图的结构，有城市、村庄、

山脉、河流、道路、森林等，这是位置。位置之间有关系，前后左右，远近距离。司令官站在地图前，根据自己的意图，把自己的军队布置上去，进行防守或者进攻。第二次世界大战的时候，苏联跟德国进行对抗，双方的首脑和参谋本部，都把自己的力量，步兵、炮兵、坦克兵、空军等，部署在地图沙盘上进行演绎。你想怎么进攻，设想对方怎么反攻，来回进行布盘复盘，最后找到一个自己认为合适的方案，这是在做战争模拟。斯大林、希特勒、罗斯福、丘吉尔都有各自的意图和构思，至于胜负，只能在意图变成计划、大战打起来之后，才能见分晓。大战打起来之后，就不是战略了，是计划的实施。所以，战略在这里就是期望到达的位置和位置之间的关系，并对这些关系进行模拟演绎，从中寻找自己的竞争优势。如果企业的下一阶段是成为世界一流企业，这是个位置，根据这个意图进行因素、关系的模拟，最后得到方案。

所以，对战略来说，第一，下一个周期，基本趋势是什么？你的基本意图是什么？第二，为实现这个基本意图，你所设想的解决问题的手段是什么？第三，在这样意图和手段之下，你所要处理的基本关系是什么？第四，如何将上述各个方面集中在一起，协调起来，形成一个基本构思。这里，我们看出，战略的结果是构思，是方案，既不是计划也不是行动。

创新很大程度上从一开始就是一种战略，就是你在看不到的地方要干什么。小轿车，过去都是人在操纵，现在要无人驾驶，将来要淘汰，淘汰后人们坐什么？这是战略问题。现在许多国家还在大力发展核电站，核对人类终究是危险的，放弃核电后用什么去替代？将来靠什么取得充足的电力？德国已经立法，明确在2022年之前全部放弃核电，转向风电和太阳能。德国18座核电站已经停了9座。用风能和太阳能来替代核电，对德国而言，从技术、经济、社会等方面都没有问题，只要制订计划下决心来做就行了。所以，德国的由核能转为风能、太阳能的问题，是看得见摸得着的计划的问题，不是战略问题。

日本有个组织提出方案，设想获取电力的办法是使用大容量的蓄电池，建设分散型的用电社会。现在蓄电池很多，可以为手机使用，也可以驱动汽车，但要供给一个大社区，供给一个制造企业，目前还达不到。大容量的蓄电池还有很多技术问题要解决，还在做实验；成本问题、民众接受问题等，都有待于研究。这样来看，大容量蓄电池，有些能看得清，有些看不清，有的有解决问题的手段，有的还没有解决问题的手段。所以，日本的方案，一边是战略，一边不是战略。

美国的一个小组想出了另一个方案，想通过建设空间轨道电站的方式，从空间获得太阳能，转化成电力。这个方案遇到的问题比较多，技术可行性仍待检验，大概要十年之后才有结果。经济可行性主要是成本的问题，问题很大。社会可行性方面，因为牵涉到一些辐射问题，会遭到当地民众的反对。技术、经济、社会等，都有很多看不清摸不着的地方，所以，这个设想，完全是一个战略问题。究竟结果出来以后是什么状况也不知道，有可能成功也可能失败。

在企业，当你考虑下一个周期的新产品的时候，大部分问题都是创新问题。在战略上你要去问自己：下一周期产品需求的基本趋势是什么？你做这个产品的基本意图是什么？用什么手段去解决问题？期望做到什么目标位置？要解决的问题和要处理的关系是什么？然后把这些答案融合成一个整体构思。这个构思就是战略，就是下一周期的指导思想。如果有许多基本问题解决不了，那就一直处于研究和试验阶段，如果有些基本问题逐步解决了，构思就有可能变成规划。规划还不能具体执行，只有等具体细化之后，有了人员、资金、技术、时间段、标准、评价办法后，规划就成了行动的依据，说投入就可以实施了。

所以，我们把战略看成是一个意图，看成是下一个周期的基本构思，再往下发展才是规划、计划。前边所说的国际化、互联网、人本主义等，许多考虑都是战略性竞争的问题，都是下一个周期的事情。现在我们看到的现实的东西，产品、技术、服务等，都是前若干年战略的结果。过去的创新构成现在的优势，现在的创新构成未来的优势。从现在起，考虑下一个周期的优势是什么，你期望的优势是什么，它需要一种什么样的技术，都要进行构思。这样做，实际上，你是在策划自己的企业如何进行下一周期的战略竞争。

　　有的企业常常说要做一家百年老店，实际上是要建立一个长期竞争的优势，这些设想太远了。远的构思不也是战略吗？战略考虑的是下一周期，或者再下一个周期。太远了不行。我们一直在强调的下一个周期，比如说，你这个行业的周期是十年，或者五年，甚至有的是二十年，那你就考虑下一个二十年，下一个十年或者五年。如果能看得清楚，那就不叫战略，那就顺延到再一个周期，直到看不清楚的阶段，把这个阶段作为下一个周期来考虑。一百年，你把握不了那么长的时间，但可以把一百年分成几段，分段来构思。

　　IBM 公司，20 世纪 80 年代硬件是优势；后来发展软件，90 年代软件成为优势；后来接着发展一揽子综合服务，到 21 世纪初，提供一揽子解决方案成为优势；现在重点是将公司的综合能力为智慧城市、智慧地球服务等，这又出现了新的优势。IBM 的下一周期大致是十年左右，一个阶段一个阶段地做战略分析，这一周期为下一周期做准备。这样一来，就可以始终在下一个周期处于优势地位。如果每个十年你都是处于优势地位，那么，一百年你就总处于优势地位，有竞争力的百年老店的问题就解决了。从中你可以体会到，战略就是领导人在为下一周期构思产品和服务，设计解决问题的手段，设想处理各种关系，寻求有利的位置，实现持续发展。

　　现在，2000 年到 2015 年出生的孩子，生下来就玩手机，没有互联网就没法生活。当你考虑下一周期问题的时候，未来需求尤其是年轻人的需求是极为重要的方面。仔细考虑研究现在年轻人的需求，否则，你就无法理解，为什么 2015 年双十一，会有 921 亿的销售额？整个世界都会感到吃惊。你再去看看谁在购买，你能理解这些人吗？恐怕要用新的眼光来看。你可以说有些年轻人不理性，甚至狂热，但当它变成一种常态时，你就不能不去考虑。新一代成长起来，具有自己思维、理念和行为，在企业的未来发展中要对年轻人的需求给予特别的关注，要认真地思考未来互联网的发展、人的培养、教育和环境的塑造等问题。创新说起来很大，但就日常生活来讲，它又很小，是个不断积累的过程。

四、创新，源于三种力量的融合

创新是转化的媒介或者转化的桥梁，就是从现在往未来转化。我们一开始就说，创新就是转化未来，今天的创新就是未来。谁来创新？什么力量促使创新？通常说需要三种力量，发明家、企业家、投资家。但人们大多考虑的往往是其中一个或者两个。对创新来说，三个方面要能够结合起来，不但要有创意、有技术手段，还要有市场、有经营，还要有资金供给者，三者结合，才叫做有作为的创新。这三种力量各有自己的功能。

第一，发明家和创意。英国产业革命的时候，当初发明纺织机的人，不知道出来后怎么配置，怎么使用，怎么赚钱。怎么用怎么赚钱的事归企业家来做。发明者在实验室工作，非常聪明而且做了非常好的实验，有专利，但让他去经营企业，把专利变成一种市场的东西，会很困难。发明者出售专利，或者和企业家一起经营，专利入股，占股份。这时，发明家要看企业家有没有用专利赚钱的能力。谁有能力，我就和谁合作。

第二，企业家和经营。企业家的本事是经营资源去赚钱。企业家可能懂技术，也可能不懂技术，但企业家有眼光、有胆略、有经营方式，能把看起来不赚钱的东西搞得能赚钱。企业家看发明专利，主要看这个东西能否赚钱，如果能赚钱，我就接手。如果不能赚钱，那就再找下一个。企业家有钱就自己投，没钱再找银行。往往发明家和企业家结合起来，就能做成创新的事情，这就是技术与经营结合的奇效。

第三，投资家和资金。技术和经营结合需要钱，而钱从哪儿来？建厂房、买机器、雇员工、买材料所用的资金从哪儿来？如果企业家自己有钱，那就好；如果没有钱，就得找银行，找投资者。银行家、投资者可能是既不懂技术又不懂经营的人，但有资金，知道钱如何生钱、利如何滚利的门道。投资者给钱，要看两样，一个是看你的创意怎么样？你的专利价值怎么样，是不是能赚钱；再一个看是谁去经营，这个人、这个企业有没有赚钱的本事，自己投下去资金，风险有多大。所以，投资家要分析企业家的能力和发明专利的价值。

面临创新，你可能是三个力量当中的一个。是不是要做？你就要睁开眼睛去看另外两个。我们并不是说做每一件创新的事都要有三种人，而是说这三种功能、三种力量对创新是必要的。如果企业家兼投资者，就少了投资人，但投资的力量是不可缺少的。

当确定要进行创新的时候，确定要创业的时候，你的力量究竟是投向新创还是复制？这是战略性选择，需要好好构思。新创是从 0 到 1，产品或服务从无到有；复制是从 1 到 N，产品或服务从有到多、更多、更好。一般人们把对未知的探索，看做是新创；把对已知的改进和完善，看做是复制。新创领域相对少数、个别，充满风险。新创成功了，就进入复制领域，就会带来大量的就业。而复制领域的规模很大，有些项目复杂，有些简单。复制带动了大量的就业。在这个领域，许多东西是成熟的，大多可以复制。我们现在的高速公路及其公路，当初新创的时候，是从 0 到 1，现在到处都有，拿来就能用，这是从 1 到 N，不稀罕了。这套原本的建设模式和管理方式、规则，并非中国自己创造，但借鉴过来，建设起来，经营管理的还是我们自己。对于这样同一套设施规则，在中国、美国、德国，管理的效果不一样，因为管理的人不一样。

在互联网和移动互联网方面的发展，尤其在电子商务领域的发展，有中国人自己的创造。我们搞了很大的平台，很多的平台，创造了世界上从来没有过的这么大网域。问题在于我们能不能把适用的理念、规则总结出来，成为一套经验或可循的规律，不但我们自己能够复制推广，同时也能被世界所借鉴，这是我们需要做的事情。现在有很多国外的专家学者，喜欢把中国作为一个研究对象。我们做的很多，资料也不少，如果我们自己不能提炼出来，美国人把我们的大数据拿去研究，研究的结果是美国人研究的中国的规律，这种可能性是存在的。

互联网对现在的中国是一个非常有特色的东西。在大量复制性的创业中，有五个因素很起作用，一个是适用，一个是规模，一个是质量，再一个是成本，还有一个是效率。只要做到这些，创业大致可以赚钱。村镇淘宝，一家一户，平台不是你的，规则也不是你的，规模扩张就有赚头。我听到一则新闻报道，说"十二五"的时候，GDP 每增一个点，就能吸收一百多万人就业。五年过去了，眼下每增加一个百分点，能吸收的就业人数是一百七十万人。想想，仅围绕互联网建立起来的物流圈就吸收了多少人？这是在已有的基础上，做的大量的复制行为。如果要创业，那就要想想自己究竟要做什么，是新创还是复制？新创和复制，没有好赖优劣之分，都可以做。但一定要知道自己在做什么，改什么，将来的优势是什么。

对于新创，不确定性很多，其中有一部分是可控的，还有一部分是不可控的。不可控风险和新创关系密切，不可控风险关系到成功或者失败。一旦成功，企业家就大赚；一旦失败就亏得厉害。凡新创的为民众接受的东西都能推动社会的进步，一项技术可以推动一个企业，一种模式有可能推动整个社会的进步。复制可以维持社会的正常运转，而新创可以更多地推动社会的进步。无论新创还是复制，或者两者兼而有之，无论走哪条路，都涉及未来的战略竞争，涉及对机制的选择与构建问题。

五、构建创新机制：目标式的创新机制

创新的机制很多，今天，我们主要讨论两类：一类是目标式的，一类是随机式的。这是两种典型的方式。先看目标式创新机制。

目标式创新，就是创新有确定的方向、确定的目标，跟着目标，一直创新做下去。很多企业就是这样，做一种产品或提供一类服务，或者做一类软件，在某个领域中，不换花样，一直做下去。咨询公司本是什么业务都接的，现在也分类了，有的专做矿业领域的项目，有的专做制造业，有的专门做金融等。分类就更加专业，目标更明确，方向更明确，创新就在这个领域，越做越精，越做越有经验，有可能做成全球最好。这就是目标式创新的好处。

有个做目标式创新做得好的背景例子，就是美国波音公司。选波音公司做背景例子，是因为它的目标式创新很典型。尽管规

模很大，但它的创新机制对大中小企业，甚至是小微企业都有启示。波音公司的使命是做航空工业的领航者，它生产的产品门类比较多，其中一个门类是民用客机类。第二次世界大战前波音主要做军机。第二次世界大战战后，军机订货减少，生存有了问题。从 20 世纪 50 年代开始，波音开始增加民用客机的创新力度，增加市场比重。最开始研制的一款大型客机是波音 707 型客机，1952 年开始研制，花了 1600 万美元，1954 年研发成功，1957 年交付使用。707 的创新之处在于把活塞引擎改换成喷气引擎，将直式机翼改换成后掠式机翼，引擎不是安放在机头或安放在机翼的前方，而是四个引擎分别吊挂在机翼的下方。成本比活塞引擎飞机低，整个客机的操纵系统也做了明显的改进。707 的成功，在全球民航行业是个创举。

波音抓住民用客机，以此为目标，不断进行创新。707 生产出来以后，1956 年开始第二款客机 727 型的研制，1962 年生产出来。和 707 相比，又有了改进和新创。客机由三台涡轮喷气式发动机驱动，全部装置在飞机尾部，适应短跑道、高海拔机场的升降要求，部分零件可以与 707 互换。

1965 年启动 737 型客机的研制，1967 年生产出来。其新创之处在于小容量，适应短途、支线的客运。737 型自身后来也做了许多改进，加载客量从 100 人增载到 200 人左右。737 是目前波音公司所有机型中，生命期最长、销售量最大的一个型号。

与 737 研制的同一年，启动了 747 型的研制，1969 年生产出来，1970 年投入运行。和各型相比，747 新创的特点在于体积是707 的两倍，载客量最大，高达 500 余人，被称为"空中巨无霸"。双层客舱，四个发动机客机。开始大家都很担心，这么一个庞然大物，把它推上天，的确很难。不过后来造出来了，效果也比较好，但最开始买主比较少，因为毕竟客机挺大，各个国家的跑道都还没那么长，又遇上石油危机。从 1970 年开始没有多少人订货，飞机不能卖，公司就面临倒闭的危险。有人开玩笑在西雅图五号公路的旁边立了个牌子，说哪位同事最后走，请把车间的灯关掉，当初真是面临倒闭的危险。后来咬牙挺了过来。随着航运量的增加，危机过去，销售越来越好。一直到现在，747 都是非常好的机型。

747 投入运行后，隔了 8 年时间，到 1979 年才开始研制 757型，1982 年首飞。757 高科技含量更多，新创的方面，油耗降低，机体重量减轻；全世界高原、高温、短跑道、噪音限制等各种机场都可以起降；环保性好，符合国际污染物排放新标准。

在 757 型研发的同时，1978 年正式启动了 767 型的研制，耗资 15 亿美元，1981 年首飞。767 的新创在于双发动机、半宽体、双过道客舱布局、中远程；采用复合材料；使用先进的航空电子系统等。

767 投入使用后过了 8 年，1990 年启动 777 型的研制计划，1994 年首飞。777 型的高科技含量更新更多。新创之处在于长运程、双引擎、宽体双通道；全数字式电传飞行控制系统；液晶显示飞行仪表板；大量使用复合物料、光纤；飞行电子网络等。

787 飞机又是波音公司里程碑式的机型。2004 年开始研制，2009 年首飞。新创的很多，双发动机、宽体；超长程中型客机，可实现点对点不经停直飞航线；大量采用复合材料；低燃料消耗、低污染排放、低噪音；高可靠度；低维修成本；舒适的客舱环境等。例如，机体结构 61％碳纤维复合物料、20％铝、11％钛、8％钢；飞机重量减轻，比同类飞机节省 20％的燃料；更环保，释放更少的温室气体，起飞和降落时的噪音要比同类飞机低 60％；更卫生，具有更好的气体过滤设施，从而保证机内空气质量更佳；更耐用，与同类飞机相比，使用期更长，检修率要低 30％。被称为"梦想客机"（Dreamliner）。

波音公司的客机创新机制就是目标式机制。无论产品大小、企业大小，如果能守住一种，或者一类产品，在这种产品上不断更新，然后做到世界一流。德国没有那么多像中国这么大的企业，你到那里看，都是些中小企业，企业并不大，但做得精。有一次，我去德国访问一家企业，做激光打孔机设备的。前面是办公室，后面是工厂，全部工人大概四十人左右。它不大，但在这个领域不断创新，在这个领域能排第三、第四。德国很多企业并不大，却是全球非常好的。所以，企业不一定要大，但一定要是世界最好的。在这个领域、要保持领先的地位，就要不断创新。

坚持一种产品或一种业务一直创新、一直做下去，就需要这个产品或业务能有长期的需求趋势。如果需求两三年、十来年就没有了，那么坚持创新的平台就会报废。大型客机就是具有长远需求的产品，波音和空客一直在竞争。近十多年来，空客搞出了个380，大容量，能乘900人，填补空客系列没有巨型客机的空白。波音搞出个787，250个座位，点对点直飞，长航距的。两款客机的科技含量都很高，都很优秀。将来两家公司继续在这个领域创新下去，很有潜力。所以，创新机制是目标式的，就是对目标产品的不断地革新、完善，做到全球最好，就能赚钱。

六、构建创新机制：机会式的创新机制

再一个创新机制是机会式的创新机制。这种机制，没有确定的目标，但有实用性要求，随机遇进行选择。以实用为目的，实用就有需求，有需求就可以赚钱，赚钱就能生存。一个大集团，有若干个各种各样的中小型企业，每一个中小型企业的产品实用性非常强，都在赚钱。这里的关键是构造一个大家都能发明创新的环境，不在于有固定、明确的目标，目标是下属各机构企业去定，定了自己运转。产品是从需求中选择出来的，一年收入两三亿欧元的企业不少，做得非常灵活，非常赚钱。在集团中给它创造一个鼓励创新的环境，剩下的事由下面的人去干。

背景案例是3M公司，在多元化和个性化方面做得好。它最大的特点是不限制做什么产品，但给大家创新的机会、思考发明的时间和革新的机制。例如，规定工作时间的15％可以用来自主研发。那就是说上班的时间里有可以不务正业的时间，可以干"私活"，可以商量一些工作之外的东西。另外，到试验阶段没有试验资金的可以给予支持。支持个人从创意到实验，实现创意。公司还鼓励跨部门合作、科技共享。它主张有一个好创意，找不同部门的三四个人来商量。比如，你是发明者，专利所有者，你去找一个生产部门的人，一个财务部门的人，一个市场行销的人来，从不同角度来评论你的创意，看生产、成本、市场可不可行。海

尔做一款游戏笔记本，根据要求不断改进，需要生产企业的配合，可是生产部门觉得要求太高，做不了。但游戏的平台主，觉得你要是不能做，我就换。于是海尔又做了，做完效果非常好，生产的这个企业收获也很大，以后就更主动地配合用户的需求。有时候自己的产品在生产上有问题，但是你并不知道。所以需要综合多个部门，市场营销的人主要是给你提供市场方面的建议，财务部门的人主要看成本，看资金来源，这样可以让创意落到实地。所以，鼓励跨部门合作是个好政策。

新产品展示也是一个创新的压力，我曾经到微软西雅图总部去访问。当时，微软请了三类人：大学领导人、记者、政府官员。定期有个科技节，微软各地方的研究院、研发中心在这个时候要将成果拿出来展示。别的研究院有新成果，你的研究院没有，或者别人有成果你没有，这就是压力，一次两次没有还可以，时间长了，你自己就待不住了。给你非常好的研究条件，自由作息时间，待遇也高，但有个铁律，就是你必须出东西，出不了新东西就自己走人。3M 的新产品展示，也是这样的压力机制。

公司还有一个政策是鼓励新产品尽快推向市场。如果产品经过跨部门检测、试验等都挺好的，企业愿意出资金，帮助产品尽快推向市场。包括检测市场反应，成批生产，缩短产品从企业到市场的距离。公司还有一个绩效评价的办法，也是激励创新的，就是部门的销售额中要有百分之三十是最近四年的新产品创造的。百分之三十的销售额是来自于新产品，这就鼓励各部门不断创新，不能躺在原来的产品上吃老本。

还有一个就是对科技人才积极性的保护。人的升迁实行双梯并行。科技研发人员与管理人员，有时收入、待遇、升迁等，可能偏向管理人员多一些，科技人员工作不安心，就想转行到管理领域。这种情况，有时对研发队伍很不利。实行双梯并行，做技术科研工作的，同样贡献，可以得到和管理层一样的升迁速度，以及待遇和收入。最后一个是分红。就是让为企业作出贡献的每一个人都能享受到企业的成果，和企业的利益绑在一起，和企业一起成长。

3M 公司就是这样，通过一系列的政策和规定，构造了一个鼓励人们创新的环境。虽然整个公司没有一个确定的产品目标，但如果一个产品出来，这个产品的市场前景好，就会坚持做下去，根据需求也会做质量改进或者扩大品等。如报事贴，已经几十年了，还在销售，品种很多。机会式的创新，机制上是随机的，不知道下一个产品是什么，但一定会出新产品，这个产品一定是适应需求的。这和大型客机不同。它有固定的目标，就在这个上面持续创新。随机式没有固定的目标，随创意之机，随市场之机。3M 创造的环境不是行政的，而是经济的、心理的，让它不断出新东西，动力来自于机制的力量。

3M 的产品创新机制是长期沉淀下来的。技术创新的氛围和创新的人员多了，形成共振，产品就出来得快。它并不是要求你一定去做什么，只要求你有创意、有产品，进入市场。自己成立小团队也可以发展成一个小公司，自主经营，大企业就有了自己的孵化机制。现在的互联网时代，很多公司都这样做，企业鼓励自己的员工，做平台主，去创新，与用户挂钩，增加活力。但这样放松的、有活力的机会式创新机制在一个公司内究竟有什么结果，和公司自己的经营有关。将来的发展会怎么样，现在还不知道。有个公司，原来有八十多个部门，个个面向市场，活力很强。一位新的 CEO 上来之后，进行改革，将分散的拢成四块，对应技术、市场、政府、企业等。排列组合后震动比较大。原来各个部门知道市场、研发该怎么做，重新组合，临时无所适从，企业的市场形势令人不安。是业务分散，各部门直接面对市场，还是拢起来，集中面对市场，都没有一定好还是一定不好，还是要看企业的经营模式和历史的沉淀。3M 坚持的是一个实用的面向市场的创新机制，是成功的。

目标式和机会式，这是两个机制。有人问，这两个机制在同一个企业怎么办？能不能兼顾？小企业做机会式比较难，心中没数，让大家自由创意，资金有限，人员有限，难做。你只能集中做一件事，做大了再看。但大集团可以兼顾，大集团下面的子公司、分公司多，有的坚持目标式，有的实行机会式。在大集团下，两种方式可以兼顾。

七、创新体系：以产品创新为基点的延伸创新

以产品为基点往后延伸，形成创新体系，这就是产品—技术—管理—人才—团队—机制—规则—理念，这是一个体系。前端的产品及市场，很重要，是企业赚钱的地方，都很重视。问题在于你究竟要做什么产品能赚钱。比如，设计一个网站，通过网站去经营。那么，这个网站能为客户解决什么问题？不能为客户解决问题的产品，不会有市场。网站是要为客户解决订票难的问题，还是学外语的问题，或是买卖产品的问题。现在可穿戴产品多起来，你那个可穿戴产品能为客户带来什么？客户是否需要这个东西，在产品层次，解决客户需求问题。可以是一个物质产品，可以是一个软件、一项服务、一个平台等。但产品或服务的更新，要靠技术，靠解决问题的手段。所以，产品的创新来自于技术的创新，就是要用什么手段去解决新的问题。乘用车、推土机都是产品，它们的创新、更新，靠这个领域的技术进步。

技术的创新，技术本身不能进行，它所需要的人员、资金、信息资料、原材料、实验条件、专利等，都需要管理活动来进行组合。怎么能够把原本不相关的资源组合起来，组合起来之后，还要协调配置形成一种力量，这是管理的功能。如何组合更有效率、效果，需要管理上的改革和创新。所以，人们说，技术和管理是企业发展的两个轮子，要使这两个轮子转动的好，关键在人。有的时候，一个人领着一个团队走，一个人就能改变一个企业的面貌、盈亏、发展。我们到淘宝村，发现最缺的不是一般的人，而是裁缝、技师、有技能的工人。有订单，做不出来，这是人的问题。人才的实用性、及时性，以及人的能力、品德等都会影响技术和管理的效率、效果。人进步了，人的知识、能力更新了，技术和管理就会出现新的状态。

个人依赖于团队，再有能耐的人也离不开团队。历史上看起来是独胆英雄的人，背后都有不同的团队支持。人才能力的发挥和更新取决于团队的环境和动力。这跟球队里的球星和球员的相互关系很相似，团队不和谐、懒惰、不进步，团队中的人才就会离开。所

以，人才更新、创新的递升台阶是团队的更新、创新。

和团队力量相关的，除有人才聚集以外，还有机制。机制是什么？是团队中人和人的相互关系和相互作用。公共汽车上有很多人，但人与人之间没有关系。同一企业的人，进了企业大门，就知道自己的工作室在哪儿、怎么工作、领导是谁、同伴是谁、前后左右还有谁，这是关系，这里面有相互作用，有机制。过去我们曾说用民营企业的机制去改造国有企业，这是在所有权不动的情况下，去改变人与人之间关系。我们现在常说商业模式，商业模式内容之一是怎么赚钱。怎么赚钱也是一种机制，用这个机制能赚钱，用另一个机制就不能赚钱。用哪个机制更好，这要选择。所以，机制创新和团队的力量密切相关，通过机制创新来激发团队的积极性。

机制从哪里来？机制来源于规则，有什么规则就会有什么机制。比如说波音客机的创新和制造，有一套机制，这套机制来源于一系列规则。从设计、制造、销售、更新等，制订一系列的规则，依据这些规则，处理各方面的关系，客机就能顺利地制造出来。规则使用的时间久了，人们就会自觉地用规则去处理各种关系，慢慢地就建立起了发展机制。要改变机制，就要改变规则。要把民营企业的机制变成国有企业的机制，就是要改变国有企业里面的规则，规则改变了，按新的规则办事了，新的机制就建立起来了。

规则从何而来？规则来源于理念。理念是指导思想。你想到的、想做的，就有可能把想法变成规则。你想去西双版纳旅游，这是想法。何时去、怎么去、看什么、怎么回来，这是规则。你能看多远、看多宽、看多深，你就可能会有多远、多宽、多深的规则。对垃圾处理怎么认识？你能知道几个层次？就会影响你制订的规则到达什么层次。比如，垃圾处理的初级层次是填埋和焚烧；第二级是分类处理和利用；第三级是在源头上减少垃圾；第四级是能否不产生垃圾。你能认识和理解到哪一级？大家知道的，德国、日本、韩国的垃圾处理规则来自于管理者和国民认识。如果你只是知道填埋、焚烧、分类处理，那你的规则也就到此为止。如果你出国访问，看到人家的做法，你就会有新的认识，回来就可能考虑新的规则。日本、韩国是国民讲究清洁的国度，清洁卫生意识很强，特别重视垃圾处理。中国台湾在垃圾处理方面也走在了前面。那里装垃圾必须用垃圾袋，大小不同的垃圾袋有不同的价格，用垃圾袋收费的方式来支持垃圾处理。这是从理念到规则的过程，人的理念不同，产生的动力也就不同。理念认识到不产生垃圾比少产生垃圾好，就会在不产生垃圾上想办法，这个办法就是规则。所以，有什么理念，就会有什么规则，理念成了管理层级当中最高的一级。

这八个方面都是在创新过程中要系统考虑到的层级创新。这个体系中基础是产品创新，逐级往上，然后是技术、管理、人才、团队、机制、规则、理念方面的创新。从产品开始，越来越抽象，但也越来越重要。只有通过对整个体系创新的谋划和思考，最后落实融入到产品上，才能促动产品创新，使产品非常有竞争力。

将上述八个方面的创新分成两部分，一部分是"前方竞争"，产品符不符合市场的需要和用户的需求，要看产品的创新和营销、互联网的使用等，这非常重要。另一部分是除产品以外的整个体系，这些都归为"后方保障"，这包括另外的七个方面。从现实来看，前方比后方重要；从长远来看，后方比前方重要。创新是面向未来的事情，所以，就创新而言，后面的七个决定前面一个。如果没有后方整个系统的创新，前面的产品不可能有竞争力。就快餐店来看，中国也有大量的快餐店，但为什么麦当劳、肯德基很有优势？这并不是说我们单店的竞争力不行，有的单店我们做得相当好，与麦当劳没什么落差。但整体上讲，我们的后方保障系统相对比较弱。人家的快餐服务为适应中国人的口味，集中上百人的研究机构来做分析研究；建立培训机构成批地系统地培训管理人员；明确使命理念和规则，严格每个细节的操作等。这些后方工作，为一线的运营提供厚实的支撑。现代化战争也是这样，在地面部队还没接触的时候，战争已经结束了。现代战争，是三分之一打攻击，三分之二打保障。海湾战争时，双方单体坦克作战上区别并不明显，但美国的坦克上方有若干颗卫星为它服务，前后左右的情况看得清楚，这就知道谁有优势了。前方的攻击力量很重要，在攻击力量相等时，持续性要看后方保障力量。创新也是如此，产品和服务依赖于后方保障，将来的潜力也依赖于后方。我们今天在做产品的时候，要认真考虑后方的创新和管理，要深入到理念、规则、机制、团队、人才、管理、技术上去，去做一个综合性的有体系的创新思路。

八、滚动延伸的创新：三个问题的思考

从现在到长远，还有一个滚动式的机制，有个不断面向未来的创新思考。

第一，近期的供求矛盾。近期我们最关心的是供求问题，近期通常指一年左右的时间。近期，有时供大于求，有时求大于供。拿生产能力来说，当前的生产能量有时超过了需求量，有时需求量超过了生产能量。当前的生产能力，是若干年投资形成的，如果出现了求大于供，加班、委托加工等，都无法全部满足。这是五年前的决策造成的现在的结果，五年前本来应该上六条生产线，结果上了三条。这构成了今天的生产能力结构的问题。如果认为下一周期仍然是求大于供的状态，就要改变现在这个生产能力结构，现在就得考虑要投资。建造生产线是有投资周期的，现在开建，也得三五年后才能发挥作用。所以，近期的供求矛盾问题会转化为中期的结构问题，长期的问题是团队素质和团队文化问题，这需要八年、十年，甚至更长的时间来培养。

例如，企业需要向欧洲发展，进入法国市场。这就需要懂得法语，并懂得欧洲及法国的法律的人，懂得国际化管理的人。需要什么样的人才，现在就得培养；需要什么样的规则，现在就得拟定；需要什么样的机构，现在就得考虑设置等。规则确定之后，还要按规则训练团队，把规则、团队变成可以发挥作用的力量，这需要很长时间的积淀。将来用互联网机制和实体过程相结合，来从事新模式的企业经营，这样的转化也需要一个较长的时间。有时候改变的不是一项技术或产品，而是整个的团队。

滚动延伸的创新，要如何思考？这就是要同时考虑三个问题：近期供求问题、中期结构问题、远期人的素质和团队文化问题。今年考虑这三个问题，从产品、技术、营销和能力的供求矛盾，

设法去策划解决结构性问题，产品结构、技术结构、人才结构、能力结构、资金结构等。由结构问题想到现在要培养什么将来需要的人，以及组建团队、增减机构、设计规则等问题。今年的供求矛盾能解决，那就只是供求矛盾；如果不能解决，就转成结构性矛盾了，现在就得投入资源和精力，过几年见成效。过几年，当别人遇到这个坎，迈不过去的时候，因为你有准备就迈过去了。最后的问题，一定是归结到人的身上，没有人的能力和配合，一切都白搭。人要有什么理念、规则和激励机制，变成什么样的团队，现在就得开始做了。现在培养，将来需要的时候，一上去，就能干事，就能见效。今年考虑这三个问题。明年和后年也要考虑这三个问题，这样，把创新、产品和技术变成滚动式的延伸。这是从创新的角度，去考虑如果要想获得未来的优势，今天要做什么。而不是等遇到了结构的问题、人的素质问题后再去考虑。现在就得一步步去改革和新建，到了坎，才可以平顺过去。

有两个大的手机世界厂商，在发展上都遇到了从模拟制式转向数字制式的问题。一个就及时转制了，一个没有及时转制，没转成的就失去了订单，就陷入困境。其实，很多时候，大家都知道下一周期的发展趋势、发展重点或竞争的焦点是什么，但问题是谁能跟上去？都知道用户将需要什么东西，问题是谁能有解决这个问题的手段？都知道这个技术很重要，问题是谁能把这个技术最终变成产品？都知道产品很重要，问题是谁能把它变成一个可盈利的产品？都知道可盈利的产品能赚钱，问题是谁能有一个好的模式？所以，现在要做的准备，不仅仅是某一创新准备。

现在的创新是面向未来的，现在的战略也是面向未来的。现在所做的一切，都是现实竞争力向未来竞争力转化的一个桥梁。现在做不好，将来就没法做；现在不做，将来就更成问题。所以，我们把现在的创新与未来的战略竞争结合在一起，就能够知道在创新的时候我们面向未来应该考虑些什么问题，使我们更明确、更主动。

>>> 第 *11* 课

杨　岩：互联网的投资逻辑

导师简介

　　杨岩，男，1970 年出生，北京大学北大地球物理系学士、硕士（1988—1995），北大光华管理学院首期 EMBA 毕业生。现任北大企业家创投基金执行合伙人。

　　1996 夏，创办北京春元科贸有限公司，经营电脑销售业务；1999 年，创办北京春元时代科技发展有限公司，经营微软、甲骨文公司等国际知名软件企业产品代理业务；2001 年创办北京方正春元科技发展有限公司，公司从事政府全面预算管理与控制软件的开发、销售和服务，该公司于 2008 年被 A 股上市公司用友软件收购，为当年国内软件行业最大并购案；2008 年至 2013 年，作为自由投资人参与投资涉及互联网、医药、精细化工、新材料、旅游、影视制作等三十余家企业。

我今天想跟大家分享一些互联网行业演化方面的内容，让创业者对互联网行业有一个全局的了解，对自己企业的定位也有一个清晰的认识，然后再去找适合自己的突破口。今天我是从投资人的角度来分享，投资和创业其实是一个事物的两面，换一个角度思考问题，相信对创业者可以有更多启发。

互联网的诞生创造了网上的虚拟世界，打破了传统的社会关系，改变了传统的时空界限，对传统行业形成了挑战。互联网对我们最本质的影响是什么呢？是人们获取需要（包括物质和精神层面的）的方式被彻底改变了，打破了地域的限制和现实的藩篱，使获取资讯、商品和服务的方式从线下转移到线上，从而变得更加便捷。互联网特别是移动互联网对传统行业的颠覆，一方面表现在去中间化，让中间层变得越来越透明，把众多的小渠道演变成大平台，另一方面，由于产品服务的提供商和用户的直接对接，给及时改进产品和服务提供了可能性，产品可以快速更新，用户体验会更好。

互联网的发展使得传统市场的方式、方法失效，竞争空前惨烈，但同时也使新的创业者有机会弯道超车，进而赢得整个市场。如果传统行业跟不上时代的变化，就注定会被淘汰。任何一家成功的公司都是时代的产物，我们要顺势而为，在浪潮到来之前提前布局、做好准备，当风口来临时抓住机遇，屹立于潮头，成为一家浪潮之巅的成功公司。下面，我为大家介绍一下我对互联网业态的理解，并重点介绍几类当前典型的创业赛道。

一、互联网创业模式的四种典型业态

互联网行业经历了从终端到网络再到内容的普及，内容又经历了从资讯到产品再到服务的依次上网，产品和服务又遵循了使用频次从高频到中频到低频的兴起，一浪一浪往前推进，整个轮廓已渐渐明晰，最终演化为下面四类典型的业态，即：打造完整生态链的企业（简称生态型企业）、细分领域平台型企业、品牌型企业、工匠型企业，并且这四者呈现出相互嵌套的存在形式。未来最有可能的一种均衡业态就是：生态型企业下面挂着许多平台型企业和品牌型企业，平台型企业下面挂着千千万万的品牌型和工匠型企业。企业呈现出要么很大，要么很精的特点。

1. 以 BAT 为代表的完整生态链企业

互联网完整生态类企业，经过十多年的竞争和演化，是人们在虚拟空间基本需求的提供商，分别是百度、阿里巴巴和腾讯三家，它们把持着最基础的三大需求入口：搜索、购物和社交。它们处在整个互联网产业链的最顶端，也是最基础的部分。它们在形成基础需求领域的垄断后，逐渐开始打通上下游产业链，开放技术接口，让众多企业以它们为中心，依赖其成长，它们在互联网这片土地上起到土壤和空气的作用。这一级别的企业一般估值在数百亿到数千亿美金之间。百度公司的搜索就是人类信息高速公路的导航仪，是信息指南针。腾讯公司的微信和 QQ 已成为网上人们都要使用的沟通工具。阿里巴巴公司是电商的统治者，是网上购物消费的主导者，并且其支付宝也逐渐成为人们生活中最常用的支付工具。BAT 三家公司在这三大基础性需求之上构建起各自的生态体系，目前，京东、小米、360 正在努力谋求成为生态型企业。

生态型企业通过对基础需求领域流量入口的把持，不断向外延伸产业，在与消费者生活密切的多个领域做了产业布局，特别是几个使用频率较高的入口：出行、地图、视频、媒体、餐饮、旅游等，通过投资或收购的方式，都有控股或参股的企业，让大大小小的创业企业依附在他们的生态系统中生存。

生态型企业的主要盈利模式是通过给生态圈里的用户提供相关基础性服务来获取收益，相当于税收模式。百度给企业提供竞价排名，阿里巴巴给商铺提供排名和技术服务，腾讯给用户提供后续增值以及给企业提供基于微信的精准广告。它们靠生态圈内企业的成长来支撑起自己的生长。

2. 细分领域平台型企业

细分领域的平台是能够占领移动端的品类入口，一边连接消费者，一边连接产品和服务的提供者。当前在衣食住行、吃喝玩乐、教育娱乐、医疗健康、金融理财等生活的方方面面，已初步形成了平台型企业，例如，出行领域有滴滴、快的、Uber，餐饮领域有大众点评、美团、糯米、口碑网，出游领域有去哪儿、携程、途牛和同城，招聘领域有智联招聘、前程无忧和大街网，信息分类领域有赶集网、58 同城和百姓网，住房领域有安居客、链家网、搜房网和爱屋吉屋，地图领域有高德地图、百度地图和 SOSO 地图。从资讯到产品和服务每个领域都有属于自身行业的细分垂直型平台公司的出现。

这里的细分领域可以从两个层面去理解：行业的细分和人群的细分。不同行业的细分平台主要和各自行业特性有关，越是两边分散、高频使用和有规模交易的行业，其形成平台的可能性也就越大。而两头集中、低频以及总体交易量较小的行业，平台的价值就很低。平台模式最核心的要素是交易规模，一个行业的交易体量决定了该行业平台的最终价值。这也是为何吃穿住行领域更容易形成有价值的垂直型平台企业的原因。相比于细分行业领域的平台，针对细分人群的平台型企业近年来的发展趋势也日趋明显。所谓细分人群，其实就是锁定一类目标人群提供相应的商品和服务。比如针对孕妇和宝妈的宝宝树和蜜芽宝贝，主打中高端人群消费的寺库网和 Yhouse，定位于校园大学生借贷的趣分期和分期乐，解决陌生人交友的陌陌和秘密，专注互联网职位招聘的拉钩和主打蓝领招聘的橄榄公社等。相比于行业细分类平台，人群细分的针对性更强，不足之处在于体量有限。

平台型企业主要盈利模式有两部分：一部分是平台上完成每笔交易的利差或佣金收入，一部分由流量带来的广告收入。平台型企业和生态型企业都是互联网的渠道模式，一般本身不提供内容，依靠内容型企业在平台上提供的资讯、商品和服务来盈利。

在 PC 时代，流量入口被 BAT 和浏览器所垄断，留给草根创业者的机会较少。随着智能终端的出现，允许更多的应用以 APP 按钮的形式出现在屏幕上，给平台型创业带来新的生机，创业机会也出现了爆发性增长。

移动端的屏幕大小是有限的，人的大脑记不住太多的按钮，那也就意味着那些无法独立形成流量入口的低频平台，最终可能还得被收编到一个多品类大平台之下。如果细分领域平台型企业不能做到足够快、足够深，最后都往往经不起巨头的毁灭性碾压，这是此类创业模式的残酷之处。

从事平台型企业的创业，要注意以下几点：（1）形成一个品类：在用户的脑海中形成记忆，但既不能太具体，也不能太宽泛。（2）要满足消费者多样性与个性化的要求：一个平台挂两头，一头挂用户、一头挂产品和服务。用户那头供给的东西要足够多、可选择，而且能满足人们个性化的需要。（3）网聚的能力：平台两端低成本地扩展连接的能力。一方面满足用户的需求，另一方面具有整合资源的能力。（4）跑马圈地的能力：赢者通吃。互联网行业如果不是第一名，就很难生存，但不到最后谁也无法判断谁能胜出。（5）融资能力：互联网创业初期一般很难盈利，产品刚推出时普遍缺乏造血能力，而且互联网平台拼的是用户量、关注度，这些都需要借助资本的力量来推广，纯花钱，所以团队初期的融资能力相当于销售能力，非常关键。（6）指标：考察互联网早期公司的指标不是利润而是下载数、关注数、注册数、日活跃量、月活跃量、GMV 等。（7）团队的组成：管理团队，尤其是 CEO，最好要有互联网公司的从业经历，减少试错成本是创业公司成败的关键。

3. 品牌型企业

品牌型企业和前两类企业模式的最大区别是做内容。整个互联网的架构就是"连接＋内容"。生态型企业和平台型企业的核心是连接，而品牌型企业和工匠型企业是内容提供者的典型代表。消费者通过互联网选择商品或服务，其中能形成规模和口碑、有质量保障的提供商就是品牌型企业。在平台林林总总的供应商中，品牌型企业更能脱颖而出。这类企业的核心竞争力一方面是具有提供质优价廉产品和服务的能力，另一方面，要有塑造和提升企业品牌的能力。

从提升产品和服务方面，企业更多地要借助互联网和工业 4.0 的手段。工业 4.0 的本质是以用户体验为核心，借助互联网工具，全产业链来组织和优化流程，高效地为消费者提供质优价廉的产品和服务。市场上从来都是高效率打败低效率，互联网就是给敏锐的企业家提供一个提高效率的工具。从未来物联网发展的角度来看，也可以分为两类，一类是能形成终端连接的，像汽车、家居、穿戴领域的品牌；一类是无法形成终端连接的，像食品类、服务型行业。当前这两类企业的区分度其实并不明显，随着智能化时代的到来，能真正形成冲击的是前者，这些具备连接能力的产品将成为新的终端入口。而后者能做的就是通过打造品牌不断扩大市场占有率。

目前出现了一类创业企业，他们的创始团队对互联网工具能够熟练应用，强调极致的用户体验，擅长弯道超车，在一些传统的领域，迅速建立起新的品牌，像西少爷、黄太吉、韩都衣舍、三只松鼠、伏牛堂、雕爷牛腩、叫只鸭子等。还有一类创业企业，在传统行业深耕多年，对互联网带来的变革很敏锐，通过组建或者投资拥有互联网基因的新团队，也迅速建立起互联网上的新品牌。例如 e 袋洗，脱胎于荣昌洗衣，一个很传统的企业，但通过主动拥抱互联网，推出了互联网时代 O2O 模式的新洗衣品牌。

传统企业的优势是丰富的行业经验和成熟的行业技术，互联网企业对传统企业的入侵，主要壁垒就是行业经验。门槛越低的行业，互联网企业进入的速度就越快，传统企业的危机就越明显。存在高门槛的传统行业，互联网企业则显得力不从心。传统企业只需要尽快用互联网工具优化自身体系就能形成有效防御。因而简单地说互联网颠覆传统行业，这并不准确。目前通过互联网频繁跨界的基本上都属于低门槛的行业，而真正存在门槛的行业，互联网企业并不容易进入。传统企业船大难掉头，思维老化、包袱太重，都构成企业转型的不利因素，好处在于门槛越高留下的转型的窗口期就越长。

利用互联网塑造企业品牌的常用打法有四种：（1）找准目标人群，营建产品社区，消费人群粉丝化；（2）打造爆款产品，让利用户，带来流量；（3）瞄准整个市场，迅速推出，把价格打到最低限度，牺牲利润争夺市场，以市场占有率提高品牌影响力；（4）线上线下大规模宣传活动，通过高曝光，力求品牌的深入人心。

目前看来，生态型企业在当下创业的机会基本没有了，细分领域的平台型企业的大门也正在慢慢关上，未来更多的创业机会还在品牌型企业。品牌型企业的规模不容易做到像生态型和平台型那么大，但市场的容量足够大，允许在同一领域中有不同的品牌存在，是未来创业的主战场。

4. 工匠型企业

工匠型企业是指一些能够把细分领域的产品或服务做到极致，在产业链上起到难以替代作用的个体或小微企业。比如瑞士的手表作坊，日本的一些专门生产精密仪器和零部件的小型公司。工匠型企业和品牌型企业同属一类，都是内容型企业，有自己的产品或服务。相比于品牌型企业，工匠型企业规模更小，通常以个体户或工作室的形式挂靠在平台型企业或者品牌型企业的下面。

个体企业在传统经济时代已经广泛存在，像个体户、小商小贩、手艺人、演员、作家等都是不依靠组织的独立生存者，也可称之为自由职业者。互联网的出现，让个体工作者的形式的更加多元化，只要有一项技能、一门手艺、一群粉丝都具备独立存活的可能。平台模式的诞生更是让无论是体力劳动者还是脑力劳动者，在很大程度上有了成为自由职业者的机会，像物流快递员、专车司机、保姆阿姨、网络女主播等，使得人们从原先公司制的雇佣关系变成了分成制的合伙关系。另外还有像各类写手、码农、达人、专家、自媒体人、意见领袖、网络大V，只要在某一方面形成独特的技能，便可以靠着这项技能存活。

互联网时代释放了很多这种微型创业的机会，低成本、灵活、个性化。作为微型企业，它会存在于各个领域，并显示出无限的创造活力。此类创业模式未来会呈现普遍性和多样化。

工匠型企业就是这些小微企业的佼佼者，其特征是聚焦、灵活、扎得深。在德国和日本，随处可见留存着上百年的老店，靠着所传承的技艺存活。这种工匠型企业依靠在一个细小领域的精耕细作，会成为未来成熟商业社会最健康的组织细胞和基本形态。

以BAT为代表的生态型企业会日趋稳固，地位无可撼动，但从互联网三年一小变十年一大变的历史经验来看，未来还会诞生巨型企业。细分领域的平台型企业同质化竞争会非常激烈，必须迅速做大，不然会陷入无休止的竞争消耗，最终走向合并，进而形成入口垄断。滴滴与快的、美团与大众点评的合并，都印证了这一趋势。品牌型企业和工匠型企业的核心是"内容＋品牌打造"，对于内容型企业而言，没有品牌就没有未来。在不稳定且多变的互联网环境里，品牌型企业靠品牌建立商业稳定性，工匠型企业靠无可替代的手艺或技能建立商业稳定性。

互联网的不稳定性和商业的稳定性存在着根本性的冲突，这也是为什么进入互联网时代后企业生存的时间周期在缩短，一方面要面对环境不变时的同业竞争，另一方面要面对环境变化带来的颠覆性竞争，构建商业持久性的基础在崩塌。这四类企业的商业竞争力分别体现在：生态型企业——体量，平台型企业——深度，品牌型企业——品牌，工匠型企业——技艺。

二、互联网竞争的四个阶段

互联网企业之间的竞争一般经历四个阶段，分别为：起跑阶段、自由竞争阶段、市场清理阶段和垄断阶段。

一般来说，一种新的需求出现，一些商业嗅觉敏锐的企业家会率先发现和进入这个市场。这时，这个市场往往是一片蓝海，这个阶段就是起跑阶段。如果这个市场是真实存在的，并且有利可图，那么一段时间后，就会有大量的企业闯入，进入自由竞争的阶段，这个阶段的特点是同质化的企业大量存在，小、散、乱，竞争白热化。之后，第三阶段，在竞争中处于相对有利位置的企业，往往会背靠资本大树，率先发起价格战，主要的手段有降价、免费，甚至补贴，经过一段时间的价格大战，实力不强的企业纷纷退出市场。最后，第四阶段，市场的竞争者变为有限的几家，这些幸存者边打边谈，经过兼并重组，形成一家独大，最后达到市场垄断。

这反映在投资层面上就是越早期的项目风险越大，因为无法判定其是否能在后续的竞争中持续保持优势，而互联网一家独大的局面也意味着很多初创企业将纷纷落败。所以，成熟的天使投资机构通常会选择多处下注以对冲风险。

在起跑阶段，企业面对的还是一片蓝海，甚至不知道竞争对手的存在，是跑马圈地的好时机。而到了第二阶段，互联网的竞争特点就显现了，会有大批的企业涌入，由于都在争夺流量在边际成本上的临界点，谁能第一时间突破临界点，其后续的增速就会出现指数型增长。这一阶段的竞争是非常激烈的，往往面对的是相同市场的同质化竞争。如果在这一阶段能够保持市场的前三名，一般就会得到资本的青睐。

第三阶段是清理市场阶段，这时手握重金的主导者就会率先发动价格战，或免费，或补贴，不惜代价的消耗资本以达到给对手放血的目的，拖垮竞争对手。这一阶段的竞争基本上是肉搏战，一批资金实力不强的企业将被淘汰出局，最终，市场上剩下屈指可数的几个玩家。

第四阶段，这时整体的竞争格局已经明朗了，为了减少竞争，对手之间的兼并重组出现了，最后达到一种市场的平衡。互联网行业有个 721 法则，即市场的第一名，市场份额最终会超过 70%，第二名会在 20% 左右，第三名以后的所有参与者瓜分剩下不到 10% 的份额，这时市场才会相对稳定。这时市场的老大，就会处于垄断地位。所有的商业行为都要回归到盈利，只有处于垄断地位，才能成为一头现金牛，这是所有企业追求的最高境界。2015 年就上演了多起互联网企业的合并事件，例如，58 同城与赶集网，滴滴与快的，美团网与大众点评等。这是由互联网市场结构和盈利逻辑决定的，商业的本质是赚钱而非无止境的竞争。

这就是互联网企业一般要经历的四个竞争阶段，对于很多互联网公司而言，必须要在第二阶段处于领先地位，在第三阶段不被击倒，才能存活下来，最后要么卖掉、要么吞并对手，从而达到垄断地位。创业就是向死而生的过程。

从整个移动互联网创业的情况来看，更多的领域已经进入到最后两个阶段了，随着资本寒冬的到来，接下来会迎来前几年过度创业带来的倒闭潮。这个现象其实从 2015 年就已经开始了，2016 年将更加明显，越来越多的互联网企业会倒在路上，这是商业竞争的结果。

下面，我再列举几个当下热门的创业领域：电商、O2O、B2B和分享经济。

三、电商模式的发展与趋势

1. 电商的过去、现在和未来

国内第一波电商创业潮出现在 20 世纪 90 年代中期，8848、易趣、阿里巴巴、当当网、卓越网等相继成立，受制于网速太低、网络环境有限，无论用户数还是交易额都不上规模，直到 2003 年，也就是"非典"来袭的那一年，迎来了电商发展的春天。也正是那一年，阿里巴巴成立淘宝网，进军 C2C，并在同年 10 月，推出支付宝。而国外巨头 eBay 也在同一年以 1.5 亿美元收购易趣网。这一年电商发展有三大契机，第一，"非典"使得大家不敢出门，纷纷尝试选择网上购物，一定程度上培养了用户习惯。第二，物流行业的快速发展成为电商发展很重要的外部性条件。第三，支付体系的完善提供了网上交易的可能性。此三者构成了后来电商迅猛发展的基础性前提。

再后来就出现了第二波的电商浪潮，天猫、京东、唯品会、聚美优品、一号店、凡客诚品、苏宁云商等又一批电商平台兴起。其中发展势头最强劲的是京东，并且日益彰显出对阿里巴巴的威胁。

随着移动互联网的到来，又迎来了电商的第三波浪潮，主要是服务型电商（即 O2O）、跨境电商和社群电商得到了长足的发展。尤其是 O2O，覆盖到了 PC 时代电商无法企及的服务型领域，出现了一批涵盖多领域的 O2O 企业。跨境电商，主要分两部分，一部分是原先国内的大型电商平台的向外延伸，包括天猫国际、淘宝全球购、京东海外站，还有一部分是新生平台，包括小红书、网易考拉、洋码头等。而社群型电商也涌现了蘑菇街、蜜芽宝贝、罗辑思维等。

随着物联网时代的临近，未来的电商将更呈现精准化、多样化。比如未来当电冰箱变成移动终端的时候，它对冰箱内食物的监测是实时且长期的，就会自动对应被选中的供应商进行定期的商品配送，在选择和购买上，更为便捷和有效。可以看到，物联网时代的电商发展将趋向品质保障、数据监测和精准匹配。

电商作为互联网创业的主要形态，一方面是因为互联网作为渠道的直接性，另一方面是因为交易发生环节的直接性。前者表现为信息，后者表现为支付。电商的整体涵盖面很广，它涉及各个领域，因而给在互联网上的创业留下了大量的空间，整个电商的发展过程，本质上是把线下商业搬到线上并且逐步完善的演进过程。

2. 电商模式在未来的趋势

电商整体的发展方向和消费者需求满足的方向是一致的，谁能更好地满足用户需求，电商就会朝着那个方向发展。

从消费者需求出发去考虑，整个电商呈现从线上购物的便捷度需求到好东西需求再到情感需求的脉络发展。第一阶段满足的是新鲜感和便捷度，网上购物实现了对线下超市、商店购物的补充，人们在满足购物需求的同时更是在享受购买过程的全新体验，这一阶段的代表电商就是淘宝。第二阶段开始转向对优质商品的需要，不仅仅满足于购物本身，而更在意商品的质量。淘宝上的大量次品货物影响了消费体验，大量客户开始转向天猫、京东、唯品会这类品质型电商。同时也延伸出对海外商品的旺盛需求，随之而来的就有了洋码头、小红书这类跨境电商。第三阶段开始向情感消费、口碑消费转化，主要代表有蜜芽宝贝、贝贝网、大姨妈这类社群社区型的电商，不仅仅围绕购物，更在于对情感体验的满足和购物过程的分享。这三种消费心理需求是普遍共生的，不是谁替代谁的关系，而是呈现阶段性的趋势特征。

而从消费选择的难易度上来看，最困难的是综合性电商，其次是垂直型电商，而后是达人类电商，接着是品牌型电商，最优的是零距离电商。人的惰性使然，都希望在最快时间、最短距离选出称心的高质量商品。最麻烦的选择是去大卖场，什么都有，方便些但选择有限的可以去超市和商铺，更方便些就去品牌专卖店，再要方便些但更少选择的是专家、达人的推荐，接着就是随见随买的场景化电商，最方便、最省心的是指令型电商。现在还未最终成型的有三类：达人类电商、场景化电商和指令性型电商，达人类电商的核心是专家推荐购买，网红就是其产物。场景化电商是看到什么好就直接购买，谷歌预计未来百分之八十的流量都将是视频，年轻的刷屏一族会形成基于视频场景的购买，所见即所买，购物呈现分散化、场景化，当前主要还受制于技术操作的难度。最后一类零距离电商，现在有类似的产品，如出门问问和度秘这一类，但其功能整体还是有限，无法做到帮你匹配最精准的选项，但很难说未来会怎么样。从人的消费心理上看，这一类电商平台一定会出现，它根据指令进行消费的精准匹配，这就节省了选择的时间成本。目前标准化的产品已经可以做到，只是如何过渡到多样化的非标准产品还有待时间检验。可以确定的是，任何符合人们内心需求的模式都会出现。当然，不同需求之间可能存在冲突，因为人既有对便宜货的需求又有对好东西的需求，既有闲逛、自由选择的需求，又有便捷、省事、怕麻烦的需求，多种内在需求不同人在不同时间里是不一样的，这也就意味着未来会有多样化的存在。

四、O2O 模式的创业逻辑

O2O（Online To Offline）最通俗的解释就是线上下单、线下服务，第一个"O"解决的是信息，是营销，是导流，是拉客环节，第二个"O"解决的是内容，是服务，是场景，是接客环节。O2O 的创业热潮是伴随着移动互联网兴起的。它作为电商从产品向服务的延伸，填补了 PC 时代遗留下来的产业空白。O2O 的历史最早可追溯到 PC 时代的携程网和大众点评网。随着智能机的普及，移动互联网真正开启了 O2O 时代，其移动化和场景化特征使得消费便捷度大大提升，带动了各种 O2O 应用的普及。

当前 O2O 主要有两类，一类是自己拉客，自己接客，即自营品牌型 O2O；一类是自己拉客，别人接客，即他营平台型 O2O。要完成一笔交易，无非就是谁找服务和谁提供服务这两个问题。如果都是自己来完成，那就属于既提供信息又提供服务的自营模式。如果只负责信息匹配，不提供具体内容，那就是平台型 O2O。目前创业企业中第二类最常见，也就是平台模式。平台模式还可以再细分，一种是和门店合作，一种是和个人合作。前者如外卖 O2O、场地 O2O、社区 O2O，后者如美甲 O2O、家政 O2O、打车 O2O，前者更多是通过门店解决服务，而后者个人就可以搞定。

O2O 服务的实现路径可分为客户到店和员工到家，这取决于该项服务内容的具体特点。到店模式是传统的开店模式，只是店家在传统揽客的方式上，多了一个来自网上导流的途径。员工到家是 O2O 平台出现后的一种新模式，这类服务有三个特征，（1）个体能独立满足该项服务；（2）新增收益能覆盖中间物流成本；（3）消费者愿意为便捷度买单。到家服务是对到店模式的一种补充，并非什么都适合到家模式。对于客户而言，只有到家模式确实提高了服务体验并且性价比更高，到家服务的逻辑才会成立。

O2O 平台对消费者而言是有益的，增加了服务提供商的信息透明度，方便了消费者选择、比价、分享的需要。对服务提供商而言，增加了网上客流来源，也提供了对服务评价的记录，会鞭策服务提供商不断提高服务水平。

不管是哪个领域的 O2O，都必须要有形成独立流量入口的能力，不然不会有生存的空间。很多创业者盲目地认为什么行业都能 O2O，这只会越做越艰难。正常的逻辑一定是只有高频率使用且具备多样性选择的领域才可能形成独立的流量入口，低频的出路在于挂靠在一个大的平台里成为其中的一个品类。除了要具备形成独立流量入口的能力，O2O 对于规模的要求其实很高，因为是双边市场，买方和卖方会形成正向循环，所以规模不仅仅是交易量的概念，更是营销的概念，谁在第一时间奠定规模基础，谁就占有先机。互联网平台型创业只有第一，没有第二。

O2O 创业需要重视五个核心条件：（1）更好地满足人性需求；（2）存在为性价比买单的可能性；（3）对多样化、随机性的要求程度高；（4）具备独立形成流量入口的能力；（5）低价高频或中频高价，GMV 能上规模。

从 2015 年下半年开始出现大批 O2O 创业项目的死亡，原因不外乎两个，模式因素和竞争因素。因为前期一下子涌入市场的太多了，平台型企业的同质化竞争决定了最终存活的有限性，所以近期 O2O 企业大批死亡也属正常。

未来对品牌型 O2O 的争夺将在传统企业和互联网企业之间展开，相比于平台型 O2O 把连接和流量的获取作为核心竞争力，品牌型 O2O 更强调内容建设，核心竞争力在于提供极致的服务和体验。互联网企业虽然熟悉掌握互联网工具和互联网思维的运用，但对行业内容的深耕度则远远不够。传统企业则恰好相反，虽然对互联网有些陌生，但长期的行业深耕为他们积淀了行业的经验和技术。所以，互联网企业的门槛是行业内容，传统企业的瓶颈是互联网工具。短期看，拥有互联网基因的企业有优势，而长期看，传统企业加入互联网因素可能更具优势，因为对互联网工具的使用要比跨过某一行业门槛更加容易。

未来O2O的发展存在六大趋势。（1）高频领域形成独立流量入口，聚合成一个完整品类，中频、低频领域不断向高频领域靠拢，成为支流。（2）BAT合围之势越来越明显，基本上每个高频领域都已被三大巨头把住，很难有突围的空间，地图和微信应用号会成为最重要的流量入口。（3）平台型O2O的创业机会越来越少，进入兼并重组期。（4）品牌类O2O未来还有机会，但互联网企业弯道超车的时间窗口有限，传统企业正在迎头赶上。（5）品类APP和地图入口将成为O2O构建使用习惯的两条路径。（6）O2O实现了消费和服务的的升级，未来的市场还将继续扩大。

五、2B 模式的创业机会与路径选择

2B模式的创业主要可分为SaaS模式（Software-as-a-Service，软件即服务）和撮合交易模式（即B2B模式）。前者主要从企业内部的管理服务切入，后者通过在平台上的交易来整合上下游供应链最终实现产业链的优化。

1. SaaS模式

SaaS是云服务的一种。国内从事Saas模式创业的现在比较多，代表公司有销售易、北森、Udek、纷享销客、快消总管、逸创云客服、明道、tita、环信、TalkingData、个推等。SaaS模式的切入点是企业管理的某项职能，通过管理服务来实现企业内部以及企业与企业之间的数据连接。这样做的好处在于当数据足够庞大的时候，就可以介入到企业的生产交易环节。因为只有介入到交易，才真正具备盈利的可能，光是降低企业内部管理成本、增加内部组织管理的便捷性，对SaaS创业本身只有用户覆盖和数据沉淀，并没有盈利环节。只有进入基于数据的整体性企业协同，

从内部的客户管理、人力资源、知识产权到外部生产流程、营销推广、产品销售，才能真正将 SaaS 模式发扬光大。SaaS 模式最终的价值是数据的精准匹配。Saas 模式的优点是用户黏度高，一旦使用就会形成工具行为的固化。缺点是没有清晰的盈利模式，用户增长速度太慢。

2. 垂直 B2B 模式

目前从事撮合交易的 B2B 平台型创业主要集中在大宗商品领域，在国内做得比较早也比较成功的像找钢网。之所以大宗商品适合做 B2B 平台创业，是因为它非常符合撮合交易模式的行业要求。并不是什么领域都可以复制找钢网模式，能做 B2B 电商的。首先是行业交易体量要足够庞大，否则就不足以支撑起平台交易，对于平台而言，规模的大小决定了它价值的大小。第二，上下游足够分散是 B2B 平台得以存在的前提。对于撮合交易平台而言，本质上就是信息流的汇聚、资金流的汇聚和物流的汇聚，只有两端在时间、空间、规模和发生频次足够离散的情况下平台才有价值。第三，供给方的产能过剩明显。为什么要产业过剩才会出现类似找钢网这类 B2B 撮合平台？这其实很好理解，当供不应求的时候是卖方市场，产品只要生产出来都能销出去，根本不需要有个中间层的筛选整合平台。产品稀缺时，渠道是没有价值的，只有产品过剩，渠道才有价值。第四，短期价格波动明显。大宗商品除了体量庞大以外还有个重要特点就是价格随时间变动，传统的一笔订单成交通常需要两三个小时，这期间商品的价格就有可能发生变动，而平台的出现大大缩短了交易完成时间，避免了价格波动带来的损失。第五，标准化程度高。商品的标准化程度越高，信息内容的完成度就越高，交易的中间环节就越少。

垂直类 B2B 平台模式主要有撮合类和自营类两种，自营类本质上是撮合类发展延伸的必然结果。几乎所有的 B2B 平台都是从信息撮合开始，因为信息流的汇聚是最直接也是最容易的。任何一个大宗商品领域的产业链都会拉得很长，中间存在多级代理。平台的切入点应该选择在批发商和消费商户之间，因为生产商和一级代理商之间已经无论在数量和强度上都不构成战略的选择方向，整条产业链的最下游才是平台介入的重心，再向上延伸替代中间代理商，和生产商直接发生关系，而另一端要延伸至最终需求方，最终打通生产方和需求方，形成交易的最短距离。垂直型B2B平台只有最终整合产业链并延伸至生产商和需求方的内部，实现基于数据的供销协同才体现最大价值。这也是为何找钢网在完成撮合型业务后转身直营和自营类业务的原因，它不可能长期为代理商服务。做成采购订单的入口，无限缩短产业链中的环节，实现上下游企业在加工、仓储、物流、金融的全方位覆盖才是它真正的价值。

未来B2B平台的竞争主要在三个层面。第一层是规模。任何交易平台模式，起量一定是最重要的。只不过和B2C模式不同的是，B2B的客户针对性很强，广告模式是失效的，精准的地推营销可能更适用。对用户覆盖率的争夺成为B2B平台第一个层面的竞争点。第二层是数据应用和产业深化。当双方交易量完成之后，对沉淀数据的应用就成为B2B平台的竞争重心，其中包括货物定价、SKU管理、产销联动等，也就是完成信息流之后，还需要进入到物流和资金流。这就要求下沉到周边产业服务层面，其中最重要的是运输、仓储和金融。围绕着主体产业来进行相应的配套服务，形成上下游之间完整的服务平台。第三层的竞争是在生态型平台层面，把平台延伸至和产业相关的各个领域，将平台打造成赋能中心，实现全产业链协同和联动。平台深入到产业的每一个环节，通过数据的传导和资源的匹配，最终实现全产业的效率提升。B2B平台的最终呈现方式一定不仅仅是卖货那么简单，移动时代产业互联网的想象力一定是基于数据的全产业联动。也就是说它不仅仅是一个交易平台，而是一个以数据驱动和信息交互为核心的产业管理和协同平台，整个产业最终会围绕一个中心来转动，而届时B2B平台才会真正变成全产业的生态中心。

3. Saas模式和垂直B2B模式的一致

Saas模式和垂直B2B模式未来可能会交汇合流，因为最终目标是一致的，一个是从管理到交易，一个从交易到管理。而平台化一定是集管理和交易的一体化模式。从目前来看，B2B模式比SaaS模式更具备投资前景，主要是因为前者的切入点较后者更为直接，也就是效益产生的明确性。而SaaS模式的创业不可能再沿用传统软件公司卖软件的方式，前期的用户量积累和产品的服务性能是考验此类模式的重要一环。随着使用的日益集中和传统软件服务商的侵入，SaaS 模式创业的时间窗口在不断收缩。垂直类B2B 模式还处于生长期，其主要的竞争来自业内，此类模式既需要对互联网熟悉也需要对传统行业有深刻的认知。两者的共同使命就是用互联网去连接传统产业，实现行业的数据共享、信息交互和产业协同。可以预见的是，未来的所有产业都将互联网化，产业互联网的推进路线主要有三种实现路径：一是传统企业的互联网内部流程改造，最典型如海尔、奥克斯、格力这类传统行业里的知名企业。二是传统产业内交易关系链的互联网改造，通过整合产业链优化产业结构提升产业效率。三是软件服务的互联网化管理改造，也即 SaaS 模式，通过共同的软件服务来最终实现不同企业之间生产销售的协同。

六、分享经济的三种形式

分享经济的概念是伴随着 Uber 和 Airbnb 的兴起而广为人知的，被看做未来最具潜力和想象力的创业方向之一。Uber 和Airbnb 也成为风头最劲的两家独角兽公司，长期占据创业媒体的头条位置且被众多商业教科书当成移动互联网时代的经典案例。

分享经济存在三种典型的形式，分别是资源的、社交的和生活的。最直接的表现形式是第一类，也就是对闲散资源的有效配置来提高整体的资源利用率。通过使用权与所有权的分离，来赚取收益，平台只承担信息匹配和交易撮合，不承担具体的交易内容。因而，所有从事分享模式的互联网公司本质上都是数据运营公司。

1. 实现闲置资源的有效匹配

与传统时代的租赁不同的是，互联网时代的分享经济无论在深度和广度上都得到大大拓宽。传统租赁基本上被局限在一些常规性行业，如房屋、汽车、机械设备，但分享经济的到来意味着任何领域、任何资源都存在被租用的可能，一台相机、一张沙发、一条长裙、一种技能甚至是一下午的时间，只要存在需要都有被租用的可能，互联网实现了对零散需求和零散资源匹配的可能性。各行各业、各个领域，都能看到有创业公司在尝试连接匹配的可能。租赁概念在行业波及的广度在增加。而在深度上，则体现在单一领域的供给方变得更加多样和个性化，传统租赁往往由中间商提供清一色的标准化服务，而基于互联网的分享模式让更多有闲散资源的普通供给方参与进来，提供多样个性化的服务，大规模的业务化。那么这里就会出现专业化服务和业余化供给的冲突，这也就意味着分享经济不可能无限制地发展到每个领域，对专业性的要求成为衡量分享模式能否复制的行业边界。

当前我们看到可以在交通、旅游、物流、餐饮、教育、技能、办公、导游、服装、金融、宠物、生活杂物等领域都出现了各自的分享经济平台。最典型如出行领域的滴滴、快的和 Uber，出游酒店领域的 Airbnb 和小猪短租。一个是把闲置的汽车连接起来，一个是把闲置的房屋连接起来，都实现了需求和资源的最优化配置。区别在于滴滴、快的实现的是对专业出租车的连接，而 Uber 实现的是对业余私家车的连接，由于开车这件事的专业化门槛很低、对随机性的要求高以及现实中不同地域、不同时段的需求量和供给量的不一致，这最终支撑起 Uber 模式，并且 Uber 还有效地将使用过程变成结识新伙伴的方式。滴滴、快的现在通过快车服务和拼车服务基本上也把私家车引入到供给端。可以想象，未来出租车行业的门槛极低，只要有辆车，会开车就可以完成接送，车辆的供给将不再是问题，而根据不同的人群，又会区分出专车、出租车、私家车三类不同的服务。酒店领域也一样，并非说 Airbnb 就可以把传统酒店给颠覆了，分享经济本质上不解决稀缺性问题，而只是提供另一种需求满足的可能性。Airbnb 通过引入更多的民居住宅以提供更加多样化的住宿服务。而对于房东而言，与其将房间闲置，还不如通过出租赚取额外收益。国内也出现众多此类模式的创业公司，其中最主要的有小猪短租和途家，两者存在房源上的区别。小猪短租更接近 Airbnb 模式，其房源主要就是一般的民宅，可以按间按日出租。而途家的房源主要是开发商未出售的房子和用于地产投资的房子，其主打旅游度假市场，更像国外的 HomeAway。物流领域有 Postmates、Canubring、达达、人人快递、罗计物流、货拉拉、快递兔、Uber Rush 和京东众包等。餐饮领域的分享经济模式国外的有 Eatwith、PlateCulture、Feastly，国内有约饭、爱大厨、觅食、回家吃饭、蹭饭等。出售技能的创业模式有在行、领路、SkillShare、靠我、八点后等，私家车出租有 PP 租车、凹凸租车，出租闲置车位有丁丁停车和停易停，闲置时间家教答疑类型 APP 如快乐学、爱考拉、答疑君等，宠物寄养平台有人人养宠、DogVacay、狗狗假日、小狗在家等，办公室闲置共享有国外有 Loosecubes，国内有马上办公等，游艇分享租赁有 Boadbay、PROP 和悠艇客，闲置私人飞机租赁有 Netjets 和爱拼机，还有像生活物品互借的"享借"和出租各类闲置生活物品的"租生活"，wifi 共享的如 wifi 万能钥匙和 wifi 伴侣。基本上各个领域都多多少少有分享经济的痕迹。

基于互联网的分享模式其实是在尝试着抹平专业化和非专业化的界限，让更多的供给方参与进来，将闲置资源转化为效益。是典型的搭便车模式，其核心点是零成本优势，反正闲着也是闲着，即便在不给钱的情况下，也不会有明显的亏损。正是基于这点，它必然呈现价格优势。分享经济的产生并非是因为供给端不足，它不是要解决稀缺性问题，而只是提供另一种生活可能性。所以其必然只会占有其中一小部分市场，而非抢夺整个市场，更多人还是愿意住在专业化服务的酒店而非选择 Airbnb。并且越是具备专业化的领域，此类分享型经济其实就越没有机会，只有在专业性不强的领域，才会有很大的机会。行业专业性低、零成本优势、基本的质量保证，是分享经济得以成立的三个条件。

2. 社交分享购物的兴起

分享经济的第二个层面表现在社交购物上。这个趋势已经越来越明显了，人们通过相互分享推荐来作为是否值得消费的衡量标准。分享不再是一种负担，更像是一种社交习惯，人们自然地去分享自认为好的商品或服务。相比资源层面的分享经济，社交层面的分享行为提供了创业新的切入可能，从单纯的商品销售转向商品分享，从单纯的服务消费转向分享消费。目前做美食分享平台的有美食天下、吃货网、图美食、美食杰、美食达人等；服装领域包括美丽说、蘑菇街、搭配网、堆糖等；旅游类比较典型如蚂蜂窝、Wayn、面包旅行、爱旅窝、爱由游；图片设计类有花瓣网、千图网、设计癖等；分享知识见解的有豆瓣、知乎、果壳。其他如爱库网、分享网、天涯、宝宝树、石榴社区、片刻网、High 社区等。随着分享成为一种社交习惯，它便慢慢变成了一种新的生活方式。

3. 作为生活方式的分享经济

随着社交分享的流行，分享经济也逐步推进到第三个层面，即生活方式上的分享经济。分享的不仅仅是资源配置方式，也不仅仅是购物社交的行为方式，最后必然演变成内在于每个人的生活方式。人们不再追求拥有，不再追求简单意义上的消费，更在乎对生活的享受和对他者的感知。未来每个个体都将更为自由，他们将把分享内化为生活本身，更多人会选择一种不断与人分享和不断被人分享的生活方式，看重使用权更甚于所有权，看重与世界的分享甚于个人的独享。一种新的分享主义的生活方式正在产生。各种各样分享经济的创业在某种意义上说，既是对年轻一代的暗示，也将最终构建起分享生活的基础。作为分享经济的商业和作为分享经济的生活，最后将相互促成。

七、BAT 格局下的创业机会

当前互联网领域的整体格局已经大致形成，BAT 呈现三分天下之势，随着其触角的不断延伸，几乎所有细分领域的平台都被收入囊中。巨头的逻辑非常简单，在完成基础性连接之后，凭借流量和资本不断进行横向和纵向的扩张。这也是生态型企业和非生态型企业在竞争层面的重要区别。生态型企业布局基础性连接，一旦这层连接完成，竞争优势就非常明显。非生态型企业由于不存在这层优势，就没法在流量层面展开竞争。

百度占领搜索入口，阿里巴巴占领购物和支付入口，腾讯占领通讯社交入口。三大流量核心入口全被牢牢把持住，然后各自在吃穿住行、文化娱乐、医疗健康、金融支付、本地生活服务等领域展开攻城略地。相较于 BAT 的一级入口，这些细分领域的应用属于次级重要流量入口。如此一来，BAT 基本上就把互联网创业的四类典型业态的前两类牢牢占据了，给创业者留下的机会其实是越来越少了，尤其是平台模式，被挤压到了边缘。

未来的创业机会还有哪些，如何避开巨头，就成为创业者必须思考的一个问题。能避开巨头只存在两种可能：（1）掌握核心技术，建立起技术壁垒；（2）把模式做小做深，形成单品优势。第一类属于技术创新，需要在关键性技术层面造成突破。对于投资者而言，这类创业公司极具投资价值，但同样突出的问题是极难评估技术研发的前景和盈利能力。多数创业公司可能更多是第二类，在一个小范围内将根扎得足够深。这里可以分为三种情况。

第一种是做垂直平台，不同于细分行业的是，它更多选择从细分人群切入，专门做单一人群垂直服务，目前大部分初创企业都是这么做的：像辣妈帮、宝宝树是针对 80 后、90 后宝妈群体的社区平台；像闺蜜圈、high 社区是主打年轻时尚女性的社区平台；像理财范、贷出去这类是针对互联网理财人群的社区平台；像雪球主要服务于股票投资者。这些公司都有个特征，那就是从社交性功能引申出工具性功能，从社区搭建入手，然后依次延伸到各类相关消费服务。这类创业模式的好处是对单一人群的挖掘足够深，能形成用户黏性，围绕各类人群的需求构建服务闭环，商品消费只承担其中一个环节。缺点是规模上存在天花板，不容易做大。

第二种属于品牌型企业或工匠型企业，此类企业的核心是打造优质且具备独特性的产品，靠产品汇聚流量。像黄太吉、西少爷、雕爷牛腩、伏牛堂、三只松鼠、3W 咖啡等都属于这一类，由于其品牌具备不可复制的唯一性，存在竞争壁垒。创建基于互联网的品牌，打造出独有的产品，满足多样化人群的需求，是未来互联网创业很好的选择途径。

第三种是传统行业与互联网相结合形成的新产品，与纯粹互联网品牌不同的是，此类创业选择对传统行业的要求较高，不仅仅是将产品放在互联网上，而是实现互联网与传统行业的内部结合，实现产品的智能化。像当前的智能家居、智能汽车都属于这一类。互联网巨头更多是在平台模式上进行争夺，对具体内容的颠覆能力其实非常有限，再加上存在高行业门槛，互联网公司在短期内也不容易进入，因此这其中的创业空间可能是未来一段时期内最具备想象的，也是传统企业唱主角的最佳机遇期。

可以看出，巨头最容易攻入的是平台化、流量化、无门槛、靠砸钱就能完成的领域，而技术型、深度型、产品内容类的领域则都不容易被攻占。这也就是未来互联网创业的三个重要方向：要么在单一技术领域处于领先地位，要么在垂直细分人群领域扎得足够深，要么打造不可复制的产品和品牌。此三项构成巨头不易侵入的竞争门槛。

两类互联网创业公司的风险极高，一类是投机跟风型创业，第二类是缺乏刚才阐释的三种核心竞争力的平台型创业公司。互联网创业从终极呈现上来看，其数量是有限的。创业机会也不是均等的，与进入时间和进入领域呈现相关性，创业者应找到一个自己擅长的领域，在大风将起未起之时介入，并明确创业模式和打法，结合资本迅速做大。平台模式的竞争核心是连接，品牌模式的竞争核心是内容，在有限的资源下，快速聚焦的胜算率会更大，巨头毕竟是多区块运营且部门分割，从灵活性和积极性上都不如初创企业。

在 BAT 的垄断下，互联网创业大的机会已经不多了，但把创业内容做到小而精的机会其实还大量存在。将来简单的体力劳动会被机器人替代，简单的脑力劳动会被人工智能替代，未来人类不需要那么多时间来工作，而有更多时间关注精神层面的消费，影视娱乐、体育健康等，创新创意的内容大有市场。打造一档视频节目，构建一个社群社区，创建一个基于互联网的消费品牌，都还有很大的创业空间。另外，互联网对传统行业的改造，这也是未来一段时间内的整体性创业的机会。

除了互联网向传统行业下沉，还有个重要的创业趋势，那就是商业模式向技术创新转移。商业模式层面的创业容易被复制，转向技术层面的创新创业，难度更大，但持续性和想象力也更大。随着更多科研人员加入到创业大潮之中，技术层面的创新会进一步扩大，技术只有和具体产品相结合才能体现商业价值。这也更加说明了未来的互联网创业的风口正在从平台型创业转向内容型创业转变。

第 *12* 课

李朝应：创业融资的结构、流程以及热点
法律问题

导师简介

　　李朝应，男，1971年出生，北京大学数学学院理学士、北京大学
知识产权学院法学学士，北京大学法学硕士，加拿大渥太华大学法学
院法学硕士。

　　李朝应先生在美国竞诚国际律师事务所和加拿大 Gowling Lafleur
Henderson 律师事务所从事律师工作多年，曾参与创办博库网（Bo-
koo.com）并担任法律总监。2001年至2004年间，李朝应加入北京
天驰律师事务所做合伙人；作为创始人，2005年成为汉坤律师事务所
合伙人。李朝应专长于投融资和跨境交易，包括外商投资、并购、上
市、创业投资、私募和知识产权等业务，对相关产业政策、架构设
计、资本运营、财务安排、产业投资、项目运作等有具体、深入的了
解和丰富的实务经验。李朝应连续多年被钱伯斯、IFLR1000、Legal
500等国际知名法律评级机构评为私人股权、公司并购、电信媒体和
科技（TMT）以及医疗领域的顶级中国律师，同时被亚洲法律事务
（ALB）杂志连续几年评为"10位中国最有影响力的律师"之一。

如果说创业融资的过程有如登山，那创业者就大多是登山爱好者。登山的乐趣不只在于险峰之巅的无限风光，也不能忽略攀登的过程。作为律师，我们近距离地见证了中国以互联网为代表的最优秀创业公司前仆后继的攀登历程，我们希望用先行者的经验教训为当今的创业者绘制一张登山地图，让创业者通过这张地图了解创业融资的全貌。当然，看地图不能替代登山的亲身历程，也不能保证登山的结果，甚至经验不同的人可能从地图上看到的信息在深度和广度上也不尽相同，但是我们希望每一位登山的创业者都能早日看到这张地图，尽量少一些曲折，多一些远见，更顺利地翻越创业道路上一个又一个的顶峰。

一、融资法律问题解析

第一部分我们先介绍融资有关的法律问题。有些创业公司可能不融资也能赚钱，但大部分创业企业都要融资的。所以我们今天重点是讲与融资有关的法律问题。

（一）融资的基本流程

一般，我们把融资的流程分为五个步骤。

第一步就是前期接触，签一个意向；第二步，会做尽职调查，然后形成一个决策的依据；第三步就是综合考虑确定架构，因为要考虑这个公司是马上就上新三板，还是准备上创业板，还是准备做并购。我们会分析某个公司可能适合什么样的道路，那就可能在这块架构上再做综合考虑。然后就是谈判、签合同。最后就是交割，所谓的交割就是拿钱、拿到钱。

1. 前期接触，签署意向

我们在讲前期的接触、签署意向之前，想给大家介绍一下投资人的类型。投资人的类型，包括战略投资人和财务投资人。

有些创业公司会有同行或者是竞争对手来约谈，其实那也是很重要的一类投资人，有的是竞争对手，有的是所在产业的上下游，或者是这个行业里面的老大，这种投资者就是战略投资人。它们有资金、技术、管理、市场，还有人才的优势，它本身能够帮助你进行产业结构的升级，还有增强企业的核心竞争力，甚至可能直接就给你带单子、产品，还有长期的合作。在我们互联网领域里，最典型的战略投资人就是百度、阿里巴巴和腾讯（简称BAT）。因为它们三大家就是要钱给钱，要流量给流量，要合作给合作，甚至要人给你派人。这就是一个"傍大款"的思路。找这样的投资人，很显然省事很多。但是这一类的投资人也有一个缺点，就是站队问题。你拿了百度的钱，你就被纳入百度系了，可能腾讯的好多东西对你就不是那么开放了，阿里巴巴可能干脆就把你当敌人了。而且，你后面的发展空间不可控，可能会成为大公司布局上的一颗棋子。人家让你怎么走棋，怎么安排，你可能都不知道。当然，也还有一种例子，就是你保持了一定的独立性，你还可以继续上市。包括像腾讯投资了京东之后，京东还是发展得很好，也能独立上市。这是因为腾讯已经调整了战略，所有它所投的公司就只占20％股份，它不会去控制。但是百度的风格就不太一样，百度向来是要买过来，要合并报表的。因为李彦宏的风格就是他不喜欢去培养，他觉得你好了，你大了，我就直接买。去哪儿也独立上市了，但实际上，去哪儿上市后还是百度的子公司，百度是合并报表的。阿里巴巴是以上两种方式都有，阿里巴巴占股20％多的有很多，控股的也有很多。百度、阿里巴巴和腾讯这三家是典型的战略投资人。

第二种投资人叫财务投资人，财务投资人相对来说，目的就很单纯，就是以获利为目的，就是为了追求经济上的回报。在适当的时候一定要套现，一定要退出的。财务投资人更注重的是短期的获利，典型的财务投资人就是各种基金。很显然，财务投资人在原则上是不存在站队问题的，就是说你今天拿了红杉资本中国基金（以下简称红杉）的钱，不妨碍你再去跟各家合作。但是财务投资人确实是会给你压力，在一定的时候，比如说他投了3年、5年，他就会来找你谈，咱们得赶紧上市、并购，这个大家都理解，财务投资人的背后也有投资人（LP），它答应了别人要有回报。基本上5年到7年，或者说3年到5年，它是要退出的，是要给人回报的。所以财务投资人相对来说，在财务指标上对你的要求是比较高的，或者说对财务的控制、追求回报方面，是很明显的。要是 BAT 投的，很显然，它甚至不在意你盈不盈利，它是把你当一个棋子，站在它的整个战略布局上去，你十年不上市，它可能一点都不在意，因为它可能完全不指着获得你的财务回报。你可以去看百度，去哪儿的股票赚得再多它也不会卖，这就是这两类投资人很大的差别。

那么，这两类投资人在战略上的差别，就会使得它们在实践中投资的法律层面也是不一样的。比如，通常 BAT 给你投资，除了让你签一份投资协议之外，它还一定要和你签一份战略合作协议，这份战略合作协议包括：它要给你一些什么样的资源；你要给它一些什么样的资源。比如，你要是跟腾讯谈投资，你可以要求它给我在微信上开一个入口。大家都知道谁要在微信上开一个口，谁都能赢了。当然腾讯一般不会答应，现在也是很有限的几个它投的公司，才让在微信上开入口。

另外，在整个法律的操作当中，你可能也有更多的顾虑。如果竞争对手或是同行业的想要投资，你肯定很紧张，因为它很可能会跑来做尽职调查，把你摸个底，但可能最后它不投你了。要是红杉来找你，你肯定就没有这种顾虑。如果红杉来找你，跟你聊，你给它看什么它就看，就算看完它不投，你也没那么紧张，因为它只是一个财务投资人。商业目的不同，所以尽职调查的敏感性和风险的规避也不一样。而且，BAT 在投了你之后，在这个过程中还有好多别的法律问题要考虑。比如：你本来也比较大，两家公司如果要一投资、一合作，像 58 同城去买了赶集网，就需要进行反垄断申报。因为这两家干的事情都是比较类似的，用法律术语上讲叫市场经营者集中。很显然，如果一个基金去这么做，这个风险也是会低很多的。所以，这两类投资人最后操作的过程也是不太一样的，关注点也会不太一样。比如说 BAT 投你，它不太会关注财务回报，但是它会关注你拿了我的钱之后，不准再跟 360 搞任何合作，它会写在条款里的。如果你要卖给 360 的话，一定得经过它同意。

至于这两类投资人具体怎么挑，一般来说，有些创业者没有一个特别好的判断。比如：我现在该找谁的钱？要不要去站这个队？是不是在 A 轮的时候，只要拿腾讯或是阿里巴巴的钱，就万事大吉了？这确确实实是一个比较复杂或者很综合性的问题。首先，两类要都有，你要是一份意向书（term sheet）都没有，都找不到钱，那当然是生存第一，就是谁给钱就拿谁的钱。但如果万一你还是有机会可以挑的话，最好还是要多考虑一些因素，比如：你自己对战略合作伙伴或战略投资人的期待，还有你自己本身的想法、你的风格……这些都要综合考虑。做这样的决定不是这么容易的。正如我们在实践当中观察到的，如果你要是有机会挑（一般在早期的，至少是 A 轮），那么尽量不要站队。这是市场上大家公认的标准，你要在很早就站队了，可能会感觉在巨人的阴影下，自己独立发展的路就会受到一些限制。到了 B 轮、C 轮，或者是再往后，你可以再考虑站队。因为你自己的战略、业务模式那时也相对比较清晰。比如：你跟谁结合，拿谁的钱会赢得更多的合作，这个考虑的路径就比较明确了，那个时候，你就可以考虑拿战略投资人的钱。

这个没有绝对不变的规律，比如 A 轮拿了腾讯的钱又怎么样呢？当然不会怎么样。而且，对于 BAT 来说，因为它们不差钱，除非你的公司本身特别好，它们大部分时候也是更偏重投稍微更后期一些的项目。因为它们投的时候，看重的是战略协同性。

那么，具体考虑的因素，我们来整理一下，就是说你究竟如何衡量和选择投资人呢？比如说红杉资本给了你一份意向书，光速也给了你一个，或者说 KPCB（凯鹏华盈）、君联也给了。据我们所知，火爆的公司曾经有二三十份意向书放在桌上需要去挑。那么，要挑选的时候，具体有哪些标准来挑投资人呢？除了在 BAT 和基金之间挑选之外，在基金内部，就是在财务投资人里面，你也是要挑的。也就是要对投资人进行反向的尽职调查。这件事你一定要去了解，这些年随着 VC、PE 的火爆，市场上这些热门的基金报道和流传的东西也很多，每个基金是什么风格，哪个合伙人是什么风格，都要考虑，所以我们也把它整理了一下。你要考虑的因素有以下几点。第一，投资人负责你这个项目的合伙人，究竟是什么样的风格；比如，某个超级大牌的基金要投你，但跟你谈的这个合伙人可能刚加入，他也没有什么调动所在基金内部资源的能力，那么这个你可能要犹豫一下。第二，就是投资人的基金一贯做事的风格和方式，有些基金风格不是很强势，表面上是不太关注你的经营管理，由你来做主，它只关注财务回报，但是有很多投资人是很强势的。在董事会上，因为它有否决权，它一听说你进度不如意，经营业绩不太好，它可能就开始对你指手画脚，说希望你这样干，那样干。那么这个时候你一定要看你个人风格，是不是能够喜欢这样的投资人。有些人的风格是闷头做技术，反倒愿意将这些事情交给一个比较强势的人来替他操心；另外有些人自己就很强势，如果来了这样一个人，势必就有矛盾。市场上就有一些报道的例子，像俏江南，就曾公开过创办人跟投资人之间有很多矛盾，甚至在媒体上去炒作，这样的结局就不太理想，这就是因为当初没有按照一个好的标准去挑选投资人导致的。

另外，你也要看投资人能为你带来的整体资源，即使是财务投资人，除了给你钱之外，它也是有资源的。举个例子，比如像著名的红杉资本。红杉一贯的口号是什么？它投资的理念是什么——押赛道，而不是押人。所以，红杉是专注研究行业的，在电商领域，聚美、唯品会、京东，它都投了。老虎基金也是这样的，重复一遍它叫"押赛道，而不是押人"。有些基金不管你是做什么，它是投人，大家都听说过一个例子，徐小平投聚美时，聚美回报特别好，实际上他投聚美根本不是他的意愿，据说他也不懂聚美要干的那个电子商务。他其实是要投陈欧，之前也投过陈欧，做别的投亏了，陈欧也没钱还了。陈欧说我准备再创业，做电子商务，那把欠你的钱我转成新公司的股份，这就叫典型的投人而不是投股、投业务。这个跟红杉的"押赛道、不押人"的做法完全是相反的，因为天使投资人可能更看重的是人本身的执行力。所以说，我们在挑钱的时候，肯定不是谁给都行。当然，首先是你有机会挑，如果你没机会挑，好不容易碰到一个，有人给你钱了，那你赶紧拿。但凡你有机会去挑，你要学着去考虑这些东西。因为事实上，这个机会也是需要去努力争取的。比如，你觉得你愿意去拿君联的钱，那你肯定就是多找朋友、亲戚去跟君联多接触。所以，当你在决定往哪努力的时候，以上这些因素的考虑也还是有必要的。

再往下，基本上你和投资人谈得差不多了，你可能开始收到意向书了，一般内容就是会约定投多少钱，占多少股，具体的是借款，还是投资，还是可转换债。当然还会有一些其他的内容，比如信息披露、保密、投资人尽职调查，还有陈述保证，等等。但是所有的这些条款，都会是比较简略的。而且，一定要记住，意向书通常没有法律约束力，但有道德的约束力。除非尽职调查的过程中发生了一些变故，严格意义上来说就不会再变了。比如：你们初步定了意向书，投资人出 2000 万元，占 20%，公司估值一个亿，类似这些安排，原则上就不能再变。当然，在尽职调查过程中，发现公司情况跟原来理解的完全不一致，那也有可能会变，但是大部分不会再有大的变化。这个意向文件，应该说是一个商业条款的文件，它是把有关的商业条款的重点确定下来，然后作为制作正式法律文件的一个依据。但是它通常会比较简单，像 IDG 资本、徐小平已经搞出来了两页纸的意向书，比较复杂的意向书一般是七八页，现在甚至有浓缩到一页纸的意向书，其他的都是放到后面的正式交易文件里面再去落实。

2. 尽职调查

第二个步骤，签了意向书后要进入一个环节叫做尽职调查。其实，尽职调查的内容是很多的，我们法务会关注比如资产、知识产权这些东西。但是往往现实中，在尽职调查过程中，还会有财务尽职调查。如果大一些的交易做财务尽职调查，通常还会请一个专业的会计师事务所，或者是财务顾问公司来做。还有经营的尽职调查，也会请像麦肯锡这样的商务公司来做。技术的、产品的这些方面也是一样的。往往一些小的交易，就是基金的人自己去看了，所以搞基金的人、做投资的人往往他自己也是懂财务的，甚至懂经营。但是一般来说，法律的部分都是交给律师事务所。因为律师除了做尽职调查之外，后面还要做正式的交易文件。

尽职调查其实是有两部分内容。一是你自己的律师要对你进行尽职调查；另外，投资人的律师也要对你进行尽职调查。当然，你给的文件都是一样的，他就是给你发个清单，你把清单上的文件传过去。他们要这些文件的目的是不一样的。你自己的律师是帮你进行自我摸底、掌握情况，了解公司有哪些问题，然后，尽快把这些问题解决，等投资人来的时候，相对比较干净。最后，我们在正式的交易文件里还会准备一个披露函，就是披露我有哪些问题，比如，公司可能社保没交，那么，在正式交易文件里面，就会说公司的合规上有一些小问题，公司可能社保没有按规定去交。自己的律师，有时会在交易里要求出一个法律意见。如果是海外的架构，还会出一个开曼的法律意见。这个出具法律意见的过程中，你的律师肯定要对你进行尽职调查。

而投资人的律师做尽职调查的目的不是太一样。他做尽职调查更主要的是看你有什么毛病的，就是来"挑刺"的。所以一般自己的律师会早介入一点，先沟通公司有些什么问题，然后提出解决方案。这样，投资人在尽职调查的时候，公司的问题已经解决了一部分。毛病越少，获得投资的机会就越高。整个尽职调查综合起来，就是确保投资人掌握公司的真实状况，最后形成一个决策的依据，就是我这个会不会投，会不会出现致命问题（deal breaker），比如：本来这个公司大家都挺看好的，但是后来发现你这个产品有一个核心的专利，你这个专利刚好涉嫌侵权了其他公司的权利。那么你这个公司很有可能就出现了一个致命问题。那大家就会来探讨，我们要怎么去把它解决，是不是要赶紧去跟权利方补签一个协议，补签这个协议的代价是多少，他对你的经营有什么样的影响。这很有可能导致估值就要调整，看是降低呢，还是严重得投资交易做不成了。如果你本身能赚 1000 万元的，但是你的基础是依赖于那个专利，但是这个专利按照正常的市场去估值，可能一年付人家 2000 万元，那你这个案子可能就没人投了。大部分的交易正常情况下，如果没有意外，不会有太大的问题。当然，如果发现这些问题，只要想办法去解决就行了。

3. 确定融资架构

第三步，就是要综合考虑来确定投资架构。现在国内的 A 股、新三板、创业板或者是主板的中小板，多层次的资本市场，现在大家的选择变得很多了。另外，还可以考虑去中国香港上市，可以考虑去美国上市。所以，最后你要考虑你自己的情况，你个人的喜好，还有投资人的喜好。比如，你要是觉得你的公司一直会处于亏损的情况，没打算赢利，就要想上市，那可能去美国更好。

外资架构要考虑要不要搭协议控制架构（VIE），或者牵扯到你的行业是不是有外资管制。另外一种直接投资的方式，就是直接就找人民币，即纯境内的架构，就是我们国内的简单的增资扩股模式。所以需要综合考虑来确定架构。

4. 谈判协商，签署法律文件

第四个步骤，就是进行谈判协商，来签法律文件。因为尽职调查也做了，意向书也签了，架构也确定了，最后要形成正式的法律文件。当然，在这个过程中，我们开始可能会谈判，有些备忘录，有些会议纪要。最后，就是公司律师要准备披露清单，而投资人的律师一般会出尽职调查报告。然后在投资活动中设定一些交割条件，最后就形成一份投资合同，或者交易的文件。这个交易文件拟定的过程，有可能会有一些来来回回的讨价还价。比如投资人说，我觉得你这个案子不错，我也愿意投，但是我希望你再去拿到一个视频网络的牌照，我才能给你钱，这就是交割条件。或者说，我希望你们公司把社保都去交了，我再给你钱，这也是一个交割条件。那么这些交割条件都会列到合同里。最后签约之前要看这些条件，要去核对，都达没达到。需要提示的是，海外一些法域，比如英美法下，因为我们都知道海外构架都适用的英美法，它有些法律条款，有些操作的安排，到国内来用时往往不能简单地照搬，因为中国的法律跟海外的衔接上是会有一些不同的，所以要注意综合考虑。

5. 交割

最后，这些条件通过谈判协商达成一致了，合同签字，还要按照这个合同去准备安排相应的文件，也就是签署了之后就按照合同要求去准备，就进入下一步，要交割了。交割其实很简单，就会把投资合同里的条件整理一下，最后形成一个局面，叫做一手交钱一手交货。符合约定投资人就打款，最后就是拿到了钱。拿到了钱之后要再提示一下大家，有些投资人会在合同里与你约定你拿到了钱之后，还要继续干哪些事。比如，你拿到钱之后，要在 6 个月之内，要去补办一个外汇登记（如需搭海外架构），要去做一些安排，这些东西都是会写到合同里面，你在后面的经营当中，你就要开始关注。你的公司其实是已经拿了别人的钱了，也答应过别人要做一些事了，所以这个文件要注意看，这就是后续义务。比如，最典型的就是要搭海外架构，要办外汇登记，那么你要在 30 天内去补办。再比如，需要申请视频网络的牌照，人家本来是你办了牌照他才给你钱，但是通过谈判，投资人也同意了先把钱给你，但是你拿到钱了之后 6 个月内去办。当然，这个谈判也与投资人的妥协和你自己的强势态度有关，双方博弈之后形成的一个结果。但是，即使在你强势态度之下，放到后面了，如果你答应了，该去做的也还是要去做。

（二）常见的融资架构介绍

第二部分就给大家介绍一下我们常见的一些融资架构。常见的融资架构从大面上分为国内和海外的架构。我们会具体来介绍一下搭建架构的时机、架构选择时考虑的因素。然后，对于融资架构的境内、境外架构，我做一个分析，我也会给大家介绍一下境内、境外架构的转换。

1. 搭建架构的时机

搭建架构的时机问题，确确实实是一个比较复杂的问题。但是大部分的人，如果要是纯国内的，为了起步就赶紧先做一个公司的话，这个是很容易考虑的。有些一开始就搭建境外构架，比如，有很多的海归、留学生，他有可能一上来就是在 BVI 开曼，或者说美国，在上学的地方去注册了一个公司。但实际上他又是想回到国内来的。所以，他在创业初始就搭建了一个海外的架构。有的人一上来是在国内，但是他搭的架构是要融美元的，而且他要在互联网领域里创业，外资有管制，但又要去海外上市，也可能早早地搭了海外架构。但在大部分实践当中，许多人是不管三七二十一，先注册一个自己的公司就开始干了。在融资开始时，大家又会再次考虑，因为有可能投资人会对你提一些要求，我会给你钱，但是我可能只有美元，我没有人民币，我要投也是投到海外。那这个时候你可能又要考虑，把架构做一个调整，就是我们说的架构转换。比如要把境内的架构做成红筹架构（红筹架构就是指中国业务为境外融资设立的架构）。或者，有些你一开始考虑搭的是红筹架构，投资人会说，我只有人民币，我希望你赶紧撤回来，我投了你之后，咱们去上新三板。那这个时候，你就有一个红筹回归的问题。在实际融资中，可以调整构架，但是这时候去调，往往就会面对时间压力，会使得你比较被动。一方面你着急想拿钱，比如你们本来是一个内资公司，但是你们谈好了一个美元基金，你特别想明天就拿到钱，投资人也愿意明天就给你钱，结果为了搭架构，往往要花 3 个月到 6 个月。当然，如果在实践当中，投资人是真心实意要帮你的话，它也是可以通过过桥资金等方式给你钱的。最后实在不行，就是要调整做架构转换了。

2. 架构选择的因素

那具体要考虑的因素，第一就是创业者所处的行业类型，比如你是不是有外资管制的行业；第二，你未来主要的商业模式和技术发展模式，资本市场的估值和偏好是怎样的。第三就是创业者你自己个人的因素，比如你是不是海归，是不是留学生，还是你是在国内的个人。第四就是考虑到在整个投资过程中，你引进投资时涉及的政府管制、公司相应的牌照和登记的审批手续。第五个考虑因素就是你整个重组的成本，是不是要多注册一些公司，做一些复杂的架构上的安排，会不会使得你后面的并购、上市更为方便。第六就是时间表，坦率地说，缺钱的时候是很难受的，有可能下个月都发不出工资来了，时间表有时候也是使你要尽快确定某一个架构的安排。第七，就是因为税在整个过程中也是挺重要的，因为不同的模式，对你现在产生的税负和未来产生的税负都要有一定的分析。第八当然也是很重要的就是你的上市安排，你想在哪上市，你想有一个什么样的上市时间表。第九还要考虑的就是投资方的喜好。比如，有些基金的投资人，他本身就不懂英语，他看到公司、跟你谈的时候，他没想过，也不鼓励不建你去海外融资。有些基金一直是玩海外概念的，它不懂国内的，它不喜欢你在国内融资上市，所以说投资人对公司的影响也是蛮大的。

最后，就是投资者的退出方式。比如你的目标是做并购，你会盯着 BAT 的，坦率地说，如果你要是盯着 BAT 的，可能要有海外的架构，它给你钱也方便，因为它们都是海外的。不仅给你钱方便，你在税务上还有很多省税的空间。因为在海外做交易比在国内做交易省税的空间要更大。

3. 境内、境外架构的分析

具体来说，我们会讲境内境外两种架构。境内架构也有两种模式：第一种是纯内资，这就很简单，你办了一个纯内资的公司，然后你找了一个纯人民币基金，这个纯人民币基金给你投资，其实对你来说就是一个增资扩股的过程；第二种模式就是中外合资、中外合营的，你虽然在国内，但是你找的是外资的基金，而你这个行业本身也不限制外资进来，所以，你可以考虑用外资。这样你可能会有一个中外合资企业或者中外合作经营企业。海外架构同样有两种常见模式：①设立境外公司把境内原有股权结构复制到境外，境外公司再到境内设立了一个外商独资的架构；②就是搭建一个新浪模式的架构。

交易架构不同，会使得整个的交易步骤，还有交易的文件都不一样，而整个交易文件适用的法律、最后的时间表、涉及的政府审批，还有最后的退出方式都是不一样的。其实刚刚也都讨论过，包括你未来的税务的筹划也都是不一样的。

我们把这几种模式给大家简单地讲一下，境内的架构应该是在实践当中最常见的。就是你办了一家公司，跟境外没什么关系，你将来也是想在国内 A 股主板、创业板，或者说中小板上市。这就需要简单地签一个增资协议，然后有一个股东协议，改一个章程，就去公司登记机关（你所在的当地工商局）登记变更一下就行了。在这里往往会有一个溢价问题，比如当初你没什么钱，你办公司的时候注册了 10 万元，但实际上等到投资人投你的时候，你这个公司已经估值到一亿元了。比如投资人是打算给你投 1000 万，投资人可能就是说占 10％。那很显然，这 1000 万元如果都来占注册资本的话，你才 10 万元，那人家不是超过 99％股份了，你占不到 1％了吗？这时就有一个溢价增资的概念，就是它把它的1000 万中只拿出了 1 万多做一个注册资本，它的 1 万多除以十万加 1 万，它就刚好占 10％。大概计算出这么一个数，剩下的它的将近 999 万左右，这笔钱就计入资本公积，这就是在实践当中很常见的溢价增资的方法。另外，除了工商登记的那个章程之外，还有增资协议、股东协议等。在这些协议里面，会规定很多。很多在公司章程标准的范本里没有考虑的文件，你在这里要考虑。

关于境内的架构，我们举一个例子叫东方财富，它原来是做媒体的，后来介入到做交易。这个公司非常简单地一直保持在国内的架构，与境外没有什么关系，然后有投资人，就直接上市了。它的这个模式因为它是做财经新闻和金融资讯，然后它转化为做交易之后很赚钱，所以它就是通过这个模式在 A 股上市，搭境内建架构。再有一个模式，还是境内的架构，但它的投资方是从境外来的，就会把这个公司变成中外合资或者中外合作企业。它这里涉及的法律就不一样了，它要用中外合资经营法和中外合作经营法了，这样整个组织形式、出资方式，董事会的期限、权限，还有管理权利和人员的委派、利润分配都是不一样的，除了受《公司法》的调整之外，它还要受外资法规的调整。这种情形往往还多了一些特别的审批，除了去工商部门办手续之外，一般还要去当地的商务部门办一个外资的审批，因为在中国外资是受到政府监管的。

另外举一个例子，在 A 股上市的启明星辰一开始是红筹架构，它最后上市时有一个境外投资人，是一个中外合资的股份有限公司。然后，它在 A 股选择了上市，因为当时 A 股的估值比较高，它也是从海外的红筹架构翻回来的。它做的业务也是一些国内比较敏感的政府军队的安全业务。公司最终把海外的红筹架构拆回来了，返回来做了一个中外合资的企业，在国内把敏感的牌照变成自己的子公司，在国内上市。

前面这两个架构都是可以通过实施和安排在国内来上市的。国内上市其实大概目前是有三个选择：第一个是新三板，第二个是创业板，最后是主板，其实主板里还包括一个中小板。中小板的要求、指标和主板差别不大，这个就不具体讲了。新三板的要求，有三条：注册在中国的公司，有两年历史，然后有持续的经营能力。这个持续的经营能力指标很抽象，也是很容易达到的。所以最近新三板特别火、特别热，就是因为它门槛比较低，上新三板是比较容易的。通常上个新三板，大概花的中介费一般一两百万，而你所在的那个开发区或者政府可能给你 300 万元，所以很多上新三板的企业，本身还是赚了钱的。当然创业板和主板的指

标是没有什么实质变化的，2015 年以来国内的 A 股和新三板特别
火，所以很多企业都掉头，甚至把海外的架构都翻回来了。

再讲一下海外的这个架构，海外的架构分两种，一种叫做外
商独资（WFOF）架构，就是创始人设一个维尔京（BVI）公司，
然后 BVI 公司找了一个投资人，再一起设了一个开曼公司，再设
一个中国香港的公司，又设一个外商独资企业。这个融资就在开
曼公司层面进行。这样，它签的文件肯定都不一样了，签的都是
英文文件，包括股权认购协议、股东协议、章程，还有其他的一
些辅助性的文件。这些文件通常都是英文的。这种模式之前其实
也蛮流行的，包括中国互联网行业的很多公司，它们都是设计的
协议控制（VIE），很多在美国、在中国香港上市的企业，大部分
都是用的这种类似的架构。那会有人有疑问，为什么要搭那么多
复杂的架构？其实这都是一些税的考虑。比如，你个人一定要设
一个公司，再去持有上市公司的股票，因为你将来卖了以后，你
不用受外汇监管一定要把钱调回来。而且你卖的时候可以说是公
司卖的，不是你个人卖的，就不用着急交个人所得税了。至于说
为什么要加一个香港公司，因为香港到大陆来，有一个预提税，
有一个优惠，可以享受 5％而不是 10％。那有人说，我干脆就用香
港公司去融资好了，但香港本身又有印花税，所以中间又要有一
个开曼公司，所以这些道理都是实践当中做了很多的案例，做过
很多的比较之后给大家的建议。而且，BAT 上市也都是这么做的，
也不仅是 BAT，所有在海外上市融资、私募的企业，我们都是这
样给它们建议的，如今也形成了一个行业惯例了。在这个模式里，
如果创业者是中国人，是要办一个外汇 37 号文登记，然后在整个
过程里还要考虑关联并购等问题，此处不再展开。

再有一个模式，就是 VIE，也就是前面那个模式的变种，保留
了一个原来的运营公司是没有变化的，是没有翻出去的，保留了
内资公司。这个公司是持有各种牌照的。比如：互联网的视频牌
照、电信牌照，这些外资监管的牌照，这也是 VIE 的奥妙，当然
它海外签的文件都是一样。境内文件跟刚刚说的境内公司一样有
一些设立文件、资产转让、许可协议文件、劳动等问题的文件，
但它额外地需要更多文件，就是我们常说的 VIE 控制文件。大家

可能也听说过 VIE 叫协议控制，我相信之前支付宝这个事情之后大家可能也都关注过，就是说 VIE 是中国外资管制行业尤其是在互联网行业，包括 BAT、58 同城、唯品会，这些案子都是用的这些模式，使用 VIE 构架去海外上市，去融资。举个例子，阿里巴巴就是这么做的。大家都知道阿里巴巴是海外上市公司，实践中的公司要复杂很多，因为阿里巴巴的业务特别多。它有淘宝、天猫还有相关的一些别的业务，使得整个的业务形态和业务运营主体都特别复杂。淘宝和天猫里面都有两个外商独资企业，都有一堆的协议控制公司，当然还有一些其他行业的公司。阿里巴巴在海外上市还多了一个复杂的、比较有特点的安排，就是有很多报道的合伙人制度，这是它的上市文件里面都谈过的。因为合伙人制度，它确保了董事会一半以上人选是从阿里合伙人里面去指定的，现有的合伙人需要 75% 同意了，才能加入新的合伙人，也就是说加入新的合伙人要 75% 的老合伙人同意。

境外的架构我会多介绍一些，因为境外架构比你所处的环境要陌生一些。我们刚刚讲过，如果你是用纯人民币融资或者搭架构，大家都感觉到很熟悉，其实跟你自己去注册一个公司，再搞一个增资扩股也没有什么区别。但是到海外去，整个的流程就会有很多不同。因为要注册一些开曼 BVI，你可能会请一些秘书公司去帮你去设这些公司，然后你可能还要办外汇 37 号文登记，这也是中国外汇监管的一个政策，就是你到海外去再转回来，法律上叫返程投资，你要去办外汇登记。然后，本来你是一个中国人的公司，结果你还要去办一个外商独资企业，你还要考虑一些重组的规定，就是因为商务部十号令下的要求而设计。然后，还要做一些评估并购问题。整个的构架形成之后，最后还要签一份协议控制文件。很显然，你会发现搭一个海外架构的工作量比一个境内架构的工作量大多了，也复杂多了。一般来说，你要是搭一个海外的架构，整个安排下来至少要预留两到三个月；如果你要是搭一个境内的架构，搞一个增资扩股，快一点的话可能就一两个星期。你如果与当地的工商沟通顺畅，可能两三天就搞定了。

4. 境内、境外架构的分析

接下来，我们简单地介绍一下境内外架构的转换。境内外架构的转换是围着资本市场这个指挥棒进行的。如果海外火，把国内的架构调整到海外去；如果国内火，你可能把搭好的海外架构都调回来，像有的公司构架会调整很多次。

我们先给大家讲一下境外变为境内的。一般境外变成境内的，你就会考虑可能就不要海外的投资人了。然后，你把境外的架构装到境内来，那么要清退海外的投资人，你可能还要跟人家谈，人家可能还会要一些回报。那么，境内的架构呢？如果使用境外公司为主体去上市，你就要把整个的业务、主体再翻到境外。你也要到境外公司去当股东了。因为在中国上市的话，中国是不接受一个开曼注册的公司上市的，而且中国不会接受你是中国人却还在海外去转一个圈，把自己变成外资去上市的。在中国上市的，必须是在中国注册的公司。所以就牵扯到一个融资主体，你要有一个平移，要把结构拆了。举一个例子，东方道迩是一个已在 A 股上市的公司。一开始，它也是有海外的架构，非常典型的海外架构，也是设了一些 BVI 公司，下边有一个开曼公司，然后下面设了一系列公司。到了国内之后，它就开始把其他的股东都清了，把他们都买走了，然后，用外商独资企业，就是用境内公司上市主体，把在海外的都清退了，然后在国内去上市的。东方道迩现在已经是在 A 股上市的，这是一个清退的例子。最后就是形成了一个纯内资的东方道迩有限公司，然后就把这个公司变为上市主体，把道迩数字这些都装到这个里面了。当然它底下还设了一个日本的公司。这个案子你发现做下来之后就变成纯内资的了，就把海外的投资人都清退了，原因就是看到国内的市场不错，翻回来了。

启明星辰刚刚前面我们也都列了一下。它一开始也是这样的一个架构，也是一个典型的海外架构，但它翻回来是有一些不同的，它海外的投资人没有完全走，海外的投资人觉得这个公司还不错，不愿意走，所以它形成的是海外的投资人还在上市公司主体中持有一些股份，等于说它用的是一个中外合资公司去上市的。

紧接着，我们讲讲境内转境外。大部分人起家都是一个国内的公司，境内转境外，甚至说搭建架构，你要想去海外上市，或者去海外融资，搭建架构的过程本身就是会考虑去海外上市的打算。那么，你要去海外搞个持股公司，变成发行人，最后我们就会考虑设一个外商独资企业，然后有一个协议控制，整个过程就是将一个境外结构图加以落实的过程。总结一下，境内到境外，很容易的，相对来说，境外到境内，翻的时候是比较麻烦的。为什么呢？你境外搞得那么复杂了，就说明你已经拿到了某些投资人的钱了，那投资人的钱拿了以后呢，你又要把它清退，那势必牵扯到所有交易的合规性、公司业务的连续性等，包括与已经要走的投资人要有一个谈判。这里面处会涉及外资进入中国时面临的监管，举一个例子，现在上海自贸区是逐渐在放开的，像原来我们是要用协议控制的，最近上海出了一个新规定，就是说在上海做电子商务、数据处理、做 APP 应用商店的是可以外商独资的，那么这个对外资是一个利好。创业很大的一个热门就是互联网，互联网现在做应用商店，在上海自贸区是允许外商独资了。那这时，你就可以和你的投资人谈，现在翻回来，我可以用外商独资或是合资，合资就更没问题了，你的投资人还可以保留，这样就更容易一些。

（三）陈述与保证和投资人权利条款安排

第三部分，我要给大家讲一下，你跟投资人谈判的时候有哪些关键的条款。

1. 陈述和保证

陈述和保证条款，我打个不是特别恰当，但是很形象的比喻。其实整个跟投资人谈判的过程，就是赵本山演的那个小品《昨天、今天、明天》。你跟投资人谈判的过程，昨天就是陈述和保证，就是你跟他保证我的公司从注册到现在都是合规的、合法的等，这些都叫陈述和保证。陈述和保证整个管的都是昨天。今天就是你还要求我干些什么，一手交钱一手交货，之前我也都提了，它会给你一些交割条件，说你还要去做到什么，我就给你交货。明天做什么呢？投资人新进来了，它成为你的投资人了，它开始管你了，它会跟你谈好多的权利，我进来了之后，你卖股票，你要优先问我买不买。或者你要卖，我要跟着你一起卖。所以，如果你要看一个投资的安排，就是在围绕着昨天、今天、明天这句话来跟大家沟通和谈判的。

一般的陈述和保证，指的就是昨天，它不允许你有一些虚假的陈述和保证，如果出现了就构成违约。那么，你要怎么来解决这个问题呢？而且这些条款通常是不允许你来改的。它说你要改了就表明你有问题。这个最恰当的处理方式就是做披露函。你的律师要做尽职调查，你要去做一个保证，公司设立合法有效，公司没有出现任何问题，等等。但是你可以在里面加一个括弧，我们社保没交。这些披露了就是把我昨天的小毛病都跟人说了，就像你到商场买一个杯子，你默认的诚实和保障是这个杯子不会漏水，要是漏水你就可以去退货。但是有时就是掉了一块瓷，这个商场有可能就会告诉你这是残次品，我告诉过你了，你要确定买了，那就不退不换，这就叫做披露。你做了很多陈述和保证的时候，比如：公司依法设立和存续，然后要没有未披露的债权债务，还有也拿到了那些必要的授权，没有冲突等，这些都是投资人要求你做的陈述和保证。这些陈述和保证，投资人不喜欢你去删改，你每删一条投资人都会很紧张，它说为什么你要删这一条，是不是你背后有问题。所以，大家都达成的妥协或者说常见的解决方案，就是你去披露。关于税、资产、知识产权、员工，这些都是你要去做陈述和保证的，相当于与尽职调查的范围是一样的。所以投资人来投资一个公司的时候，它是多重的、全方位的保护，除了它去看、去问，雇了律师去看之外，它还要让你在合同里再陈述和保证一遍，它还要让你请的律师再出具一个法律意见，说这些没问题，这些都是加强它对自己投资的保护。大家也要理解，投资人要这么做，也是它能在基金内，按照合规制度，按照它的风控制度，按照风险控制原则，能把钱给你的一个步骤。投资人为什么能给你那笔钱呢？你看它都做了这个陈述和保证，我也请律师做了这个报告，它们的律师也给了我这个意见，最后就可以给钱了。所以，接着还是有其他陈述和保证的，例如，你所有签的合同，没有重大违约，所有你该披露的信息要告诉公司，对外的投资也告诉了，财务报表还有股本的结构等，就不用一一展开讨论了。总之，投资人会关注的这些内容，它都会要求你去做个陈述和保证。

2. 投资人权利条款安排

第一个叫做清算，通常投资人投创业型的公司，有基本的理论假设就是你是创业者，它出钱，你出力。如果亏了，没有关系，投资人认账。但一旦要亏了如果还有钱，投资人要把它先拿走。因为是投资人出的钱，创业者只是出力，你没出过钱。举个例子，创业者投了 10 万块钱，现在估值一个亿，投资人掏了 1000 万，创业者占 90％ 多了，结果创业者到第二天就说公司经营得不好，创业者要把它清算了。那这意味着，创业者白得了 900 万，是有这个漏洞。所以，投资人要有一个清算事件的优先安排。出现了清算事件，它可以先把钱拿走，而且还可以有一个回报，比如说高达两倍，甚至是每年有 10％ 的利息。它把这笔钱拿走了以后，还有权利跟你按比例分，这个很显然，跟中国公司法的规定不是很一致，不是同股同权的概念了。这就是清算事件，它是一倍或者几倍的补偿，这个就是投资人对自己的保护。

还有一个是股息，股息是什么呢？就是投资人把钱投进去之后，你每年要给投资人按照 6％、8％、10％ 这些约定给投资人股息，当然通常情况下钱不会真拿，投资人知道创业者钱很紧，投资人要这个的目的也是一旦有清算事件时，它就可以基于它投了这笔钱，它把这笔钱拿走一部分，每年还折一个 6％、8％，把钱拿走。

再有一个就是回购权，回购权也是中国的公司法里没有的一个权利，所谓回购权就是，我投了你了，如果你在一定时间内，没上市，或者是没办法并购，让我退出，那么我有权利要求你把我的股份买了，加上一个合理的回报，有时是要求公司回购，或者说要求大股东回购。也就是说我借钱还是要保本的，资本做投资往往是很贪婪的，它是要追求回报的，它是希望一定的时间之后，你要给它一定的保障。一般的投资人投了你之后，是希望三四年就你去上市的，你没上的话，它就会说，我要求你把股份给我回购了，让我撤退。

再有一个权利叫做股份授予，这就是我刚刚提到的。早期的公司，它不会跟你对赌，但是它有这个条款。这个条款有时候看起来也是很霸道的，就是典型的对创始人的股份开始要进行限制了。本来这个公司百分之百是你的，你融了一笔资金进来了，投资人占了20%，结果投资人说你那80%不能马上给你，你得干四年我才给你，你每干满一年我给你20%，你没干满走了，我就要把你这个股份拿回来。这个条款你听着是很荒谬的，对吧？就是说本来就是我的公司，反倒变成了你还要限制我，但是它有它的道理，它说你就是一个早期的公司，我也没办法和你设对赌条款，你不能把我的钱不当钱。它希望你在这个公司好好干，不能撤退了，因为它投的就是你这个人。如果你不在公司干的话，它就认为这个投资的估值要大大地打折扣了。这个条款也不是对所有的投资人、所有的基金都适用的。但是对于一些早期的公司，特别是公司的业务不是非常清晰，对人有不可调整的依赖性时，就会动用这个条款来保护。但是这个条款跟前面的对赌一般是不会并列用的，就是说早期的会用这个条款，对赌的会在中后期用。如果有投资人并列着用，那就是说它比较狠，相当于它左边也在管着你，右边也在管管着你了。

股份回购，跟前面刚刚讲的那个是一个意思，就是前面讲的投资人把你的80%股份先控制着，80%慢慢地每年给你20%，如果你要走了，公司要把你的股份以一块钱买走，其实达到的效果是一样的，但是这个区别还是有的。一个是说，本来80%是你的，结果投资人来了之后，你第一年只能拿20%，第二年拿40%，第三年拿60%。回购是什么概念呢？就是80%还是你的，但是如果你违反约定了，你走了，我要转出来60%，或者转出来40%，看你哪一年走。那在这两个模式中，很显然后者是对你有利一点的。这个就是本来我先拿着，如果出了问题我再给出去，前面那个是说，你连拿着都没拿着，等着你干完了再给。还有一个权利是投资人有优先认购权。这个优先认购权是很可以理解的，中国的公司法也是有的，人家作为一个投资人，比如说你下一轮想再融资的时候，它就让你先要来问我，我说不定还继续要投你，我先要投你的话就不要找别人了。这种权利，中国公司法也是有的，所有的股东都是有这个权利的。

还有一个，投资人会要求你这个创始人和所有的关键员工，签一个叫做不竞争、保密和知识产权方面的协议。关于这个，我的建议是创始人不用等到投资人来，最好是你创办公司一开始就签，这个其实不是为了保护投资人的，是保护你和投资人的，是为了保护公司的。公司在一开始创办时，特别是一些研发型的公司，知识产权非常关键，你要限制公司不能进入你的竞争对手那儿干，你也要限制这个关键员工，他干出来的知识产权都是要归公司的，而不是归他个人的。很多创业型的公司会说，我也请不起律师，我也不知道那么多东西，甚至有时候连劳动合同都没签，这些都有可能会导致很多麻烦。像有的就是公司高管出去了再办了一个竞争性的公司，如果你跟这位高管签约时这个条款，那么你就可以用这个条款。不过，如果有这个不竞争协议，你是要给别人补偿金的，你限制了他的劳动自由，他从你这走了，你还让他不能去你的竞争对手那里，或者是不能干一个跟你竞争的事，你要给人家补偿，但是让员工保密，让他把知识产权赋予公司，还有不让他挖公司的人，就算他离职了，他不能挖你的人，不能挖你的客户，这些都是可以写到合同里面的。可能我们创业者都是这样，我的事多着呢，要关心这个，关心那个，怎么会去关心这些事呢？但是你其实可以，像简法帮网站（www.jianfabang.com）都有一些格式的文件，你可以去拿来用，你跟每一个员工去签一份这样的东西是没有害处的。因为有些公司的员工走了以后，把你的客户带走了，他还天天到你的门口来挖你的人，那这对于公司损害很大。而这些你都可以通过签正规合同来有效地去制止他或者去追究责任。接下来我们会讲一下期权，就是员工激励。所谓员工激励，其实就是让员工工作的动力与公司长期的利益搭配能够发生关联。其实，要搞好管理，要带好团队，要以物质激励为主，不少创业导师都讲了员工股权激励不是为了抵工资，不是说我现在没工资，我现在觉得股权不值钱，我就给你股权，更重要的是让他找到一个共鸣，让员工对公司都产生责任感和信心，会有一致的理念把公司做大做强。所以，口头上我们喜欢把这个员工股权激励叫做"金手铐"，它确实是个手铐，就是让你减少流动性的，你就在公司好好干。但是，无奈这个手铐是金的。一方面，他觉得这个手铐很烦；但是另一方面瞅一瞅它还是金的，还是很值钱的。因为你给了期权之后，确确实实就是让每个员工得到激励。期权不是白给员工股份，而是我公司值一个亿，现在一块钱一股，我现在给你100万股，你可以有权利用一元来买一股，那么这个时候员工就意识到了，公司现在才值一元一股，我如果努力，明年公司估值变成10亿元，那么我这100万元不是就变成1000万元了吗？员工中间赚的是什么呢？其实是差价，是900万元，而不是白给了他1000万元，这里面最大的作用就是在这里了。因此，这个绝对不是抵工资的做法，而是把员工内在的最大潜能调动起来。为什么我们中国的华为这么火，它到现在也不上市，华为就是采取了这个制度，几乎全员持股，大部分员工，他们有四分之三的员工是持股的，每个人干了之后，除了自己有工资、有薪水之外，还会有期权，股权折出来的产值也是很惊人的。这个现在在创业型企业里也是用得很多的。那么，对于一个境外架构的公司，要给期权是非常容易的，因为海外公司法比中国公司法法灵活太多了，你可以留一些期权，留一些计划，怎么样去操作都行。但是国内就比较麻烦。因为国内很快就面临了一个问题，大家去看一看《公司法》，有限公司最多不能超过50个股东，而且你每次的股东变化都要去工商局办手续，程序繁琐。中国的创业环境跟硅谷比差距很大，在法律方面，中国改进的空间和提升的空间还是很大。不过，一个值得赞扬的改进是注册资本。以前的注册资本是很高的，而且还要真金白银地掏钱，现在说我不管你这个注册资本了，你可以10年以后再出，我不管了。现在正在谈的，再有一个微小的进步是注册地，大家办公司的时候可能都很烦，本来我就几个人随便租个地就行了，但是不行，居民区里的不行，注册地址一定要去租一个商用地址。所以中国这些规定往往严重地脱离实际，中国需要改进的地方很多。目前政府刚把注册资本做了一个改进，正在考虑改注册地，注册地也是正在考虑改了。但是核心的人数、股东的人数、给期权的权利都有待调整。你知道中国没上市的公司，是不容易给期权的，实践中可能没法操作。因为第一，你要是有限公司，50个股东人数就限制你了，你要是股份有限公司，200个人也限制你了。总之，你搞期权就有人数限制。所以在实践当中，在境内架构里面反倒用的是有限合伙。华为是历史的产物，它在中国还没有公司法的时候就搞了，所以它用的是职工持股会，就是工会。在中国没规定的时候，反倒是自己想怎么搞就怎么搞，后来《公司法》出来以后说它不合规但是也得接受，因为它是历史的产物。所以为什么华为后边的公司学不了，这就是原因。现在很多搞的方法是去设一个有限合伙，还有很多公司干脆就是虚拟的，就是对员工讲，我们所有的股东已经决定准备把 10% 拿出来激励大家，这 10% 我分成 1 亿股，就是学海外了。为什么这么多的中国优秀的企业，都到海外融资呢？就是咱们的制度跟人家比真是太落后了。其实，如果中国把这个制度放开的话，别说 GDP 增长 7%，可能增长 20% 都有希望。现在的问题就是制度与现实严重地脱节。因为海外公司的股份在章程里是不写名字的，不像中国的章程上一定要把名字写上去。

　　还有一个条款就叫反稀释，反稀释指的是什么呢，反稀释就是讲你公司不能随便把投资人的股份减少了，那么这也是对它的一个保护。反稀释包括你下一轮要来融资，投资人可以有优先认购权，还有一种权利就是反稀释的条款。有时候不要想着每个公司都是往上走的，有些公司是往下走的。比如，上一轮估值是一亿元，结果说这一轮变成了多少，变成了八千万元。那原来的投资人是按照一个亿投的，结果现在变成八千万元的时候，那个投资人肯定不高兴。他就会说，那我要把我的股份做一个调整，因为你这一轮的融资比上一轮还差，那么，我就直接按照上一轮的钱，按照你这个八千万元的估值调整一下比例，这个是对你不利的一种调整方式，叫做完全棘轮的方式。完全棘轮的方式就是这个公司干得不好，从一亿元的估值变到了八千万元。那么，原来的占股份的人，如果说他按照八千万元，把他原来投的一亿元重新来算的话，那就表明公司做差了的一部分责任，都是由你这个创办人来承担的。还有一种叫加权平均的算法。是什么呢？就是做得不好的这个责任，是你投资人也承担一部分，你在里面也占了一个股比，我只承担我占的股比，你承担你占的股比。综合算一下，很显然，你们创始人喜欢哪一个？你们应该喜欢加权平均的。当然这个具体是有一些公式的。但是你们今天就记住这个概念，要是谈反稀释条款，实在不行你得接受这个条款的时候，你一定要要求改成加权平均，而不是一个完全棘轮的方式。

还有一个中国的现实问题，也涉及这个反稀释条款了，中国的调整也是很费劲的。因为中国的调整在这个过程里面会比较困难，什么都要审批，什么都要去登记。你想投资人，本来是投资占了30％，结果一调整，他要变成多少，他是不会去掏钱的。因为他这个是要提高自己股份的，中国工商局可能又会管了，你要给我一个评估报告，为什么他的股份给了这么多。这个又使人有时会变得很困惑，因为投资人提高股份的比例等于是上一轮出的钱，他这一轮等于说是其实是没有再掏钱的，但是实践当中就有一个问题是低价转股，或者是你白给他股了，也涉及审批机关的手续的问题。

再有一个就是在股份转让的过程当中，投资人有几个权利。一个叫做优先受让权，中国公司法里也是有的。就是说你要是转股给股东之外的人，你要优先让我来买，这个在中国公司法的规定也是一样的。但是中国公司法里没有的是以下这两个权利：一个叫跟售（co-sell），一个叫领售（drag-along），或者叫强售。这个权利很有意思，说明人家考虑得比较细。这个权利是什么意思？就是说你要转股的时候，我有权利优先买，但是我也不看好你这个公司了，我不但不买，我跟你一块卖。就是说，你要卖了，我本来是有优先权买的，但是我不看好，我跟你按比例一块卖，你要卖100万元，我占了30％，那30％就是我跟着你一块卖，这个好处也是保护投资人，不能在这个公司经营得不好的时候，你撤退了，把我给撂在这了。这就是投资人又不懂经营，怎么办呢，所以有个跟售。还有一个权利叫领售权，就是公司经营得不是太好，或者是公司经营得一般，投资人去找了个买家想买，投资人也想卖，我如果有这个领售权，就是我想卖的时候，你得跟着我卖。大家看看最近最热门的友商合并案例，大家就会知道背后的逻辑是什么了，就知道为什么市场上这么多竞争对手会合并，都是这个权利在作怪。创办人都是不想去合并的，都是谁在起作用啊？就是领售权，投资人说我决定卖了，我们已经投了五六年了，你还没有给我回报，你现在再去上市，你也干不过对手，我接着就要卖给它，因为它出的价好。事实上像最近的这几次交易，其实好几家都想买，都想去买那一家，那么投资人就会去挑，谁出的价高，它依靠这个领售权，最后就形成这么个局面了，这些权利的设计和考虑就说明，美国的这些律师把未来的好多种情况都给规划出来了，所以今天发生的这些事情一点都不奇怪，今天现在还只是一个滴滴和快的，一个 58 同城和赶集，你后面会看到更多这样的故事。

再有就是投票权，投资人投了钱之后，它是喜欢有一定的发言权的，那么发言权通常是会在公司的股份里面，还会有一定的投票权，比如它占多少股份，它会要求相应的投票权。另外，它们往往还会在董事会里面安排一个董事，而且这个董事会有一个否决权。就是有的时候，投资人比如说投了 1000 万元，它占10％，但是它不会只是按照简单的公司法，大家都知道在中国一个只占 10％的股东，很显然是没有什么话语权的，所以它一定会单独地跟你要很多否决权，就是在财务上，回报上，比如说公司发生兼并收购，公司发生一些对投资人权益有实质影响的动作，它都要否决权，就是它要不同意你不能做，这是它为了保护自己，在董事会层面上，也是一样的。因为它在董事会上具体指定了董事，那么会列出来一些重要的事情，要它作为董事会的一个董事，要同意了，才能做，这就是它们追求的否决权和保护权所保护的。还有一个叫做信息检查权，这个权利大家一般在实践当中的争议不大，因为作为投资人，一个投了 10％的股东，是要求你比如说每个季度每个月要给它管理账，每个年底要给它一个审计的账，它要看你的账。最主要的是财务信息，还有一些别的经营信息，有的时候它没派董事，也会要求有这个权利的，另外，个别时候它看那个账看得不满意，可能会请个审计师，过来审计一下你的账，这个权利它也是会要求的，这个叫信息检查权。另外还有一个权利叫股份登记权，这个权利是海外架构里独有的，而且是美国证券法里的概念，因为在美国上市的股票如果没有登记权，没有做登记，是不能流通的，是不能去卖的，这个登记权其实也不难，就是你公司要替投资人出律师费，去把它的股票和它的权利进行登记，这样便于它可以卖。

二、创业企业的股权和期权

下面，我就给大家简单介绍一下创业企业的股权和期权分配的问题，大家对这个问题很关注，所以我们会单独拿出来给大家说一下，第一部分会说一下这个股权安排，第二部分会介绍一下期权安排。

（一）股权分配

先说股权安排，这个股权安排其实分为两大块问题，第一个是有几个投资人怎么出资，怎么占比的问题。特别是在早期的阶段，投资人和创业者之间的界限是比较模糊的。在这个投资人跟创业者界限比较模糊的时候，往往是比较难处理的，所以我们先把它清晰地画一条线。你们永远记住，只出钱不在公司上班干活的，或者说是兼职的，你都先给他画一条线，把他当投资人来看待，不要把它当创办者，创办者一定是没日没夜地投入到公司的人，这才算创办者。我尤其跟大家分享的就是那种有很多资源的人，但是可能暂时在其他地方工作，还不能全职加入，这样的人，我的建议是，你也不要把他当创办者，特别是当你全程投入的时候，这样的人一定是觉得这里不够有吸引力，因为如果要是足够有吸引力的话，他一定会做出一个选择的，如果只是给点钱都不叫创办人，他一定是投资人，这种投资人要分清楚怎么给股。

首先第一个原则是没有一个定规。但应尽量确确实实地都让他实际出资，避免干股，或者把他的资源折成股，折成钱，最后大家来算账。因为你在早期几个朋友的时候，确确实实这个构成会比较复杂。有的人说，注册资本 100 万元，我掏了；有的人说，我会负责跟阿里巴巴去沟通，让阿里巴巴跟我们签一份什么样的合同；有的人会说我这些东西都没有，但我是打算在公司干的，那他就站到右边去了。这时你就要大家讲清楚，我们的建议是，要让右边的人拿的股比较多。坦率地说，办一个公司，特别是在早期的时候，公平是很重要的，但是没有绝对的公平，只有适当的公平。当然，如果那个是资金密集型的，你账上就要投一亿元，那当然是人家占得多，那就反过来了，那就不叫创办者了，那叫你去打工，去拿激励了，那是人家办了一个公司你过去了。真正的创办者一定是靠自己的努力把公司的估值做大了。可能大家又会说，有几个创办者的时候，都去公司上班会怎么样来分配呢？讲一句实话，这一块的分配也是一个技术难题，特别是创办者人数也不是很多，三四个人，或者像雷军那个更夸张，有十几个，像阿里原来也是有十几个，但是基于中国公司的这种文化，一般都会有一个主心骨。就是把这些投资人，加上这个创办人搁在一块，都会有一个主心骨，哪怕你把早期的投资人也定义为创始人。但是，就像雷军的小米有很多创始人，大家最多想起来的是雷军。像阿里巴巴也有十八罗汉，但是大家最先主要想起来的都是马云，马云的股份相对来说也是最多的。这里有个中国特色的文化，均等、平均分配，就是大家股份都是一样多的，这不是一个最佳选择。孙陶然说虽然蓝色光标成功了，也做得很好，但他还是把它当做一个反面例子，他们没有建立现代的企业制度，他们五个人都是 20% 股份，而且都有一票否决。为什么呢？这些人每个人对公司，带来的东西都是不一样的，有的是专业能力、技术、管理、市场，有的是投入的钱，有的带来的是客户，有的是整个公司他是在全职工作，等等。这些因素综合起来考虑，最佳的状况就是我说的，投资人和创办人要分清楚，然后，创始人里面要有主心骨，有主干的，主要做事的，然后股份也相对比较多，在话语权上也相对比较高。反倒是具体的位置，做 CTO、CEO 还是 COO，怎么分工往往都是单纯的基于个人的特长。有很多公司其实真正的创办者不是那个老站在前台的人，比如 UC WEB，大家一听就是老在提的那个俞永福，是吧？其实俞永福是后面打工加入的，他是当时在联想投资，他要投这个案子，联想不让他投，他就干脆自己加入了。其实他不是真正的创办者，当然到后来他也有不少股份了。他们也是发挥每个人的特长，做得很好，因为原来的那些真正的创办者，他们比较偏技术。

　　股权安排，我们列了几个案子，但并不是说每个案子都一定是这样子。比如有的时候牵扯到有好几轮的融资，一直到 IPO，这样的状况就是创始人一直保持着控股地位的，或者说创始人联合了其他的投资人一起，最终在公司的股份还是比较多的。优秀的创业型公司是比较强势的，但不是每个公司都做得到。如果是在境外上市的时候呢？我们这里也列了一个比例，天使融资最好不要超过10%，然后直接A轮，A轮不要超过20%，后边还有B轮C轮。我其实是想说，你在IPO之前还保持了大概50%多，IPO又增发10%到30%，最后上市，创始人占百分之40%左右。境内也是创始人最好一起，一直处在控制的地位。比如，在美国上市的时候，只有在美国，是可以搞AB股的，创始人的一股抵十股的投票权，这个可能大家也都听说过了，阿里巴巴因为中国香港制度不够灵活，就干脆去美国上市了。在IPO之前，我刚刚讲了，投资人在投你的时候，会要求很多的特殊权利保护，特别是海外架构里，它叫那种股份优先股。但是在一些强势的公司里面，这些财务上的优先可以考虑，但是在投票表决的时候，即使没上市，在创始人足够强势的时候，还要求会给员工、给创始人一个特别的授权，就是让创始人的投票权比较集中。这个最典型的做法就像京东，京东刘强东的股份在上市前并不高，上市前他只有百分之十几的股份，但是刘强东很强势，大概到了后面的投资，他就要求投资人都要放弃投票权，把投票权都集中到他身上。当然到了上市的时候，他就搞了这个AB股，他的1股有10股投票权，现在他的投票权还是很集中，那么大部分的公司是在A轮、B轮、C轮融资的阶段，会给投资人一个优先权，但是到上市的时候，都是会有一个自动转换，因为那个特殊的权利都是到上市的时候就会终止了。因为上市的时候，投资人也已经不在乎这个投资保护了，因为他随时可以退出了，股票已经可以流通了。那么，反过来，这个时候，就会出现创办者提高自己的投票权了，在美国最典型的做法就是AB股，中国搞AB股的公司很多，最早搞出来的，搞得最好的，其实就是百度。在上市的时候，李彦宏的一股，有十股投票权，李彦宏用这个是用得最早、最好的，后面包括有一些公司像京东等都在用，像唯品会上市的时候没有采用这个制度，唯品会上市的时候很惨，流血上市，但是这几年特别火，它是临时又开股东会，把这个制度落实了。这些不是一成不变的，唯品会A轮融资的时候，创始人持股70%多，B轮变成60%多，上市之后创始人 45%，投资人有 32.52%，但是唯品会最近开过一次股东会，把自己的股份变成了 AB 股。58 同城也是类似的，融的钱就比较多，A 轮之后创始人就变成了 48.99% 了，B 轮之后变成了 33% 多，然后到最后的时候才有 28% 多。在美国科技型的公司，上市的时候，AB 股的概念也是用得很多的，像 Google、Facebook 都是用的这个，因为美国其实对这种文化也是很认可的。因为一个公司的文化和发展，和创始人是有密切关系的。阿里巴巴其实是开创了一个新的模式，阿里巴巴其实与 AB 股有一些不同，它是搞一个合伙人的模式，这个合伙人的模式有些方面它是更强势，有些方面是更弱势，因为它跟股份比例是没关系的。你要知道合伙人的模式比 AB 股的好处在于，管理层哪怕一股没有，也还是管理层控制着公司；而 AB 股的模式还是建立在创始人有股份的基础上。所以合伙人模式，应该在有一些方面，比 AB 股更厉害。

　　创业的整个股权安排，需要注意的问题很多。我们在这里提到的都是一些法律上的考虑因素，比如你整个的股权结构，特别是境外架构，某一个人股份的话，相应地要办外汇登记。你融资前是不是有过桥借款，因为股东要是牵扯到多的话，每个人的比例，还有相应的期权安排，这些都会有一些不一致。然后，投资人还有哪些优先权，投资人一票否决的范围，还有整个公司的组织结构，比如说几个创始人之间，最大的那个创始人虽然最多，但他可能也只有 20%，剩下的 30% 都集中在不同的人身上，这些又有哪些方法去处理？比如，如果海外的架构，这些创始人集中起来去成立一个公司，再跟投资人谈，这样我有 50% 集中到一块，我们吵架是关起门来吵。在国内也可以这样，甚至你可以把这个公司改编为一个有限合伙，让最大的股东去当 GP，就是普通合伙人，他就有话语权。有限合伙最大的好处就是把管理权、控制权和经营收益权分离了，就是说你可以收益是百分之百，但是你说话还是不算数，这就是他的好处。另外还有一个是可以通过签一致行动协议，就是几个创始人之间有一个一致行动，就是说永远表达的意见是要一致的，如果不一致的时候以谁的意见为准，当然这也是一个方法。再有一个就是，在某些方面，令有些人不踏实的就是代持，就是说创始人出面持着 70％，但实际上我的 70％里面有 30％是还要给别人的，这与公司员工激励的代持是有关的。

　　前面讲到的很多的股权安排，其实有一个最关键的问题是整个公司的估值。估值其实是既艺术，也不艺术，也很容易做的一个安排，我们这里列了几种方法，比如净利润，用多少倍市盈率来估，还有一个参考类似的公司，还有参考近期市场上的同期交易，还有就是现金流折现，还有用净资产做基础，这是一些常见的方法。甚至像互联网领域中 APP 有多少个用户下载了，一个用户值多少钱，这样的估值方法。比如说净资产，它没有什么资产，你要说利润，它又没利润，但是它就有两亿用户，两亿用户绝对是可以变现的，那么资本市场其实是有一个估值的，两亿用户，APP 里面是有一个行情的，比如两亿用户的话，基本上一个用户可以估到十元、二十元、三十元或五十元，这是有一个行情的，然后按照这个估的话，一般有两亿用户的 APP，资本市场的估值大概是几十亿，只要有超过 5000 万的客户，公司的估值都会有几个亿了。这个 APP 的估值法，也是针对互联网这种规模效应的，特别是细分行业里面你又是老大，你又有很多用户的话，它绝对会给你的每个用户都算一份钱，是有很高的估值的。当然，这也要看你的日活跃用户、月活跃用户，它有好多个参考的指标。因为他不是一个通用的方法，我们这里没有列。但是一般这些方法在涉及股权的时候，跟估值真的是有密切关系的，因为当你的估值足够大的时候，大家其实对比例也就没那么关心了。马云是我们中国的首富，他在公司的股份才多少？8％多点。而网易的丁磊从上市到如今，他一直在公司占了 50％多，是控股的，这是股份比例相对来说比较高的。

（二）期权分配

　　再讲一下期权的安排，投资人投资时也会关心这个。期权其实是一个最常用的员工激励方法，它一般会分为几个关键的东西。期权给的不是股票，而是一个选择权，是一个 right（权利），就是你在未来有权利用多少钱买公司的股票。那么，这其中就有好几件事情需要注意，第一个就是授予日期，也就是开始授予你的那个日子，还有到位时间表及行权等。举一个例子，比如你今天加入 A 公司，你加入 A 公司的时候，A 公司就决定给你期权，你一进入的时候就给你 100 万股的期权，但是这个期权要分四年行权，第一年满了才给你 25 万股期权，之后每一个月是 1/48，这就是一种典型的期权安排。你刚刚入职的时候，不一定会给你，可能等你入职 1 个月到 6 个月了才给你，给你的那个日子就是授予日期。但是它授予你，你还不能行权，这只是开始。接下来我们叫做到位时间表，就是有一个四年的期限，就是在四年之内，你可以行权。四年并不意味着你马上就能行权，你也不会马上就行权，行权要掏钱。比如：第一年满了，才允许你行 25 万，因此，只干了 10 个月你就走了的话，就什么都没有。开始行权之后，公司就不能再阻止你了，之后每满一个月，你可以再加 1/48。而且，如果在四年之内，你也想走，那么走了之后的三个月，你必须跟公司把这个期权行了；如果你一直在公司干，公司也没上市，发展得不太好，它也会给你一个期限，一般是十年，你必须在十年内行权，你不能老拖着。因此，期权中包含着很多的时间和文件，公司一般会有一个计划，然后给你一个通知，之后有一个正式的协议。它的作用和目的，就是把公司的长远利益和员工的利益统一到一起，让员工对公司更加忠诚。

　　股票期权到位时间表，包括授予日、得权期、得权日、行权期、行权日、持有期、转让日。授予日是指，你在公司入职的那一天，公司就和你签了一份期权协议，告诉你干满六个月之后，公司就开始允许你来拿公司的期权了。得权期，就是指这里的六个月；得权日，是指六个月满之后的那一天。行权期，是指六个月满之后的一年时间；行权日，是指六个月得权期满，并加上得权日之后的一年的行权期满之后的那一天。另外，如果你在这六个月的得权期或者一年的行权期之内离开了，你就什么都没有，因此，你只有满了一年的行权期，你才能行 25 万股，之后有的可能每满一个月给你 1/48，或者再满一年，给你 25 万股。每满一个月给你 1/48 的做法显然对员工更好；每满一年给你 25 万股的话，如果在这一年之内你走了，你就什么都没有了。如果你一旦要走，你必须在三个月之内把你能行使的期权都行使了；你若是不行使的话，就视为放弃；你如果压根不走，干满四年，而且一直持有期权，它还有一个期限，就是之前所说的十年，如果在十年内你从来不去行，那么十年之后，你也没有这个期权了。

这个时间表看起来很复杂，其实也不复杂，把这个流程走一遍，你大概也就都知道了。从入职到干满，有几种不同的情况，比如，在期权的四年之内，还没有把全部期权授予给你，你就走了，那么你后面没有被授予的期权就不再获得了。许多创业者在创办自己的公司以前，曾在别的公司干过，想必你们可能拿了某一个公司的股票，其实最后你们都没有去行使就作废了，实践当中也的确有这种情况。一般而言，公司给期权都带有一些论功行赏的味道，对公司高阶的员工，如副总一般会授予得比较多，且条件优厚一些；而对一般的员工则授予得少一些；而有的公司全员持股，这种激励甚至包括前台的职工，虽然给得并不多。至于更详细的问题，我不能一一回答，比如：给副总多少？给人力总监多少？给行政总监多少？给销售总监多少？给销售经理多少？这是一个很艺术的工作，一般而言，律师把这些空出来，让公司自己去填。因为这个不仅和法律有关，还和整个公司的战略部署，甚至和公司的特殊安排有关。有的公司，可能他只是一个产品经理，最典型的例子比如张小龙，原来在腾讯可能连副总都不是，他只是一个研发中心的头儿，但现在他在腾讯的地位很高。

股票的出让与价值收益。股票的出让，主要讲的是你的行权会有一些限制。通常如果是一个已经上市的公司，你行权的同时，就是在卖股票，你是直接卖差价。你就通知公司，你拥有100万股的期权，现在要行权了，让公司把股票卖了，然后直接把股票的差价给你，所以，期权往往被视为是一种奖金。但是，对于一个没有上市的私有公司，你没有一个可以转让的市场时，往往你行权的时候意味着你要掏钱。这时，你行权通常又分为两种方法，一种做法是真金白银，比如5元一股，你掏500万元给公司，公司给你100万股；还有一种做法是，比如现在的公司股票已经到了20元钱一股，这里存在15元差价，那么你有可能采用非现金行权，你就通知公司，不是本来要给你100万股吗？现在不要给100万股了，因为原来500万元的100万股票现在涨了4倍变成2000

万元了，所以，扣掉原来应该给公司的 500 万元，将剩余的 1500 万元折成现在的股票，白给你股票。综上所述，已经上市的公司很简单，是产生的差价，原来答应给你期权的时候，价值每股 5 元，隔了半年，当你行权的时候，公司的股价已经涨到每股 20 元，你就赚到每股 15 元的差价，这很好理解。的确，已经上市的公司，通过这种操作给期权是很有利的，但是往往已经上市的公司成长空间相对来说是有限的，爆发式的成长往往是在没有上市的阶段，比如你现在去阿里巴巴，想要靠期权发财的梦，基本上是很难实现了，但如果你是在 10 年前、15 年前加入阿里巴巴的话，肯定是很容易实现的（阿里巴巴上市的时候造就了杭州很多的亿万富翁）。

股票期权的授予和限制性条款。期权的授予日期，就是前面所讲的答应给你期权的日期。每一股的行权价，就是公司和你约定的，如果是上市的话往往就是上市价，如果是有一轮融资的话，往往就是融资的价。给多少数量，是根据你的级别，根据你在公司的地位。既得开始日期，就是在哪个日期你开始按多少的比例开始行权，这个日期可以早也可以晚，因为有的时候可以追溯，当给你股票的时候，可以往之前追溯。有一种情况就是当你入职的时候，公司没有开始搞期权制度，当你入职了半年或一年之后，公司开始有期权制度，它可以说从你入职的那一天，你就开始有期权到位了，这就表明，当公司跟你签授权日期的时候，可能已经是你入职后过了一年半了，你已经可以马上行权多少了。总的有效期，如十年，前面已经提及过了。还有一些其他的要求，原则上，公司给你的期权一般是限于任职期间，正如前面所述，如果你要离开公司，一般要求你在三个月内去行权，否则你这个期权就作废了。政策方面的原因，中国的公司往往是上市公司才能搞期权，在没上市的时候操作比较难，但是海外架构就没有问题了。然后，这个股票期权一般是不让卖的，因为股票期权有很大的人身属性，是锁定你这个人，它跟真的股票还是不一样的。员工要是因为期权拿到了股，一般来说你在期权计划里面会写清楚，如果你想要卖的话，公司是拥有优先购买权的。在中国法下，好多操作是需要有一些调整和灵活处理的。一般来说，这个期权拿到的投票权（特别是在海外架构里）是不会赋予这种股有投票权的。因为，期权仅仅是希望赋予你一个经济收益权，而不是希望你有很多的投票表决。很多公司给的期权特别多，要是给出去了百分之二三十的话，如果影响了原来大家整个的投票安排，也会让大家不安。

三、初创公司法律风险

这一部分相对来说比较简单，我简洁地列举了一些初创公司会有哪些法律问题。

首先，劳动用工。刚办公司的时候，都比较穷，好不容易凑到多少钱去租了一个办公场所，雇人成本也很高，可能往往出现的情况就是不正规。因为，在中国办公司雇人有很大一块隐性成本，其实是很高的，所谓的隐性成本是除了工资之外，你还要给他交社保，你还要给他交住房公积金，就是通常所讲的"五险一金"。这部分的成本其实是很高的。很多初创公司在这一部分就不是特别注意，现在就给他一点工资，别的就不太关心。特别是在现在的流动性人口中，有很多人本身也不愿意交社保，因为他交了也觉得对自己没好处。社保是一个系统工程，不是你交的多，就得的多，它是一个大保险的概念，所以有很多时候，员工也不愿意交，公司也不愿意交，大家都不交。因此，针对这部分，我们比较好的建议是，这一部分还是应当予以注意，尽量还是去交。另外，与员工还得签竞业禁止协议，不能挖客户等。

然后，就是知识产权保护和合规。该注册的域名、该注册的商标、该注册的专利，也跟员工要签好协议，员工在公司里面做事，所有开发出来的知识产权都是要归公司的。另外，也注意要在市场上，如果你想要去创业，也要注意知识产权问题。比如：滴滴打车一开始就没有弄好，初创一个公司时起个什么名字，你如果做一个有效的检索，去查一查，其实是可以规避这种风险的，你没必要一开始就是一定要叫"滴滴"，叫"嗒嗒"可能也叫响了。但是一开始没有注意，等到别人要来告你的时候，再改的成本就真的很高了。ipad 就是一个更好的例子了，律师工作完全没有做好，最后 ipad 赔了 6000 万美元，而当初，本来一句话就可以说清楚的。苹果公司是非常注意商标的，它特地去伦敦注册了一个公司，这里面有很多商标的诀窍。因为，苹果公司不能用"苹果"的名义跟别人谈合同，苹果是个大公司，且在世界上已经存在三四十年了。苹果公司去谈可能价格就高了，所以它们都是通过去注册一个小公司，或者是委托一个律师事务所来谈，不披露名字的。一开始，苹果公司其实都已经跟维冠公司谈好了，维冠说把 ipad 商标给它，买卖都谈好了，苹果公司给维冠公司几十万元就行了。因为维冠公司快要倒闭了，根本没有想到自己的 ipad 商标还值钱，竟然还有人跑来愿意花这么多钱买，因此痛快地就把合同签了。但是很不幸，ipad 中国的商标是在维冠中国名下，而跟苹果谈的是维冠台湾，是母公司。其实维冠的人也不想违约，但是后来，维冠在中国欠的钱太多了，好几个亿。然后，据说债权人银行的律师研究后，对维冠母公司说，ipad 中国的商标还在维冠中国的名下，可以讹苹果一下，把 6000 万美元拿来还银行债权人。后来，维冠公司一研究，发现可以讹，因为维冠中国公司从来没有答应把这个商标给人家。因此，本来很简单的一件事，如果苹果公司在开始谈的时候，就说明让中国公司也签字，或者让中国公司也授权，就解决这个问题了。但是，苹果公司疏忽了，最后，苹果公司就掏了 6000 万美元。在实践中，大家都认为这些问题是小概率事件，但是律师天天都在听这样的故事，天天看到这样的事。有可能律师一年收了你好几十万元，你还会觉得划不来，觉得没有出事，公司一切都很正常，还花了这么多钱出去，觉得很不值得。但是，往往公司一旦出了一件小事，就可能带来很大的麻烦。律师这个行业有时其实就是一个法律风险的规避，有点像买保险，你年年缴纳保险费给保险公司，你的车也没有出事，但是你不要觉得你买的那个保险是没有意义的，因为它主要防的就是小概率事情。但是，在现在这个复杂的社会里面，为什么把知识产权单独拿出来说呢？因为，在现在这个复杂竞争的社会环境里面，知识产权是非常容易出问题的。现在就算搞一个 APP，也会有很多法律问题，如：中兴和华为之间，手机里面包含着无数的专利。初创型公司特别容易在这些方面出问题，也特别容易在这个领域里面爆发，为什么呢？有些公司就是凭着它在技术上有一个高大的门槛，比如有很多"千人计划"的专家。坦率地说，光靠拼钱，你怎么拼得过 BAT？所以，为什么滴滴和快的最后也合并，因为它们最后是钱砸出来的市场，只有腾讯和阿里巴巴投资、补贴了它们，它们才能这么干。所以说，初创型公司一定不会去拼那种靠钱能砸出来的买卖，因为拼不起。因此，它一定是找到了一个独特的商业模式，发现了一个刚需，有一个高门槛的知识产权。

再有一个小问题，就是财税。早期的公司，往往一开始创业的时候，请不起一个专职会计，往往都是凑合，还包括给员工的工资、所得税等方面。特别是有一些行业里面，这个问题体现得很明显。比如，一家做 APP 的公司，用公司的名义收费很麻烦，就用创始人个人的名义收费，开始收得挺好，也觉得挺赚钱的，突然发现一旦要融资，公司步入正轨，投资人要求应当以公司的名义接受投资资金，公司要去补税。这样一来，公司原来盈利 800 万变成了亏损 80 万。做 P2P 的很多人都有这种体会，因为法律对于这一行业曾有一个监管真空，企业之间不能借贷的，好多人都用个人，例如：宜信的模式是用个人来干，有好多钱是通过个人走的，一开始都没有注意，结果发现一旦要正规，要往公司转的时候，那些钱都是要算收入的，那就不一样了，不仅个人所得税变成企业所得税，而且还要交流转税，所以这些方面应当要注意。当然，如果是做一个普通的行业，不牵扯这些资金的，那么就是正常的，如果你请不起会计，你最好找一个理账的公司，帮你规范一下。而且，有一些创业者在早期，个人的钱和公司的钱不分，这也是一种错误的做法，比如：出差的飞机票没有让公司报销，其实应该报的就让公司报，因为这是为了核算真实成本的一种必要手段。出差飞机票都自己掏了，好像对公司很大度，但是实际上最后算出来的现金不对。如果公司业务是要你出差到外面去跑的，但是你现在这部分的投入却没有计算在内，这会直接影响对公司真实盈利能力的考核。严格地说，很多中国的公司都是这个样子。例如：中国的餐饮业，很多的公司赚的钱是不正规的，它的生意一旦步入正轨，利润率很可能不是像现在这样的。所以大部分的餐饮业公司，开一个店，然后再赚一些钱是可以的，但一且开始正规化的连锁，按章交税，按照各种卫生条件，包括雇的人都按照正规的社保缴纳费用，估计80％的餐饮业公司都不会有这么好的利润。因为，有大量的现金交易，吃完饭没有开发票不入账，买菜进货从菜农手上买也不入账，成本就不好控，所以就没法规范。中国的餐饮业在资本市场上的案子不多，黄太吉就是想打破中国传统餐饮业的不正规。它虽然开发一些新品，但是没有达到自适化。麦当劳为什么能够做到这么大？一定是标准化和自适化，而传统的中餐很难做到这样。同样是卖豆花，这个店的成本和那个店的成本是有很大的差别的，而且中间交不交税也是有很大的差别的，去哪里进货也不同。总之，餐饮业相对来说不好管理，流程化也很麻烦，在税上和财务成本上不好控制。

接着是期权的问题。这个在前面几个地方已经讲过很多了，在早期很多可能没有正式地、规范地搭建这个架构，要给员工发期权的时候，哪怕打一个白条，给员工一个承诺，也是好的。因为这个时候公司没有登记，也没有正规化，创办者要尽量地守信。这个时候确实在公司法层面上对员工是不予以保护的，但是一旦答应了，创办者就应当守信用。

再有就是，相应的政府审批和牌照的资质。这个就不能一概而论了。但是有些行业的门槛是很高的，最典型的，比如要搭建海外的架构，可能要去办37号文登记。然后，做某些业务是需要办一些相应牌照的，比如做APP、做互联网的在中国是需要拿电信牌照的。还有一些特殊的行业，比如需要参与签订某些特殊的合同，比如要有广告资质。这个问题对于一般的行业，可能问题不大；但对于一些高度监管的行业，例如做第三方支付，有没有牌照差别是很大的；例如在中国做P2P，虽然现在对于P2P的正式监管的文还没有下来，能拿到的准金融牌照应当尽量去获取，如做小额放贷、担保、融资租赁的，与P2P打点擦边球的，能拿的都尽量去争取，肯定会让你的公司估值提高。

最后就是公司的架构。因为前面也都介绍了境外的架构和内的架构，各种架构该办的登记，如37号文登记，这些安排是公司创办人应当考虑的，也是容易出问题的。比如，你一开始没有想好，你刚搭好了一个海外架构，结果发现，新三板又火了，你又要翻回来，那么就要多承担律师费了。

再就是场地和租赁，这也是在实践中很常见的一个问题。虽然，前面讨论了工商局准备在最近放开，很常见的一个情况就是，为了享受一些税收优惠或者一些特殊的待遇，经常把公司注册到了某一个地方，然后从来不去那里办公，公司在别的地方办公，这严格地按照中国的工商法规，是违法的，叫异地办公。那么，有一个做法是，你在那里注册，在这里也赶紧注册一个分公司，这样就合规了。还有的情况是，在上海自贸区，因为很多东西都已经开放了，是不是可以在上海自贸区注册一个壳，然后实际上的经营还是在别的地方，有的公司根本就不在上海，如在北京经营，但是为了享受上海的优惠，所以去上海注册了。别说从上海迁回北京，就是从朝阳迁到海淀，都不是十分容易的事情，这里面牵扯到一个税源的问题。所以，这几个部分尤其是跟税收优惠考虑到一起的时候，也是需要注意的。还有的就是，与当地的业主签订的租房协议不是正规的合同，或者说业主没有房主证明，这都是不行的，是初创的企业应当注意的问题。现在有一点较好的是存在很多的孵化器，它们能够规范地提供很多东西，因为它们都到当地政府去拿到一个特殊的安排，有很多的创业者选择在这种孵化器里面，那么孵化器就可以有效地帮忙解决很多问题。

第四篇　创业之路

>>> 第 *13* 课

黄怒波： 创新创业与企业家精神

导师简介

　　黄怒波，男，1956 年出生，1981 年毕业于北京大学中文系。企业家、慈善家、登山爱好者、诗人（笔名骆英）。

　　1981 年—1990 年，先后任中宣部党委委员、干部局处长。1995 年 4 月，创建北京中坤投资集团，任董事长，投资开发安徽宏村。2011 年 6 月黄怒波向北京大学捐赠价值九亿人民币的资产，这笔资产将注入"北京大学中坤教育基金"，以进一步推动北京大学人才培养和教学科研的发展。2012 年 5 月，黄怒波与冰岛政府进行沟通以签署冰岛北部一块土地租赁协议；2012 年 10 月在中国签约。

　　著有《不要再爱我》《拒绝忧郁》《落英集》《都市流浪集》《小兔子》《第九夜》等诗集。

我是一个全世界走的人。我去年用一个月，开着车把德国走遍。在德国，我和政界的朋友，和车夫、农夫都有交流，边走边看德国的经济状况。去年我还走完了法国、哥伦比亚和阿根廷，感触很深，最后我得出一个结论，那就是下个三十年肯定是中国的。

天津滨海新区的周利主任是我在 2002 年到新疆投资克孜勒苏柯尔克孜自治州的时候的老领导、老朋友。周主任那时是克孜勒苏州的副州长，到天津滨海新区任职后几次请我来这里。来了之后，我感到很震撼，感觉这里就是中国下一步起飞起点的一个缩影。特别高兴的是，北大创业训练营能来到这样一个"梦幻"的地方。

今天讲一下我对"创业与创新"的感受。

我有两个出发点。第一个出发点是作为一个企业家的焦虑。我们企业家俱乐部这几年都在开会讨论，在一个新的时代面前，我们这代人往哪里去？走哪条路？第二个是在新经济第三次工业革命来到的时候，当你们这些"如狼似虎"的创业者不断涌现出来时。我们怎么办？我们是不是只能留下背影？

我不会像别人那样教你们怎么发财，而是想给你们讲讲发财以后会怎么办。可能会有点形而上，但相信一定对你们以后的发展有用。

一、我们是谁？

我们是谁？第一，我们都是中国人，炎黄子孙；其次，我们是北大人，或者说我们是北京大学创业训练营的人。那么"我们是谁"，是怎么来的？

（一）昨天

前两天我们在开《中国经营报》年会，主持人在会上问每一个人，"三十年前，1984 年，你在哪里？"我突然就想起自己差不多都忘掉的过去。轮到我说 1984 年我在哪里，一想，我是在中宣部。干什么呢？在中南海上班。三十年前的我无法想象三十年后我会站在这里。

　　1984年，是中国的改革开放往上走的时候，整个社会的气氛特别好。大家尽管有争论，但是一致认定，我们要改革。我那时候在中宣部，是在干部局的，每天骑一辆自行车，在中南海里面骑着走。中南海很大，东西南北的门，分不同的证，我的证就是通行证，哪个门都可以出去。有一天看两个人在路上，中南海路也不宽，有一个人在前面，走在路中间，个子也不高，我就使劲按铃铛，意思是你让开吧。然后那两个人就停下来了，回头看我，一下把我吓得跳下来。谁啊？胡耀邦，带着他的秘书。胡耀邦很诧异，他的秘书很愤怒地瞪着我。我就站在路边不敢动了，他们转身走了。第二天下了一个通知，见了领导要下自行车。后来中宣部搬进了靠近紫光阁的地方。紫光阁就是总理接待外宾的地方，每天能见到不少人。但是那个年代很平等，大家也很朴素。

　　昨天我见到咱们的文化部部长，部长说你当年干什么，我说在中宣部，后来就出来了。我说你的一个常务副部长是我当年调来的。他说是吗？我说我当时在干部局，当年是从人民大学把他调来的。在人民大会堂有一次他看见我，跟所有人说："快过来，这是我的老领导。"旁边人看是个土豪，怎么会是常务副部长的老领导呢？我如果不走，我一定可以是个副部长。可以说，在中宣部我确实受到了很严谨的训练，廉洁而且朴素。为什么呢？大批从干校回来的老同志，都是从延安时代，从解放战争时代过来的老同志。我在干部局，每个人的档案我都看。我们的档案就这么薄，他们的档案那么厚，有几摞。我看着风风雨雨，历次的政治运动，所有的都看。这些老同志，在"文化大革命"时被打倒了，到干校去了，几十年后回来，无怨无悔，干劲十足，培养了一个很好的作风，就是严谨。后来，改革开放的大时代来了。知道中央在极为激烈地讨论，中国往哪里去。最终改革的意见占了上风，这要感谢耀邦同志和老一代的人。到20世纪90年代，小平同志大力讲改革，尤其到1992年，出现了改革的大潮，我在中宣部再也待不住了。

　　此前的我，原想毕业了，可以留在北京。而留在中宣部，是想也想不到的。当时在中南海里工作，我和所有的领导人都照过相。而当时一家报纸"黄山日报",这四个字都是我通过小平同志的秘书,请小平同志给题的。

现在我就无法想象为什么大家还往行政机关里钻。当年没有办法,我大学毕业了,不去中宣部就得回宁夏,可能在黄河边当一个师范学校的教师,现在也该退休了。但是在中宣部的经历,让我感觉中国要发生大变化了,看着小平同志、耀邦同志的批示,我坐不住了,坚决就要下海。但是下海去哪里?不知道。只是觉得可以试一试,除了当官,我还可以干点别的。那时候北大的人,就不安分。可以说好不容易能进北京了,又不安分到中央机关工作;到了中央机关工作又不安分了,又想做更多的事情;这就是北大人的一个特点。那时我想,不能被这个时代落下,改革开放了,我就要下海。

那时兴"下海"这个词,至于下海是做乞丐还是做什么,我不知道,但是,我一定要接受挑战。为什么?在中宣部我已经待得如鱼得水了,26岁成为最年轻的副处长,29岁成为最年轻的处长,后来任党委委员,分管青年工作。对于团的工作我很熟悉,再往下发展肯定是没有问题的。

但那时候,整个社会是热气腾腾的。所以我讲"我们是谁"。我们是在改革开放大潮的感应下,勇于下海的第一代人。这个,要比现在的许多人强。那个时候不知道什么叫企业,不知道命运在哪里。我坚决要走,中宣部领导不同意,他认为这么培养你,你为什么要走?后来磨了一年,我写了一封很长的信。我说:"我是中共党员,我走到哪,都是给党工作的。你为什么非留我?你留得住我的人留不住我的心,你何必留我?"那个时候朱穆之在外宣小组管我们,朱穆之批了三个字:让他走。我走了以后,就再也没有回过中宣部,但现在我知道在中宣部我是个传奇。绝大部分人都是升官走了,我就不举例子了,但新来的人一定知道黄怒波。为什么?他们都说我们中宣部出了个人,那个土豪,那个登珠峰的人是我们中宣部的人。很多人在不同场合都说:"啊呀,我终于见到你了!"我想说的是我们不一定非得守着皇家大院。当然,出来以后还是挺苦闷的,不知道干什么。不像现在的你们,太幸福了,创业,有北京大学创业训练营给你们提供知识和平台,有我这样的人过来给你讲创业过程的酸甜苦辣。当时谁给我们讲啊？举几个例子，那时候根本不知道（做企业）什么是体验。我们那个时候就看书，我们做企业的几乎人手一本《胡雪岩》。当时为什么看呢？因为觉得胡雪岩好了不起，没有文化，也没有钱，自己就做成了一个那么大国家级的商人了，觉得中国社会我们得学这样的东西。当时整个国家的经济也是这样的，不知道什么是市场经济，还在争论：到底是社会主义下的市场经济还是社会主义经济。所以那个时候做的一些事，还冒着险。比如傻子瓜子的年广久，当时政府做了决定，不能抓他。要抓了这个人，改革开放就完蛋了。所以我们当年是在这种情况下创业。所以我们是谁呢？就是一种原生原发的土豪，也应该说，我是一个改革开放的幸运儿。我没有甘于平庸，赶上了改革开放的大潮，虽然后来也吃了很多苦，把所有都经历了。

今天站在这里，回顾这个时代，我感到特别幸运。对你们来说也是一样，你们赶上了这一波时代的大潮，你们在北大创业训练营里是幸福的。我拿我的亲身经历来给你们讲，你们走的路跟我们当年走的路不一样。当然，回想起来，我经历过"文革"，经历过下乡插队，很多日子真的是不堪回首。我记得插队的时候，有一年，我们把麦子刚刚割倒，下了一星期的雨。麦子割倒以后，必须要把它收起来，放到场上，去打场，扬场，麦子才能收好。但是下了一个星期雨以后，麦子在地里，又把芽长出来了，这一年的收成就没有了。我和农民都站在地头哭，哭的不是自己一年的工分没有了，而是我们的心血啊！你知道种麦子有多难吗？那个年头，冬天早上四点多起来，在黄河边手冻得不敢伸开，套车、拉粪，然后到地里去撒，就是这么一天一天干过来的。到麦子快熟的时候，给我一个任务就是天天轰麻雀，我就拿着那种打云彩的土炮，站在田边，看这儿麻雀多了，放一炮，麻雀跑了，然后又落到那儿去，天天跟麻雀战斗。那个岁月，我也就十六七岁啊，经常累得一回到我们知青宿舍的土炕上或躺到地上就什么都不想吃。每天早上起来，门口渠沟里的水，冰的要死，也得刷牙呀。晚上，我们就在灯下读《资本论》。没有电，就拿拖拉机用的柴油，一夜油灯下夜读后，第二天早上起来脸和鼻子哪里都是黑的。

有一次晚上看得太累睡着了，柴油灯就倒在我的炕上，把我的一件军大衣烧了一半。回想这段日子，这段日子不可能再回来，你们这一代人不会经历到，但是却成就了我们这一代人。你们看到的陈东升、王石、冯仑，都是这一批人。像我们这样的人就是这样过来的，所以知道改革开放的伟大，小平同志的伟大，不容易。所以我问："我们是谁？"我们是改革开放的幸运儿。

（二）今天

现在讲到今天了，就是说我们这一代的产业模式是跟着中国的经济发展过来的，可以被称为"野蛮生长"吧，因此只能遇到什么做什么，抓住什么吃什么。比如说房地产，当时的条件下只有房地产领域是开放的，当时国家房改，没有人敢盖房子，社会缺房子，又没钱，怎么办？算了，这块就给社会做吧。所以今天的房地产就是这么来的。到今天为止，这个行业里的土豪多，也是这么来的。房地产行业经历了三十年的发展，已经是世界一流了。所以大家看到这个新区，看到上海的浦东，一定很骄傲，全是最好的的房子。谁盖的？房地产商。怎么进化来的？从土豪进化来的。我们这一代人就是这么走过来的。

但是，我讲的一个问题是，大家看到成功的人站在这，却不知道有多少人倒下去了。企业的成长很残酷。比如说，大家看到柳传志，知道柳传志到现在还在创业。看到李书福，他一个农民想造汽车，起初他以为汽车不过就是沙发加四个轮子嘛，到现在刚刚把沃尔沃做出来，电动汽车又来了，他又得从头来。我们中国的这些汽车制造商，像李书福，是带着梦想进来的，很伟大，也不放弃。看到了马云，觉得马云现在好风光啊，但是你不知道马云的压力比谁都大。我们中国企业家俱乐部理事交流的时候，他说了一些话很打动我，他讲这些年来，"我所有担心的事，都发生了；所有不担心的事，也都出现了。"然而现在的问题在哪儿，他的总裁跟我们讲，全部讲的都是危机，就是在最近啊，他讲五年后我们在不在，不知道。为什么？原来可以预料到对手在哪里，敌人在哪里，现在根本不知道。我们走过的那个产业模式是可以预期的，起码有一段路是可以预期的。比如说我做房地产，我做旅游地产，我的目标多少年资产到多少，多少资源，我会做到什么样的规模，有预期。而往后的经济是不能预期的，所以对你们这些人来说，创业的机会无限好，但是竞争也是无限激烈。因为永远都不知道敌人在哪里。永远不知道你明天消灭谁，你被谁消灭，这就是马云当下面临的问题。

前两天万达在武汉的两个广场开业，我去看了以后很震撼。两个秀，一个是汉秀，一个是电影体验馆，每个都投了三十多亿元。在黄山的宏村，我自己也投了个秀，三个多亿。但这个秀的成本回收是有问题的，首先，门票你不能无限地涨价，演员成本又很高，就算这个秀在宏村演得好的话，也得五到六年才能把投资收回来。再一个，机械大型现代秀的电子设备太贵。三个亿的成本，全埋在水里了，就一个水幕，一个节目，就是演员在水里下来，光这一项三千万元，投不投？总导演有点心疼，说这个砍掉吧，那个砍掉吧。我说可以，但是砍掉它就不是一个秀了。所以就为这几分钟，就要花掉三千万元。所以健林的这个秀，我看完以后很感慨，感慨从此这个世界秀的历史改变了。我曾专门研究秀，拉斯维加斯各种秀都看，而且都是拉斯维加斯当下在世界最先进的秀，就是这些秀的设计者，来到了武汉，加了新的元素，更舍得花钱，结果做了全世界最新的东西。那个电影体验馆也是最新科技的东西，光一个穿越湖北的节目的设计，创意费就高达一千九百万美金。

中国的《印象》系列、我们黄山宏村的秀，还有宋城的秀，再加上健林的这个秀，使中国实在地跃进了世界一流的文化消费大国的行列。当然，这里的商业前景是令人忧虑的。拉斯维加斯的秀没有一个赚钱，这种秀赚不了钱，为什么？因为大量的灯是进口的，演出三年这些灯全换，钱从哪儿来？机械设备经常坏，电脑总控都是美国的。所以在这个意义上，中国的企业正在进行一个伟大的社会改变，它不是两场秀，而实际上是在我们都没有意识到的情况下，改变了中国的文化生态。所以我对武汉市长说你太幸运了，万达给你作了个大贡献，武汉就会改变地位，就会改变成文化演艺中心。就像高铁可以使武汉政府将旅游产业带动起来一样。当然，健林的压力也很大，他下决心在三年到五年内，要把武汉的文化产业做成目前的全球前五名，武汉目前大概在前十名吧，做到前五还是有可能的。

你可以看到像我们这样的岁数做企业的人，每天都在想下一步要到哪里去。比如，王中军从电影业突破到整个文化娱乐行业，为什么？第一他看到了危机，不努力就淘汰；第二，这是天性，这样的人总是在创新，总是在接受挑战。所以这里的意思是说，你们一旦踏上创业的路，就需要不断地创新，否则，很快就会被别人踏着过去。

讲了这么多成功的，还有很多失败的，你们可能都不知道。你们知道牟其中吗？你们知道瀛海威的张树新吗？最早中国的互联网是他做的，张树新做互联网的时候，张朝阳是后来才满街贴搜狐。瀛海威一开始做互联网时，中国人还不懂互联网，但很快互联网发展起来的时候，前面创新的人就被踩下去了。你们再想一想，像爱多、飞龙、三株、巨人、太阳神、科隆、德隆，这些企业都是当年在中国风云一时的。这些创业者，有的还在监狱里，有的放出来了，有的人不知道去向，有的人已经死了。

所以今天站在这回忆这三十年是惊心动魄的。因为每天都在打拼，每天都有人失败，每天都是个挑战。昨天高超老师问我最近怎么样的时候，我说，"最近都在转型啊"。他问："现在是不是不容易啊？"回想一下，我们从来都不容易。刚刚做企业时不懂什么叫做企业，就卖玩具娃娃，倒卖钢材，倒卖复印件。到后来要发展，赶上亚洲金融危机，再到后来，又赶上金融危机。而中国的经济就是这么伟大，在不停的危机当中走到今天，成为世界第一经济大国，中国的企业也是这么伟大，在面对无数的不确定性的情况下，生存、成长。

最近有一个总裁读书的节目，找我推荐一本书。本来想借这个机会宣传我自己的新书《德国你如此优雅》，但是不行，后来我想推荐什么呢？现在 EMBA、MBA 的教案，都没法看，那些哈佛案例里边的绝大部分企业已经灰飞烟灭了。这时候我想起了可以推荐一本书，叫《登顶 CEO 必修课》。这本书我建议你们有兴趣看看，是中欧商学院周雪林老师翻译的。这本书启发了我，影响了我，我在好多年前看到这本书的时候很激动。这本书讲的是哈佛商学院的最后一个案例，登珠峰。所以你们参加完北大创业训练营时，起码去登个五千多米的山。为什么？因为要培养一种挑战精神。这本书里写了大量的案例，讲一个人一边在登山，一边在做企业。我三次登顶珠峰。中国的或者世界的企业家，登顶次数最多的应该是我。登珠峰我登了四次，第一次失败，一个是因为死了个山友，第二个是因为还有山友出事了，在八千五帮他到八千七时我的手就冻了，所以没有成功。为什么要登珠峰呢？实际是在挑战自己，挑战自己的能力极限。比如说，我一开始就去登乞力马扎罗，我怎么这么喜欢它呢？是因为海明威的《乞力马扎罗的雪》，因为我特别喜欢海明威这位作家。他有个座右铭，这是我终身喜欢的：人可以被杀死，但不能被打败。所以我就想要去乞力马扎罗，走了七天国家公园，然后，登五千八百米的山。不容易啊，这是我第一次登山，半途几乎上不去，坚持，登顶也就成功了。突然发现，我还有这种潜能，就决定下次再试试，登个七千五的——慕士塔格峰，新疆的冰山之父。五千八，七千五，不就差一千多米，算算距离，一点多公里，但差距其实很大很大。那个山极大，结果，没有训练，登到六千多再也上不去了，只能往下撤，路上就发誓，我一定要再回来。就基于这种挑战精神，第二年，我四天就把它登完了。然后就是登卓奥友峰，八千二百米，卓奥友这山也很难登，到顶了以后，必须再走两个多小时，一定要看到珠峰，以珠峰为背景照相，你才算到顶了。所以到了顶就不想走了，太累，我就告诉那个向导，在这停下来照个相不就完了吗？反正到了顶峰谁知道。他也不吭气，向导们有经验，知道登山的人到了，都这个样。反正多少次想下，他都不行，堵着我不让我走。我也只好走，终于登了顶。登顶后看到珠峰就非常想登它，这么辛苦只是看她一眼，有什么意义啊！然后一步一步尝试，遇到失败我就大哭一场，发誓我还要再回来。结果，我一共用了二十个月，把七大洲高峰，南极北极都走完了。

　　这时，你就会发现人的极限是无限的，发现你这么大岁数了，登山居然这么优秀，这是为什么？就是人要敢于挑战自己。今天要讲创业，你们可以想一想，每一次，你们只要坚持一会儿，坚持一段，企业一个关就过去了。我昨天看到好多人做的项目，很感动。就算做到最后做不成事，也必须做，这就是创业。就像我登山，总是失败，那我再回来。可以说，全中国登顶最多的企业家就是我。

还有，我也是一个诗人，全世界走，这本大的厚厚的《7＋2登山日记》，很多人评价极高，因为我到所有的山，我都写诗，在山顶朗诵。人类在五十年一百年内不会再有这样一本诗集，为什么？诗人没钱，登不了山，没勇气，诗人都风花雪月了。商人又没这个诗情画意。当然了，登山过程中其实遇到了很多死亡的时刻，现在回想起来，有几次都是一秒钟之内发生的，有滑坠，有梯子翻了。其实，我有好几次死亡经历，这是去年最后一次我又回到珠峰带着摄像机，录下了下山时候的又一次滑坠，在八千七、八千七百五的时候，由于岩钉没打结实。向导登顶以后太累了，往下走的路不对，往下走没有路，他就用石头踩踩踩，然后说就两米吧，咱们爬上去，慢慢爬，不过保护绳在那，我那个向导，身体轻，他拽着就上去了。轮到我把那个绳子拽着，我踩着上面，结果把岩钉给拔出来了，一下子把我那个向导从上面带下来了。我后面还有一个向导他摄像，幸好我们两个人反应快，本能地没有往后倒，往后倒就会像马洛里那样滑坠的，人一滑下去就不见了，虽然本能应该是往后，但我们全部往前趴，就趴在那个岩石上。都看着没事以后，就慢慢爬起来，不敢用那个路绳，就用手抓着各种石头，一点点地爬上去。但是回到日喀则的宾馆，把这段录像调出来看时，一下我就哭了，没抑制住，为什么？这个录像录出来整个山上的石头全部在脚底哗哗地往下撒，其实我们都不应该活着下来。一看那个录像，我记得在宾馆里的好多人，包括我那个向导也哭了，这就是登山。遇到这么多，不写诗可能还是因为恐惧。所以我给你们念一下这首诗，这是我登南坡的时候写的。南坡的冰川很多，大概 80 年代，曾经有个意大利国家队，13 个人登顶回来，全军覆没在那，就是因为恐怖的冰川。从南坡登顶一般都是在半夜出发，半夜出发时还行，但登完顶下来天亮的时候，雪就是水，冰在化，那个溪流在淌，在那个时候，冰塔林就会塌。我有一次赶上了，当时离我有几十米远，哎呀，就傻了，站着一动不动，它一塌以后所有的雪雾起来，什么也看不着，站了大概五六分钟吧，雪雾慢慢散去，我们互相就看看，你在不在，我在不在。写诗是记录这样一件事，那次登山梯子很长，有十几米长，从这头往下搭，搭在一个很深，不见底的冰川大裂缝上，得从梯子上爬下去。当时我去的时候，梯子很结实的，但是梯子要钉在地上，靠一根绳子把它固定在冰上。到我回来的时候，天一热，冰就化了，冰就跟梯子分开了，但是从上面往下看不着，以为它还固定着呢。我的向导站在上面我就先下，我们倒着爬，往下，下到中间，梯子一下就翻了。也是登山的人反应快，我不知道为什么，一刹那我就把梯子紧紧倒着，倒着大概有四十五度吧，我就贴在梯子上，抱着。可能跟健身也有关系，我这个腰肌好，紧紧地跟梯子贴一块，脑子一片空白。然后等了不知道几分钟，我那个向导在上面就瞎叫，他英语也不太好，只会"No! No!"地喊。清醒过来，我倒头一看，深不见底，如果我不抱着梯子，就会掉下去了。虽然挂在路绳上，但这绳子经不住这么大的速度，就会断。即便不断，因为绳子有几米的宽松度，我也可能撞到冰壁上，非死必伤。然后，我抱着梯子心狂跳。最后才冷静下来，开始倒着爬，爬到了冰面，脚才落地。一落地，就跪在冰上哭了。为什么？你知道从生死关回来了，走了一趟。我写了一首诗，题目就叫"梯子翻了"：

> 朝阳升起来了，然而谁也无法看见
> 它在雪山的另一边，只是把寒冷的光线照耀过来
> 站在梯子前我感到了一阵静默的恐惧
> 它细长摇晃闪烁着白色金属的无情光芒
> 冰缝对岸的雪地似乎温暖起来了
> 是的，跨过去就是舒适的一号营地
> 一步步踩着梯子时我的冰爪在呻吟
> 它疼痛疲惫，刚刚穿越了一山恐怖的冰塔林
> 在想象的顶端我爬下来以四肢爬行
> 此刻我对一切都已彻底丧失了信任
> 在阳光一闪时我翻身向冰缝深处坠落
> 我看见太阳终于刚刚在雪山顶上露出一抹红晕
> 像一条蛇蜥，我揪住梯子时世界像死了过去

挂在梯子上晃动像是一种童年噩梦的讲述方式

惊讶地叫出来我听见那只是一句咒骂

我不想死也不能死，因为我还未登顶

太阳笑了然而只是冷冷的不动声色

冰缝的底部白色的黑暗张开了巨咙

脚在对岸着地时我的泪水夺眶而出

跪下来我久久地把头埋进怀里

这不是母亲的怀抱，可是我也感到温馨

我想听听我的心跳也想安慰我的灵魂

甘米拍拍我，祝贺我还活着

我冷冷地瞪了瞪太阳向一号营地走去

　　这首诗真实地记录了一个登山者在面对死亡时好多的感受和想法，所以我想，在中国做创业，做创新，要有登山者这样坚强的神经，不要恐惧，也不要害怕失败，也无法回避死亡。在这个意义上，登山跟做企业是一致的。当然了，登完山了都很骄傲，创完业的人也很骄傲，我们北京大学企业家俱乐部有好几个人，做了不少的企业又卖掉了，我觉得这就是创新，创新一个，再创新一个。应该讲，我们这一代人啊，应该有这种精神。

　　下面我再给大家念一首一定要念的诗。登了这么多年的山，突然发现，我会成为一个伟大的爱国主义者。无论我走到哪，都会有三面旗子是不许托运的，一个是国旗，一个是北大的校旗，一个是中坤的旗子，我怕丢了，必须亲自带着它们。我每到一个山峰，第一个打开的就是国旗，第二个就是北大的校旗。现在大家一说爱国好像觉得很矫情，不好意思说，但是当你登山时，无论走到哪，所有登山的人，到达顶峰，一定会拿出他们国家的国旗。因为你为你的国家骄傲。无论走到哪，听到中文说"你好"的时候，就会觉着一个国家真的强大了。20 世纪 70 年代是美国人登山，当时美国经济好，后来是日本人登山，日本经济好，后来韩国人登山，韩国经济好，现在是中国人登山。谁登山多的时候，谁山难就多，现在是中国人在山上死得多，这个就是一个民族在成长以后，登山的体验，一个民族的精神在变化，挑战，所以在山上走着，由衷地写了一首诗，题目叫"五星红旗"：

在世界之巅我高举起五星红旗

这是我的祖国新的高度

于是一个世界都看见了红色

还有五颗金光闪闪的星星

此刻朝阳从我的脚下升起

千年的风渐渐从云层下吹上来

来时的脚印已被冰雪覆盖

阳光照耀坚石冰硬

站在顶峰我高举起我的五星红旗

千百年红色从未让我如此温暖

站在顶峰我和我的祖国向世界祝福

千百年红色从未让我如此感动

热泪奔涌我看见我的祖国醒来

冰雪无声我听见群峰中冰川雷鸣

在世界之巅我高举着五星红旗

这是我的祖国新的清晨

作为一个登山者，我现在的一个体验是，只要活着，就要热爱生命，就有无限的可能。请善待你的生命，不要浪费它！

二、我们在哪里？

第二，我想讲"我们现在在哪里"。

刚刚讲过，我是时代的幸运儿，可以说，在座的你们也是时代的幸运儿，是这个时代的幸运儿。第二次改革大潮又要来了，我判断，我们正处在一个时代的转折点、分水岭上。过去中国的经济是粗放发展阶段，现在野蛮发展的时代过去了，需要一个全新的经济模式，这就是当下中国政府正在做的经济转型。传统商业模式正在终结，就是我说的，我们只会干房地产，搞旅游地产，搞景区，或者造汽车，或者说做传统的互联网，这个模式一定在终结，后面是你们赶上来了，你们都是要消灭我们这一代创业者的。比如说，马云用互联网把传统零售业消灭了，改变了所有的行业，所有的都在变，这就是你们的机遇，也是我们的问题。比如说，房地产业，一定在今后五年内变得更加正规。为什么？因为不动产条例要出台，房地产税要推出，同时中国的人口在变化。在这个时候，房地产行业不再有那么高的利润，它回到了正常的利润上，这个行业就会变得跟其他行业一样正常了。在美国不可能有万科，因为美国房地产的利润就这么样。在中国，下一步就是像这样的发展，所以房地产商们都在拼命地转型，各有各的招，往哪里转，都在找。在这个过程中有一大半会死掉，所以房地产这个行业是在往一个正常化的方向发展。旅游产业目前发展得好，最近有人来找我，有的拿着政府的规划来让我提提意见，我认真地说："非常好，但是我告诉你，这是要淘汰的。"中坤现在面临的问题就是要把现有的产业模式升级换代。

中坤现在是传统的模式，景区为主，加上度假酒店，然后有大型的秀，然后有庙有禅修体验，够先进了吧，但还是有问题，这是传统的。为什么？人们对生活的消费需求，旅游需求，已不满足于简单的"到此一游"了，它是要发展到另外一个文化消费层次的，我称之为"第二社会生活空间"。第一空间是你所在的城市，那里有你的工作，你的家，离开那里你需要另外一个生活空间，可能只是一个发呆的地方，但这是一种文化上的体验。那么现在我们下边往什么方向转型呢？这种传统的过渡，我预计再过十年，门票经济会没有了，景区会不允许收门票，只保留公益性的门票。目前只有中国的地方政府在拼命申报遗产，申报完了，门票很高，这种模式一定会逐步退出。而新的模式和新的生活方式出来了，比如说北京，你所知道的四大赛事之一的国际徒步大会，一直由中坤与政府合作在做。今年在一个星期之内的报名人次达到五万人左右，还有很多人报不上名。今天的中国人发了疯的一样，跑步、徒步。是这个社会在变化，人们体育休闲、旅游休闲的方式都在变。今年经济形势不好，所有行业都受到影响，只有旅游行业好，这是因为高铁的时代到来了。当年我投资黄山的时候，从北京到那里需要二十多个小时。现在高铁明年通车，五个小时就到了。当年我去黄山的时候，没有一条公路，明年高铁通了以后，从杭州、上海、南京到我的景区只需要一个小时。《爸爸去哪儿》第一季在北京门头沟灵水村拍的，我把那里做成景区，开业几个星期，就有几十万收入，明年肯定可以成为大景区，所以这个行业是一个朝阳行业，因此你要看到未来。如果你被当下迷惑，那么产品设计就会有问题，所以要跟着人们的最新动向。比如，现在人们把吃苦当做是一种时髦，就有大兴的人大代表提案把北京大兴做成乡村步道，在这么好的环境下做步道景区。最初浙江永安开始做步道的时候，老百姓反对，"你从我村里过，不行！从那过，不行！"后来因为步道，这里的经济起来了，每年有几百万人在这里走，村子里开始自己来修，"我村子的这段修好了，你给我纳进来吧，那段修好，你给我纳进来吧。"光卖登山杖，户外用品就是大产业，这就叫步道经济。所以我们现在应该往这个方向走。如果我们滨海新区设一个乡村步道或者滨海步道，不用投多少钱，做好规划、救援等设施就会吸引天津人、北京人来这里。让当地的老百姓受益，游客可以到他的家里吃个饭、喝个茶，同时又变成向导又变成救援的，这样新的模式就创新出来了。因此，在创业的时候不要一步就踏进要被淘汰的行业，这个特别重要。现在很多城市还在照着 3A、5A 的标准建景区，这种传统的景区，建完了可能就是门票不许收的时候，就像美国的高速公路基本不收费，德国也不收费，中国有一天，也可能取消收费。所以在这个意义上，传统的模式正在消逝。

再一个就是家族企业的传承问题，这是个大问题。下一代人不愿意接手企业，年轻一代都要做风投、做天使、做投资。这在中国很典型，这一代老的企业慢慢地知识更新不够了，再过几年，很多都会被淘汰掉。一个新的时代到来了，就是被称为"第三次工业革命"的互联网时代。这个时代创业的模式完全不一样了。我刚才讲了传统产业的可预见性，就是能看到五年后。比如，像王健林说的，"我不做到一万亿我不退休"，他是有道理的。按照传统的模式，他按规划，明年再开多少个广场，后年再做多少，是可以被计算出来的。马云敢说吗？现在马云的阿里巴巴很伟大，但是王健林也在做电商了，大家都在做，竞争就出来了。所以在新的经济状况下，不确定性在增加。市场做得好的时候，跟进者就进来了，因此在创业的时候，要知道潜在的危机，要考虑到不停地创新，很容易被模仿的这个周期就是危机，然后创新，创新引来模仿，模仿就引来了垄断，垄断然后引起了新进入者再进来，这个时候你的利润就摊薄了。互联网思维是你们面临的极大机遇，互联网思维是平民化的、平等的，与我们这一代人狼性竞争的情况不同，在互联网思维下，你们要合作，你们做的所有的东西，都需要向社会开放。当然更重要的，你们是完全新的东西，没有历史的记忆。比如说，我有好多伤痛的东西，我们这一代人都是这样，对比之下，我比过去好多了，过去很苦，我们经历了"文革"，经历了很多的东西，我们在做企业的时候总是带着伤痛，所以带来的是狼性文化。经历了那么多伤痛的东西，我们这一代人精神上都是有伤痕的。

我们有许多很悲伤的记忆。但是今天站在这里讲的，这些记忆只是一个民族过去的时代。我们很幸运，因为改革开放了。在创业的时候，如果你失败了，要想想过去，就知道你多幸运。你们要理解过去三十年是怎么过来的。那么下一个三十年，你们应该怎么做呢？

当然，在三十年做企业的过程当中，我也讲过，都伴随着一种侵略性很强的狼性文化。前一段时间，法国的一位大使回来，吃饭的时候旁边坐着一个法国的老人，电影《狼图腾》的导演。知道他正在拍狼图腾，我一下有了兴趣，就问他，"法国人怎么看《狼图腾》这本书？"他说："法国人特别喜欢。我这部电影拍了四年，推出来，会非常受欢迎。"但是我告诉他中国人对《狼图腾》是有争议的，因为狼性文化，是中国的一个特点。"文化大革命"把一切都打倒了，把一切都毁灭了。后来改革开放，我们做企业的，奉行新丛林法则：弱肉强食，适者生存，所以在这样一个狼性的情况下互相撕咬。这一代人，就是"我是土豪我是爷"，"我是六毛我怕谁"。这就是一个时代狼性文化的传承。所以在你们创业的时候一定不能再有这样的狼性文化。当然了，我们做企业的过程，回想起来挺过来也挺不容易的，会夜半惊梦很多东西。前段时间我刚出一本书，《动物日记》，全是我最烦的时候，把我的诗像动物日记那样记录情绪。前一段，我在转型期，很痛苦，突然翻起我 2008 年的这本书，一看，哇，我哪天舒服过，当时也是痛苦。这本书里面的插图，是我们的吴志攀校长的漫画。所以这本诗集出来以后就有很多人喜欢，我给你们念其中的一首。

2008 年 2 月 6 号凌晨的四点多写的，叫"台阶下的蜗牛"：

蜗牛的态度实在有点傲慢

从不向我问好，也从不在乎，蚂蚁的骚扰

他爬行在我家的台阶下，却并不承认寄人篱下

他背着的房子也从不允许我进去做客

我说他的房子不伦不类过于简陋

他说我的房子又要贷款又要按揭还怕降价

我说他背着房子四处行走不成体统

他说我早成了房奴争权夺利机关算尽

我恼羞成怒就对蜗牛嗤之以鼻

任由他被猫鼠攻击不予搭救

一天的午后，我看到猫鼠们载歌载舞

他们攻陷了蜗牛的房子并吃了他的肉

我无法表示祝贺，紧闭起门窗

回想着蜗牛，我悲喜交加黯然神伤

新闻联播说，宏观调控要从严从紧

天气预报说南方有雪缺电缺粮

蜗牛的故事呢，以家破人亡告一段落

我的麻烦呢，是加息加税夜不能寐

这首诗，挺好玩啊，这就不是以诗歌记录心情，当你想起来时会发现，做了企业，就再没有安稳的日子。但是反过来想，这不就是我们要的吗？所以我把这些讲给你们。在你们创业的时候可以看看我们的心路历程。

在这个阶段给大家做一个总结。我们赶上这个好时代了，我们很幸运，没有被一个时代落下，一个人最可悲的就是被一个时代落下了。人家在干事，没你的事；别人都在创业，没你的事；别人都在失败，也没你的事。最后，你这一生，有什么呢？这就是个问题了。所以，我特别感谢 1992 年的改革大潮。现在的你们要感谢习近平主席，按照他说的话，又一个做企业的大改革时代到来了。

如果说你们还有种种疑虑或怨言的话，我告诉你，现在真的是一个伟大的时代。首先，全民讲法。过去我们哪有法啊？就认为靠钱能搞定一切。但是现在是一个法治的时代。此外，你们现在的精神，就是当年我们的精神。最近参加了几个活动，发现每个人都在思考，都在创业，都在转型。这是一个知识更新的时代，所以你们一定要意识到知识永远在更新。你们赶上了一个伟大的、创业的时代，所以我们要感谢新一届的领导班子，如果没有一个稳定的经济环境，没有邓小平，就没有改革，我们要珍惜这个时代，我也祝贺你们赶上了这样一个好时代。

三、我们会到达彼岸吗？

我们今天要讲的第三个问题最重要，既然在北大的课堂上就要讲讲形而上的问题，这个问题就叫"我们会到达彼岸吗"。你们在座的每个人都想创业，并且在创业，你们会成功吗？你们每个人都有各自的精神追求，而你们的终极目标在哪里？这是个要回答的问题。

那么我回头讲，这三十年的改革开放为什么这么伟大？没有别的，就是因为中国共产党很伟大，把社会的企业家精神给释放了。所以，邓小平提出的"摸着石头过河"的精神很伟大，就是即使我们不知道什么叫社会主义，也不知道什么叫市场经济，先干起来再说。中国的特区就是这么做起来的，企业家精神就是这么被释放的。

什么叫企业家精神？就是创新，破坏性创新。所以，在那个时代，小岗村的村民就是企业家，把包产到户，从原来的不允许到做成功，并向社会推广。高新区的建立也是典型的企业家精神发挥作用的结果。原来很难想象天津会有滨海新区这么美好的地方，但我们要追求这个东西，要把原来的拆掉，我们要引进全世界五百强企业，要把北大创业训练营引进来。做没有做过的事就叫创新，就叫企业家精神。所以改革开放三十年就是企业家精神完全释放的三十年。但是上一个十年很糟糕，企业家精神没了，很多的腐败问题出来了。现在，企业家们重回社会，靠的是你们。

所以下一步，我给你讲一下企业家精神。从三个人讲起：马克思、马克思·韦伯和熊彼特。我们一起来探讨一下企业家的精神是什么。

首先，马克思，他对资本主义的分析是最透彻、最尖锐的。谈到资本家的时候，他把资本家作为资本人格化的代表，资本家在他那就是企业家。他讲过一段话："一个资本害怕没有利润和利润太少，就像自然界害怕真空一样。如果有5％的利润，资本就胆大起来了，如果有10％的利润，他就保证到处被使用，有20％的利润他就活跃起来，有50％的利润他就铤而走险，为了100％的利润，他就敢践踏一切的人间法律，有300％的利润他就敢犯任何的罪行，甚至冒着绞首的危险。如果动乱和纷争能带来利润，他就会鼓励动乱和纷争，走私和贩卖奴隶就是证明。"因为马克思生活在阶级斗争特别残酷的时代，那是羊吃人的时代，他看到了这些问题，因此他对资本和资本家的定位，是定在一个获取剩余价值的地位上。同时，他也讲到"资本家是专业化的，是指挥企业生产活动的，是精通业务的经营者"。马克思的看法是，一个没有资产但精明能干、稳重可靠的人也能成为资本家。马克思还提到，资本家不成为任何的权威，只能成为竞争的权威，他对这些话题都有很深的论述。

那么到了社会学家马克斯·韦伯的理论，他提出了新教伦理与资本主义精神，这个是很有意思的。他对资本家、对企业家做了新的定义。他提出马丁路德新教改革以后的新教徒，成了资本主义的主要的一种动力。新教徒信奉：第一，工作是天职，挣钱就是至善，就是完成上帝给的任务，鼓励企业家拼命去获取利润就是资本主义发展的动力；第二个，新教徒节欲，盈利不是用于个人享乐，而是一个为上帝工作创新的过程。我认为，他讲的很对，前一段的资本主义发展起来，就是靠的新教伦理，他没有反对挣钱，但是他提倡节欲。《圣经》里说，富人想进天堂比骆驼穿过针眼还难。带着《圣经》里的这句话，我在巴黎圣母院曾问一位副主教："你觉得我能够进天堂吗？"他说："你忘了，《圣经》后面还有一句话：把你的财富都捐给上帝。"

再讲另一位很重要的人，熊彼得，他的理论与企业家的理念很相符，是我们企业家很相信的。熊彼得是奥地利人，在哈佛大学经济系任教，他提出一个观念，说经济都有商业周期，经济好的时候，会有大量的人跟进来，跟进来以后大家都在创新，利润会最大化，但是竞争又会使利润降低到最小化，这时就到了经济的低谷。在低谷阶段一些企业家破产了，或者不得不退出市场，而另一些企业家就会开始破坏性创新，把旧的生产要素重新组合。还以高新区为例，同样的一块地，别人会想到我盖商业卖了，盖住宅卖了，但是很少会想到盖一个筑巢引凤的高新区，用最好的硬件、最好的政策把创业者引进来，这就把原来不变的生产要素进行了重新组合。这生产出来的关系是什么呢？是面向未来的、潜能无限大的东西，这就叫创新。当然，创新也充满了毁灭。创新这个概念是从尼采来的，他认为世界是一个毁掉的世界，他希望一个超人出现把旧的、乱七八糟的世界全部消灭掉，引领世界创造新的东西。他的理念培育了希特勒，还有瓦格纳，他的音乐剧讲的全是悲剧英雄。德国这个民族是喜欢悲剧的，他喜欢英雄，希特勒大概把瓦格纳的歌剧听了很多遍。我去过他常去的那个歌剧院，最后希特勒走向了毁灭性创新的超人路径。回到熊彼特这里，他认为企业家的任务就是要毁灭性创新。比如，我刚刚提到的傻子瓜子，在当时的情况下，没人雇工，我雇了；还有那十八户农民，没有包产到户的先例，我搞了，田还是那个田，地还是那个地，但是所有的动力变了；还有，我们的北京大学创业训练营，以前没有，现在办起来了，北大精神开始孵化很多很多未来的乔布斯，这都是创新。因此，企业家的本质就是创新，如果俞敏洪只是经营新东方，不创新新的东西，他就不是企业家而是商人了，所以企业家就是要不停地创新。同时，企业家可以不承担失败的责任，这些责任可以由资本家、风投、LP 这些投资家来承担。在西方，企业家很早就被认为应当解决好创业和创新的关系，创业是一回事，但是要能创新，才能成为一名企业家。可以肯定地说，企业家和诗人，都是稀缺元素，因为这些都是不能被后天培养的，而是天生的，需要天生具有冒险精神。

四、什么是企业家精神

像我这样，一个山一个山地登，就是在不停地挑战新的东西，到最后会发现人一生特别特别充实。珠峰，觉得我上不去，我去了，失败了，我又去了，2013 年去完再不登了，因为不过如此，我没有什么可怕的了。这个过程中，你发现自己越来越强大。在这个意义上，企业家精神是一种不停要创新的精神。具体有以下这么几条。

第一，要有梦想。我们这一代人，每个人都有一个梦。李书福要做汽车，俞敏洪校长，要当全国，甚至全世界最大的校长，马云就是不做首富，也一辈子伟大，因为他能把互联网购物一下子做到世界第一。从这个意义上，这个做企业、做创新是有意义的，不在乎你是不是首富，你拥有多少财富，而在于你勇于改变了什么！

第二，要有热情，要光有梦想没有热情，而没有激情是不行的，所以你的激情在哪呢？就是失败了我可以再来。做好了把它卖掉再做一个，我就是要创新，因为我还年轻，有的是时间。这个是成为合格企业家的要素。

第三个是享受创造的快乐。我的几个学生，做的方兴节能，不管他以后是否挣钱，挣多少的钱，这是你做的呀，过程中有酸甜苦辣，但是你自己设想把它做成，这个比你最后成为亿万富翁的成就感更强。我们的这几个学生那么年轻，就能够出手不凡地做出光电明信片这样的产品，这是不可想象的。只要你们保持这种创业精神就一定能成功，真正做进去了，就知道怎么把一个创业的梦想，变成现实。企业家也是典型的反享乐主义者，所以你看企业家永远在吃苦，我们北大企业家俱乐部的理事都是早上开会开完就跑了，有的人一天北京到上海一个来回，这是因为他们有一种创造的激动，他享受创造的快乐。

第四要有坚强的意志。创业就是下地狱的开始，要承受失败。可能以前没人跟你们说过，今天由我来告诉你们，"人要上天堂，必须先下地狱"。我去德国的时候，见到一个教堂的门上特别有意思，左右两扇门，左边的门，亚当、夏娃在偷吃苹果，上帝发现了，然后呢就把他们贬下了地，另一个门，他们在修行，在忏悔自己的错误，在拼命地做好事，最后又回到了天堂，跟上帝和解。这个就是说要是没有下地狱的气魄，是不能直接到天堂的。还有佛教中讲的轮回，这个轮回在哪？需要几亿年才能变成一尊佛，变成佛的时候就不轮回了，而在成佛之前必须轮回。从积极的意义上讲，这蛮有意思的，因为你有终极目标，人生短暂只是个过程，而创业的开始，是一个踏上苦难历程的开始。我们走了三十年，你们也得这么走三十年，甚至比我们更艰难，因为现实太不可把握了，我们永远不知道明天怎么变，也许二十年内，机器人可以超过人类的智商，都是有可能的。所以你们面对一个风险更不确定的世界，更需要坚强的意志。因此，坚强的意志首先要面对不确定性，这是企业家创新的一个要点。其次，要克服惰性。比如我，每天都在健身房训练。其实每天训练，我都会找一堆借口，比如今天感冒了就算了吧等。但我还是坚持下来了，就算每天只有 10 分钟。为什么？我就是要训练自己的习惯，对抗人本身的惰性，所以今天大家看我身材还可以，那是吃苦吃出来的，跟自己战斗，战斗出来的，到最后会发现，你的身体坚强与否，决定了你的意志，登山也是受益于我的意志坚强。2005 年我有天晚上睡觉睡着，一躺过来，肚子上堆了一大堆肉，再往右边一躺，又一大堆肉，突然一下不能接受了，第二天，买了卡就进健身房了，一直坚持下来，三个月后就没肚子了，整个的身体状况也慢慢好起来了。所以，身体的坚强也是创业的基础。坚持一个好习惯，是让你意志坚强，是为你的后半生积累资本，如果你能把这个做到，再加上你有这么大量的知识，肯定是下一个乔布斯。此外，就是面对社会不确定性的把握能力。现在为什么移民这么多呢？因为他们不能把握社会的不确定性，不知道中国社会往哪里变。中国一直存在左和右的争论，现在争论更加激烈，这是利益主体多元化的表现。现在上访这么多，社会越开放，社会的利益诉求就越多样，这是进步的表现，考验政府的治理能力，也反映出社会的不稳定。像我这样从中宣部出来的，也会有自己的判断。一个执政党一定会让社会的政治经济秩序都稳定了。中共很伟大，取消终身制，两届就必须换届，这个很了不起。再一个，就是政府自己净化的能力，现阶段的反腐很厉害，没有一个政党能做到这些。所以需要有一个阶段适当的权威政府出现，我们现在也需要这个。所以企业家要培养一定的理论素养，知道中国社会的走向，在创新时没有后顾之忧。在这个意义上，企业家要具备几个能力：一个是预测能力。你对你的行业的判断。新手可能判断不准，会试错，但老试错也不行，要有一定的社会经济支持，理论支持。第二个是组织能力：能不能将自己的团队建设好。现在都是几个年轻人一起搭帮干活，总有一天你们要分手。但分手要怎么分，这是个问题。你要有组织能力，要能和自己的团队及对手合作，这是你能不能成为企业家至关重要的东西。三是要有说服能力。你们怎么能忽悠来资金。今天几个孩子讲了半天，我很高兴，但也是初级的。一旦你形成利润，就会有人来反制你，你创新完了就会有模仿。比如，阿里巴巴成功了，大家都模仿其做电商。模仿阶段就出现垄断，然后有大量的竞争者出现，等大量的竞争者出现后，整个社会利润就摊薄了，然后整个行业就成了烂行业，希望你们不要赶上这个。这个时候就要有一定的说服能力，怎么让人相信你的商业计划。

　　最后要讲一个问题，大家都知道企业家精神这么重要，问题在于中国社会为何鸡飞狗跳，做了这么大的企业还是不快乐？因为我们的企业家精神是从资本主义社会过来的，资本主义社会的企业家精神有一个基础：社会达尔文主义，就是"适者生存，弱肉强食"，资本一来到市场就是血淋淋的。中国的无数商战也是这样的，我们有狼性的文化，带来的问题就是社会的分化。为什么大家对土豪都不满意，因为土豪七千万元嫁女，与这个社会的差别太大。因此，创新创业一定要看到这个背景，这是企业家狼性精神带来的后果，导致了中国社会利益多元化，引起社会的焦虑和不稳定。没挣到钱的焦虑，挣着钱的也焦虑，会突然发现被财富所累。那就是下一步怎么能够将社会做得公平一些？在下一个三十年，你们要奉献什么精神？西方的商业模式，资本主义精神已经出问题了，华尔街已经唯利是图，为所欲为，它也不再为了创新而创新了。下一步到你们。现在为何重读马克思？中国社会现阶段处于极大的焦虑中，还有怨恨。尼采讲什么是怨恨，就是没有受到公平的待遇，但强者是不怨恨的。20世纪西方就已经研究这种文化现象，因为怨恨导致土豪、官员就会遭到仇恨，社会越进步就越容易出现不稳定的因素，最后导致的就是虚无主义，就是什么都没有意义。

回到我的主题，就是你们这一代人创业要有新的文化，不要再有狼性文化，我就给你们讲一个例子。两千年前的子路，孔子的门生，战国时混乱的社会背景，没有把经济国家化，然后他发财了，成为孔子的弟子，说老师你看我已经做到了贫而不谄，富而不骄，你看我是不是很好？孔子讲，你做得很好，但是不够，你还要做到贫而乐道，富而好礼。这个就伟大了。我们现在中国的绝大部分人都做不到子路的"贫而不谄，富而不骄"。更别提孔子讲的"贫而乐道，富而好礼"了。所以在北大的一次讨论会上，有专家说胡雪岩是儒商，我当时就急了，我说："他怎么能是儒商？他是典型的官商勾结，是红顶商人。"所以，从封建社会开始，中国都是国家垄断的经济和企业，一直到改革开放，我们才进入了社会主义市场经济，但是我们这一代人的价值观念已经被完全摧毁了，来不及重新树立一套信仰，这就是我们当下的问题。所以我们这一代企业家，是有缺陷的企业家，不是很完美的，但是我们这一代人，也注定要记入历史。因为，这是中国的企业家概念形成的过程。所以发展到你们这一阶段，在互联网的时代，是一种分享的经济，你们应该有新的东西，可以回到我们的传统文化上来，比如说以子路为榜样，时刻拷问自己：你能够做到富而好礼吗？有的同学经常会问我："黄老师你怎么这么谦和啊？"我说我有什么理由不谦和的呢，我有什么了不起呢？要学会在创新创业的过程中，让自己平庸化，让自己儒家化。那么儒家的最主要的一个精髓是什么呢？"修身齐家治国平天下"。修身要讲道德，讲修养文化；齐家就是要把企业治理好，不断创新；治国要关心国家；然后，要关心天下，要有天下观。我认为在下个三十年的创业当中，你们是有机会的，你们没有我们那些伤残的心灵、伤残的记忆。

感谢今天给我这么多的时间，最后再给大家讲两个故事。最近我在研究哲学，研究死亡哲学。萨特的情人波伏娃，写过一部长篇小说《凡人皆有死》，这里面的主人公叫福萨卡，是一位美男子，他处于战乱的时代，有一次，他抓着个老头，要把老头杀掉，这个老头说不要抓他，他有一个长生不老药可以作为交换。福萨卡说："真的吗，那你为什么不喝?"老头说："是从我的祖父留下来的，我们没人敢喝，因为我们不知道不死会有什么样的后果。"福萨卡说："这样一个傻子，拿来!"他就一下子把长生不老药喝下去，喝下去以后活了600年，最后就变得极为痛苦，因为他永远不会死，因为不会死所以他就没有任何快乐，没有追求，没有痛苦，没有成功也没有失败。他谈了不少的恋爱，永远没有激情，因为每一个女孩子都是漂漂亮亮来，最后都是变成一堆土，埋在坟里边。到最后他想死也死不了，最后他周边的人说比起福萨特来是幸福的，因为有生死，所以要珍惜生命，好好地去爱，好好地去恨，好好地去创造，走遍天涯。这里讲的就是不知死焉知生的道理。我们的人生是很短的，人总是要死的，我登山的时候每一次都想着我不会死，但是下一秒钟，死的可能就是我。生命其实很短暂，所以你今天所有的打拼都值，因为你活着，因为你会死，这就是哲学家讲的，向死而生。苏格拉底最后喝了毒药，在要死的时候他说了一句话："我去死你们去生，谁的路更好，只有神知道。"这是哲人的看法，所以对于我们来说，知道我们会死，就更要珍惜生命，你不要追求什么永垂不朽，真的像福萨卡那样你就白活了。

　　第二个故事讲托尔斯泰写的《伊凡·伊里奇之死》，这部小说太了不起了，这部小说写出来了以后，海明威说我以前如果敬他一百分的话，现在要敬他一千分。海明威写的《乞力马扎罗的雪》，是仿照的《伊凡·伊里奇之死》。这本小说讲的是一个叫伊凡·伊里奇的贵族，整天活得挺好，天天吃喝玩乐，钩心斗角，捉摸怎么获得更高的职位，然后打牌泡妞，这只是他的生活，也觉得所有人都是这么过的。他也想不到他会死，有一天他发现得了癌症，不能接受，无法相信自己会死，于是一下就疯掉了，每天歇斯底里地大声痛苦地喊。而他家所有的人都变了，因为他每天要痛苦地喊，所有人都烦，到最后都希望他快点死。只有一个他的农民仆人，每天晚上让他把脚架在自己的肩膀上，他才能够睡。那个农夫很忠实，一直坚持这样做，所以他问"你为什么对我这么好？"农夫回答他："因为我也跟你一样，我也会死的。"主人公开始细想他的一生，觉得很后悔，无所事事，所以在他最后死的那一刻，看着自己的妻子女儿，对妻子女儿露出的是特别可怜的神情。因为他终于悟出来了，活着是什么，死是什么，而他的妻子和女儿还照那样庸庸俗俗地活着。所以说人活得很短，我们要去创业，要去创新，要去成功，要去失败，要去痛不欲生，最后会发现，自己这一生是在活着。否则，这一生没活，是死的。谢谢。

>>> 第 *14* 课
张新华：榜样的力量

导师简介

　　张新华，男，1961 年出生，1984 年毕业于北京大学经济系国民经济管理专业，1986 年获北京大学经济学硕士学位。1986 年进入中央财经领导小组办公室工作。1987 年曾任国务院秘书长秘书一职，其间曾参与党的重要报告和《政府工作报告》起草小组工作，是最年轻起草小组成员。1990 年被国务院办公厅选派加拿大、美国学习证券、期货。1992 年下海，创办中国国际期货集团公司。1996 年创办深圳市神华投资集团有限公司，领导深圳神华投资集团参与过天津力神、德赛西威、荣信股份、马鞍山鼎泰新材、武汉海特生物制药、甘肃成纪药业、中聚电池、北京中博农、中联地产、哈尔滨奥瑞德、远兴科技、南山滑雪、紫红泥酒业、神华期货等近百项投资。曾创造市场上多项投资经典案例，是国内资深的跨多个领域的投资家。

分析企业的书中有一本很有名，叫"追求卓越"。这本书从世界五百强里找出十八家长盛不衰的公司，从中找规律性的东西。诸如宝洁、IBM、3M等，这些公司为什么会长盛不衰，《追求卓越》找的是百年老店的发展规律。后来又有《基业长青》和《从优秀到卓越》，都是找企业发展过程中有哪些规律性的东西，使你能够从优秀做到百年老店。

做大做强有没有规律性的东西？我觉得我看了上述几本书之后，非常受启发。比如说你做企业，你要追求利润以外的意义。企业要赚钱，但是不能纯粹为了赚钱。后来我想了想，世界上有很多伟大的公司，确实是这样。比如说微软，刚开始比尔·盖茨赶上了做小型机和软件的潮流，当时是做大型机的时代，那时候IBM的董事长甚至预测"全世界的小型机需求不会超过5台。"盖茨是为了让每个家庭或者每个人桌上有一台PC，他追求的这个意义实质上是改变人的生活。大家回忆一下，中国现在做得比较成功的，比如说马云。马云追求的是什么？不管追求的是什么，他现在赚了很多钱，成为中国首富。但他更可能是给了中国一群年轻"屌丝"创业的市场，他实质上虚拟地造就了一个城市。这个虚拟的城市中就有交换的产生。大家可以回忆历史上城市是怎样产生的？城市从欧洲中世纪开始，就是因为大家有交换的可能，交换的可能就带来了交易，交易就必然有市场的产生，市场的产生就必然带来货币，货币产生后就必须有交换的工具。这一系列的变化就带来了现代社会，或者我们称为资本主义现代化阶段。所以他追求的这种超越金钱以外的意义，就是企业长青的第一条规律性的东西。

另外，这些公司的管理人员，绝大部分是自己生成的，空降的很少，从自己部队里生成的才能打仗。大家再想想，如果我们把基督教的产生与发展作为一个创业的案例来看，基督的门徒为了教义而献身，赴汤蹈火。这是一种什么力量？这是一种信念的力量。有了这种信念的力量，那就是无坚不摧，所有的困难都不在话下。再说我们的毛泽东主席领导中国共产党"创业"的案例，他的子弟部队就是以井冈山为代表的红一方面军的铁血部队，走过二万五千里长征，经历多少困难，大家回头看看这段历史，所有的困难最后都被一一化解和克服，最终成就了非常伟大的事业。

所以我在想，我们这么多的创业者，我们能不能为他们找到榜样。现在，像我们在投资企业的时候，跟被投资企业的领军人物接触，其中有年纪大的，也有年纪小的。我们聊天时，大家一提起来就是我要创造一个伟大的事业，我要成为未来的马云，我要成为俞敏洪，我要成为李彦宏。我觉得这些志向和理念都是没有错的，但是无论你有多高的志向和理想，你都要脚踏实地。我们看看能不能找到这样一个样本，从这个样本身上能不能找到启迪意义。这个样本就是从 2004 年开始的中小板和创业板。

从 2004 年 6 月 25 日开始到 2015 年 7 月 5 日，中国市场的中小板上市了 767 家公司，创业板上市了 484 家公司，共计 1251 家上市公司。从 2015 年开始我们做了这个大样本统计的数据，包括访谈，做了一年多了。我们投资的企业有并购的，也有上市的，大概十多家吧。我跟这些创业公司的领军人物也比较熟，其中也有很多我们的北大校友。所以有机会接触我们中国的这一代代的创业英雄。看他们是怎样一步步走向上市的。如果我们把上市看做是创业的阶段性目标。当然，我们最终的目标都是要创造一家百年老店。中国因为改革开放才兴起众多企业。改革开放前，中华人民共和国成立前的那些企业就不说了，从改革开放算起我们才三十多年。因此，我们阶段性的目标是把企业推到中小板或者创业板，这是我们阶段性的目标。截止到 2015 年 7 月份，我们推到中小板上市的企业有 767 家，创业板有 484 家。我对这样的样本，做了一个有心人，对一些规律性的东西做了一些统计数据。所以我以下讲的内容就是立足于三点，第一，用数据说话；第二，用案例说话；第三，用故事说话。我讲述的是别人的成功，我只是一个冷静的旁观者。当然，这里面有些公司是我们投资过的，或者是我们投资的项目被并购进去的。我能够近距离地接触到这些领军人物或者创业英雄，能够近距离地感受到他们的脉搏。因为这段历史如果从 1978 年算起的话，那时候我也才十几岁，我是 1980 年上的北大。每一段波澜壮阔的历史，我是有切身体会的。我能够近距离地感受到他们的故事、他们的酸甜苦辣、他们的曲折。我把这些故事献给大家，大家现在正在创业，可能会重复这些故事，很多困难大家也会遇到，很多曲折，很多情感，很多波澜壮阔的东西，大家也能感受到。下面是我从这 1251 家上市公司的创业样本中总结出的一些规律性的东西，奉献给大家。

一、天下创新皆进化

在研究这 1251 家上市公司样本的过程中，我从这些数据中发现：天下技术一大仿。仿是模仿的"仿"。但是用这句话来涵盖这些规律又显得过于通俗了。从某种意义上来说，所有技术进步都来自交流。人类历史上，没有一项新的技术是某一个人脑袋中凭空想出来的。你现在无法说出电脑、汽车、手机是谁发明的。很多创业者都在里面作出了贡献，到了临界点，一个英雄就出现了。

在这里，我想讲三个不同历史时代的三个人物。18 世纪后半期，英国有一个叫塞缪尔·斯莱特的年轻纺织厂学徒，听说美国新大陆纺织业可以赚大钱，而那时纺织机是高科技，英国是严格限制技术向新大陆转移的。斯莱特仅凭脑中记忆把图纸带到了美国，在老布朗的资助下，斯莱特搞出了纺织机，并成就了美国后来的工业革命。

130 年后有一位叫丰田喜一郎的日本人，其实他祖上也是做纺织机的，一次偶然的欧洲之行，使他意识到汽车业是比纺织业更有前途的行业。于是他买了一台雪佛兰发动机，开始了他的"模仿"。这就是世界最大的汽车公司——丰田公司最早的故事。

大约六十多年后，有一位叫任正非的中国复员军人，在深圳开始他的创业。任正非选择的创业行业与他在部队从事通信兵的背景密切相关。后来，就有了任正非与华为的故事。

乔布斯对于改进电脑 PC 端作出了很大贡献，但是他其实不是一个技术天才。我们观察这一千多家企业，得出这样一个结论：所有的创新都是进化的结果，先模仿，然后再改进、再进化。著名经济学家熊彼特对创新进行过经典描述："原创性的技术，事实上是来自于进化。当到达一个临界点时，这种原创性的技术会带来破坏性创新。"也就是说，人类技术进步的历史就是一部进化史。汽车一旦出现，人们只记得奔驰、福特等。历史总是把最大的荣誉交给这些技术进步的最后集大成者。

创新的基础是"抄袭"，创业的基础是学习。中国改革开放三十多年，国家允许我们去创业。第一代万元户、第二代1992年下海、第三代互联网创业，我们面临的是第四代创业浪潮，是大众创业浪潮。这种破坏性创新会带来大量的模仿者，这些模仿者就是站在巨人的肩膀上。这没有什么可以羞愧的，乔布斯在1996年接受采访时，说了一段话："好的艺术家抄袭，伟大的艺术家窃取，我们从来不对窃取伟大的想法感到羞耻。"

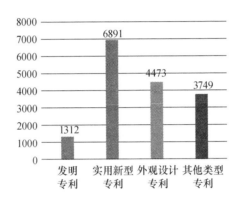

图1　IPO公司上市前三年专利申请类型

我们对中国的创业板和中小板做了技术统计，对专利数据做统计，专利代表公司技术的发展程度。中国专利的总数量已经超过美国，2012年专利申请量已经突破200万大关，2013年已经突破300万大关。在这些样本里，按照科技含金量来说，最高的是发明专利，占8%，实用新型专利占42%，外观专利占27.2%。其他专利占22.8%。发明专利是原创性的，申请制度严格。而占近一半的实用新型专利，是对原有技术进行的稍微改进。

我在做企业的访谈过程中，我们投资的一个药厂，做仿制药。新药发明投入非常大，在美国要十亿，时间要十年，在中国时间也非常长，所以绝大部分都是仿制药。我们的上市公司中，高端制药企业，是模仿国外，然后进行实用新型专利改进，打下中国市场。所以我们说，得中国者得天下。

我们发现，在这1251家样本企业中，对国外技术的模仿，或者引进技术的所占的比例相当高，这体现在企业申请专利中，实用新型专利占比相当高。这强调模仿和学习的重要性，我们不要想自己能够原创出什么东西，古人说"天下文章一大抄"。天下事情皆进化，皆模仿。最终的目的就是，我做的事情比你少一点，效率高一点，效果好一点。

大家知道红杉资本，创始人瓦伦塔是从高科技公司出来的，后来的投资对象有很多高科技公司，比如说微软、苹果、谷歌。大家分析说，他为什么会这么神奇，他就说，所有技术都来自于进化，没有什么是革命性的，他看到的投资点，就是比别人公司做得好一点点。我们常说最后五十米，最后一米。这对我们的启示就是要模仿，更要进化，人本身也是进化的结果。所以技术绝对是来自于进化。

但是从1251家样本的分析中，也发现很多值得我们忧虑的东西。比如说我们前面说的，发明专利比较少，实用新型专利比较多，由于这一原因，在中国上市的时候，考核的是你专利总数是多少，各个地方政府也是考虑你专利总数多少，能够带来税收优惠多少。没有把专利的类别和政府扶持政策与证监会的上市政策进行强挂钩。我曾经到一家企业，他们说自己有一千多项专利，因为我还多多少少懂一点，就让人去查一下都是什么专利，结果一项发明专利都没有，都是实用新型和外观包装专利。我一说这个企业有一千多项专利，占所在市专利的30％，当地的市长、书记一听就很高兴，说这种企业应该奖励啊。当然一千多项专利不容易，我觉得一千多项专利也确实应该奖，但更应该奖的是那种带有原创性的发明专利。我们现在的专利结构，我们调整的这一千多家企业算中国创业企业里最好的了。

中国的创业板和中小板上市条件是很苛刻的。这是由我们国家各种资本市场和资本条件决定的。其实在香港和美国上市，没有利润也可以上市，比如京东到现在都没有利润，也可以达到几百亿、上千亿美金的市值。但是在中国就不行，中国标准苛刻到实行三三制，也就是说你每年的销售额和利润都要有30％的增长。三年的考核标准，从报材料算起推回去三年，都必须是这样，有很多客观的标准。比如说选美，这个人必须有15根眉毛而不是20

根。我是觉得中国上市很多标准有些吹毛求疵了。一个人选美，漂亮就行了；一个人选能干，能干就行了，不能说还要他能短跑12秒以内。现在条件在逐渐放宽，但是放宽的速度非常缓慢。

　　企业做好做坏，不光取决于领军人物的本事，也取决于你的运气。我们投资过一百多家企业。有些企业，他就是缺那几百万块钱，给他以后他就缓过来了，你没给他，他就死了。市场变化非常快，企业不能有任何闪失，一上市它就做大做强了，一上市就鲤鱼跃龙门了。中国的管控对创业型公司是比较苛刻的，要走到上市那一步是万里长征。

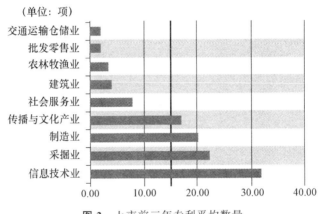

图2　上市前三年专利平均数量

　　中国企业重引进、轻消化吸收，重市场、轻创新。因为企业不销售不赚钱，一天都做不下去。根据我们对世界五百强的统计，研发费用能占到销售额的20%。而我们这一千多家企业，用于消化吸收和再创新的费用只占1%，只占日韩企业的0.7%，这个差距相当大。由于投入严重不足，很多企业相当于低端生产车间，谈不上自主知识储备。其中，我们对信息技术行业进行过分析，在上市前三年，获得专利最多的平均每家超过30项，但即使是这些行业也只是重视上市前的专利获得，一旦上市，获取专利的动力下降。上市前的专利申请维持在30，上市后下降到10。融到钱后就拼命扩大市场，因为技术创新是需要巨大的金钱和时间投入的，钱投入到技术研发中回报慢，这就造成了企业的上市后获取专利动力下降。

　　数据表明，这些企业的技术开发费用只占到5.25%，而上市前能达到 15％，远低于国际同行水平。我们技术进步慢，我们能看到差距，很忧虑，但企业要发展，必须要销售，不然活不下去，形势逼迫企业。要想改变这种现状需要时间，这是个漫长的过程。

我们对 1251 家的股价变化与技术投入比进行过分析，发现是正相关的。比如，中小板研发占比例最高的企业，近年来股价涨幅达到 207.8％，远远超过市场涨幅。这就说明投资者对这类公司的认可；主板上也一样，主板前十家研发费用占比高的公司股价涨幅达 204％，远远高于市场平均涨幅。

创业板及中小板，研发投入占比最高的十家企业（中小板三家、创业板七家）见下表，以下十家研发投入最高的公司，近一年（2014 年 5 月—2015 年 5 月），公司股价平均涨幅高达 300％以上，其中八家研发高投入企业的股价涨幅远超创业板指数 120％的涨幅，也反映了市场投资者对这类公司的认可。

表 1　创业板及中小板研发投入占比最高的 10 家企业

证券代码	证券简称	研发费用 2014 年报（亿元）	营业收入 2014 年报（亿元）	主营业务	研发投入占比	近一年涨幅
300223.SZ	北京君正	0.428 4	0.590 3	计算机、通信和其他电子设备制造业	72.6％	148.0％
002405.SZ	四维图新	5.099 6	10.590 1	软件和信息技术服务业	48.2％	150.8％
300033.SZ	同花顺	1.152 5	2.656 0	软件和信息技术服务业	43.4％	1 636.4％
300077.SZ	国民技术	1.801 5	4.257 0	计算机、通信和其他电子设备制造业	42.3％	160.9％
002279.SZ	久其软件	1.338 2	3.266 8	软件和信息技术服务业	41.0％	409.7％
300377.SZ	赢时胜	0.742 1	2.000 4	软件和信息技术服务业	37.1％	851.9％

续表

证券代码	证券简称	研发费用2014年报（亿元）	营业收入2014年报（亿元）	主营业务	研发投入占比	近一年涨幅
300189.SZ	神农大丰	1.251 0	3.556 6	农业	35.2%	160.5%
300079.SZ	数码视讯	1.904 0	5.473 2	计算机、通信和其他电子设备制造业	34.8%	97.9%
300045.SZ	华力创通	1.298 8	4.033 9	专用设备制造业	32.2%	73.6%
002230.SZ	科大讯飞	5.180 6	17.752 1	软件和信息技术服务业	29.2%	181.7%

上海主板及深圳主板研发投入占比最高的十家企业（上海七家、深圳三家）见下表，以下十家研发投入最高的公司，近一年（2014年5月—2015年5月）的股价平均涨幅高达215%，远超市场涨幅。

表2 上海主板及深圳主板研发投入占比最高的十家企业

序号	证券代码	证券简称	研发费用2014年报（亿元）	营业收入2014年报（亿元）	研发投入占比	主营业务	近一年涨幅
1	600707.SH	彩虹股份	2.703 4	1.595 6	169.4%	计算机、通信和其他电子设备制造业	87.7%
2	000670.SZ	盈方微	0.752 4	1.749 2	43.0%	计算机、通信和其他电子设备制造业	169.4%
3	600570.SH	恒生电子	5.905 1	14.218 4	41.5%	软件和信息技术服务业（金融行业）	364.7%
4	601519.SH	大智慧	2.593 0	8.204 5	31.6%	软件和信息技术服务业（金融行业）	341.1%

续表

序号	证券代码	证券简称	研发费用2014年报（亿元）	营业收入2014年报（亿元）	研发投入占比	主营业务	近一年涨幅
5	600571.SH	信雅达	3.216 2	11.008 3	29.2%	软件和信息技术服务业	447.8%
7	000760.SZ	斯太尔	1.366 6	7.407 3	18.4%	汽车制造业	30.8%
8	603005.SH	晶方科技	1.039 9	6.158 1	16.9%	计算机、通信和其他电子设备制造业（集成电路）	61.6%
9	000503.SZ	海虹控股	0.312 1	1.950 7	16.0%	互联网和相关服务	172.0%
10	600588.SH	用友网络	6.929 8	43.742 4	15.8%	软件和信息技术服务业	264.9%

我们看一个案例：湖南千山药机，代码是 300216，是做制药机械设备的，算高端制造业。它上市后，就瞄准了德国医疗器械小型公司的收购，通过收购来吸收专利，形成自己的技术壁垒，专利超过 1500 项，股价上涨了 3 倍。

我国大部分技术水平的现状，与世界先进水平存在较大差距，通过国内技术市场交易方式获取的技术一般都无法满足行业领军企业对先进技术的要求。国外技术引进作为国家技术进步的方式之一，对于提高我国技术水平，缩小与发达国家的技术差距，促进我国产业结构的调整和优化，实现我国经济的快速增长发挥了积极的作用。

企业的真正核心竞争力不在于申请专利的多少，也不在于获得税收优惠的多少。而取决于企业对核心技术的引进、消化吸收再创新的能力，这就是"进化"。

二、自古英雄出中年

中国有一句古话，叫"自古英雄出少年"，说的是，少年英俊统率千军万马，运筹帷幄，决胜千里；也有说江湖上，少年身怀绝技，武艺高强，艺压各路门派。

根据我们对中小板和创业板 1251 家企业的调查，尤其是对企业领导人（领军人物，董事长或总经理）的研究表明，很少有"英雄出自少年"。尤其是企业的灵魂人物，这些领军人物中没有 25 岁下的，30 岁左右的都不是很多。

企业从创业到成功过程中的影响因素很多，也很复杂。我们随机抽取了 20 家中小板和创业板的领军人物作访谈，领军人物们普遍认为：企业成功的最重要因素是阅历和经验，没有人说是学历和出身；第二大因素是努力工作。

数据统计也说明了这一点，在中小板中，按股价和市值对上涨最高的前 50 家企业的领军人物作统计，其中 1971 年后出生的有 4 人，占 8%；1960 年—1970 年出生的有 30 人，占比 60%；1950 年—1959 年出生的有 12 人，占比 24%；1950 年出生的有 4 人，占比 8%；样本扩展到中小板全部的 767 家企业，数据非常近似。上市日的年龄分布，其中 51 岁以上的有 9 人，占比 18%，41 岁～50 岁的有 26 人，占比 52%，35 岁～40 岁有 10 人，占比 20%，35 岁以下有 5 人，占比 10%。

在创业板中，在股价和市值涨幅排名前 50 的企业中，其领军人物 1971 年后出生的有 8 人，占比 16%，1961 年—1970 年出生的有 31 人，占比 62%；1960 前出生的有 11 人，占 22%；如果按上市日的年龄分布，其中 51 岁以上的有 11 人，占比 22%，41 岁～50 岁的有 34 人，占比 68%，40 岁以下的有 5 人，占比 10%。如果把样本扩展到创业板的全部 484 家企业，数据分布也惊人的相似。

在这里，我们来看一个案例：华兰生物（002007）。华兰生物是 2004 年深圳中小板中最早一批上市的公司之一。而华兰生物的领军人物董事长安康早在 1974 年就已参加工作，他 1992 年下海创业，创立华兰生物，到 2004 年上市，历时 12 年。

以上活生生的样本数据说明，创业企业是有生命周期的，这个周期应该同人类一样，当然这里面不排除有个别企业如此的"出类拔萃"，就像人类中的"天才少年"或者神童一样，但百万人中出一个"神童"，应该是小概率事件，另一方面的数据也应验了这一点。

我们也统计了中小板与创业板企业的成立周期。

中小板全部样本按上市前的成立周期计算，20 年以上的有 20 家，占 2.61％，16 年～20 年的有 86 家，占 11.29％；11 年～15 年的有 243 家，占 31.68％；6 年～10 年的有 349 家，占 45.45％；5 年以下的有 69 家，占 8.95％。

而创业板的全部样本按上市前的成立周期统计，15 年以上的有 64 家，占比 13.25％，11 年～15 年的有 135 家，占比 27.75％；6 年～10 年的有 249 家，占 51.5％；5 年以下的有 36 家，占 7.5％。

以上的统计数据说明，中小板和创业板从成立到上市的大概率分布在 6 年～10 年时间，而领军人物的年龄大概率分布在 40 岁～50 岁，说明创业企业的"黄金成长周期"在 6 年～10 年。而创业企业领军人物的创业初始年龄在 30 岁～35 岁，成熟年龄在 40 岁～50 岁。

"人类的最初的经验往往不是最好的"，这话充满哲理。我们在经历一个伟大的时代。张维迎教授曾讲过，所有的创新都是不可预见的。其实，每个人在创业开始的时候，也很难预见到自己能走多远，能创造多大的成功。很多中小板和创业板的领军人物告诉我，当初他们下海创业时，只有一个最原始的动机，改变眼前的生存状况。数据和案例都告诉我们：没有天生的创业家，只有实战中磨炼出的企业家。

作为一个创业家和企业家，人的一生是一个过程，要有丰满的成功，人的阅历非常重要。所以，我们创业不能着急，要保持良好的心态、锻炼通识、学习知识、磨炼意志。把创业当成享受人生的过程，才能使我们的企业既成功又长久。

三、"三边"革命救中国

提起"三边"，很容易让人联想到当年的"湘赣边区"（即井冈山）"鄂豫皖边区""陕甘宁边区"，这个"三边"救中国。那是 20 世纪的革命故事，这里说的"三边"是指"边缘、边境、边线"，是创业革命的故事。

当我们深入到这 1251 个样本企业中，我们透彻地感受到了这种时代历史的脉搏。这是中国人民为改变自己的面貌，昂起自己的头，自由地发挥聪明才智，大踏步创富的故事。这些故事的基本内容，就是由"三边革命"生长成的，而我们所分析的样本本身，只不过是从一个侧面印证了已经发生和正在发生的史诗而已。

第一，是边缘革命。2013年，中信出版社出版了一本经济学家科斯的著作《变革中国：市场经济的中国之路》，这本书中第一次提到，中国体制边缘上自发发生的诸多制度变革是超出了政府主导的，另一条独立的改革，即"边缘革命"。科斯在书中论述了边缘革命的四个特征，即四个边缘革命，分别是农村包产到户、城市的个体工商业、乡镇企业和经济特区。

边缘革命的另一层含义，是边缘人革命。我们对中小板和创业板的系统性研究可以深刻说明这一点。在中国三十多年的改革进程中，发生过三次大规模的创业浪潮。

第一次创业浪潮，1980年—1982年，代表人物为牟其中、刘永好。

第二次创业浪潮，1990年—1993年，现在史称"1992年派"，这是1989年后最大的一次政府公务人员、国企事业单位人员、大学研究所教职工的下海潮，代表人物为马明哲、任正非、陈东升、冯仑。

第三次创业浪潮，1999年—2002年，互联网创业浪潮，代表人物为马云、马化腾、李彦宏。

根据我们对中小板和创业板50个抽样样本的统计，在50个企业领军人物中，企业改制转型前为企业管理人员或员工有11家，占22％；公务员或企事业单位人员（下海）的有20家，占40％，草根自主创业的有9家，占18％。其他10家，占比20％，以上统计说明，80％以上属边缘人创业，边缘革命性凸显。

边缘是相对主流而言的，比如高官家庭、大城市家庭出生等。边缘人的特点，来自于小城市，家里受过教育，却又不是极度贫困的阶层。他们一心想改变自身的状况，不想随大流，而当时。中国空白很多，法律也不健全，也容易犯错误，刚好改革开放给了边缘人机会，他们向开放地带流动，所以我们现在会发现创业英雄多在沿海。

第二，是边境革命。边境有更自由和宽松的环境，与政府没有那么紧密的关系。比如深圳就相对比较宽松。企业家容易找到适合自己生存的环境；边境交通发达，做实业来往方便；人员从内地向沿海流动，人才比较聚集。我们分析的 1251 家样本，很大一部分也聚集在边境上。

我们统计了中小板企业的省区分布，见下图。

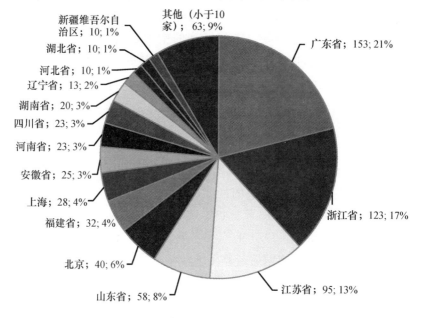

图 3 中小板企业的省区分布

在省区排名中，一个明显特征就是沿海省区占比很大，广东占比最大，达 21%，浙江和江苏次之，三省占比超过 50%，其次如山东、福建、上海等，均为沿海省份。

我们统计了中小板企业的城市分布，见图。

在中小板前 20 大城市分布中，深圳、北京、上海、广州占据了大部分数量，特别是深圳，地处沿海，毗邻港澳，且有深交所的依托，上市公司数量为 70 家，在前 20 大城市中，占比约为 20%，在广东省各地市中，占比约为 45.7%，雄踞首位。而广东境内排名第二的广州，仅为深圳的约 1/3。

在前 20 大城市中，还有一个现象值得关注。除了我们所说的前 4 名外，佛山、台州、绍兴、汕头和南通等城市，既非地域面积大的城市，也非省会城市。这些地区的共同特点就是当地中小型经济发达，且人均生产总值高，生活水平高。

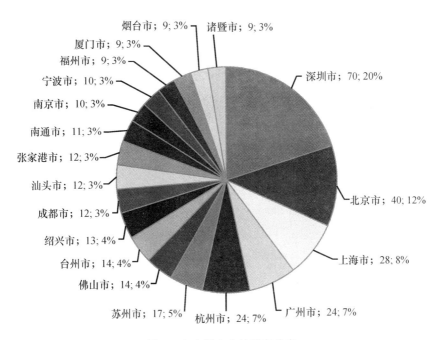

图4 中小板企业的城市分布

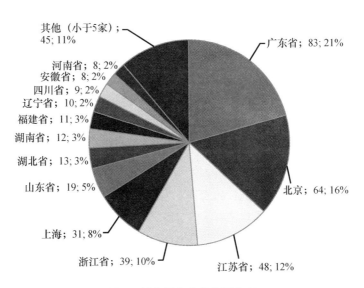

图5 创业板企业的省区分布

在创业板企业的省区分布图中，我们可以看到广东省的占比最大。广东共计有83家企业在创业板上市，占比达到20%。北京和江浙次之。广东、北京和江苏三省占比 48%。

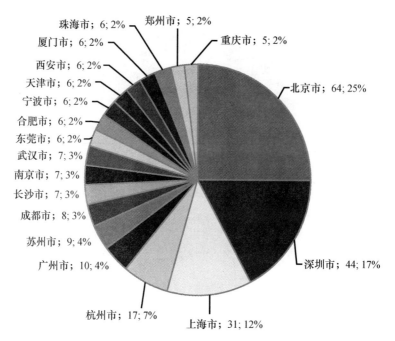

图 6 创业板企业的城市分布

与中小板以深圳为霸主不同的是，创业板城市分布中北京占优。北京共 64 家，在前 20 大城市中占比为 1/4，深圳 44 家，占比 17%。

第三，是边线革命。边线革命的含义是指，民众深感现有制度不合理，并自发地突破不合理的制度。这类创新就是民众的"违法性创新"，即踏着边线"闹革命"。像在过去很荒唐的事情，现在看起来很合理。这些不合理需要企业家进行突破，这种突破需要付出代价，那时候叫违法性创新，因此很多以前的企业家坐过牢。有人说过，以前需要三证创业：大学毕业证、离婚证（把夫人安排好）、劳改释放证。

我们几乎无法从中小板和创业板企业样本中去寻找这些中国的领军企业进行"边线革命"的活生生的数据。但是，无论是研读一份份苦涩枯燥的招股说明书，还是分析一扎扎生冷的统计数据，无论是与企业领导人物进行生动的访谈，还是读一个个惊心动魄的企业故事，我们又几乎可以用手触摸到这一颗颗"不安分"的心。至少这个群体是充满激情的，不甘现实与平庸的，注定是要在灵魂深处闹革命的，因为他们大多数是有知识，或者有智识的人。

中小板企业领军人物中，硕士与本科学历者占比最高，其中硕士占比 44%，本科占比 26%，二者合计占 70%。在中小板企业的领导人中，高学历的占大多数，如果算上博士，共计 74%。

与中小板类似，创业板上市公司的董事长构成中，硕士与本科占比最高，其中硕士占比 39%，本科占比 26%，二者合计占 65%，略小于中小板。在创业板的领导人中，延续高学历占大多数的情况，如果算上博士，共计 73%。

综合来看，46 岁～55 岁年龄段人数占比过半，也就是出生在 1951 年—1960 年时间段的创业者人数最多。这部分人，通常在 20 岁～30 岁开始创业，也就是 20 世纪 70 年代末至 80 年代为他们的主要创业期。这一时期正是第一次下海潮的开始，结合地域分布，可知当时沿海的"下海潮"，造就了现在的上市公司领导结构。随着新生事物的出现，如互联网等行业的发展，在创业板中出现了一个较为独特的现象，就是年龄段占比中 46 岁～50 岁阶段的占比扩大，而 41 年～45 年龄段的占比飞速增加。推算 41 岁～45 岁年龄段的这些人，出生于 1975 年—1980 年间，创业于 20 世纪 90 年代末至 21 世纪初期，恰巧为生物制药、互联网等行业新生到飞速发展的阶段。这一现象正好吻合了创业板中生物医药和互联网相关企业较多的事实。结合地域分布，深圳、上海和广州为创业者出现最多的地区，随着改革开放的深入，政府加大对北京的支持，并且北京具备极其优良的政治环境和政策优势，北京后来居上，在三强中占有重要一席。这里要特别注意的是浙江以及杭州的分布占比，两者在中小板和创业板中都占有较为重要的位置，这与江浙沿海的经商意识以及中国较早的"小商品"贸易发端密不可分。

边缘革命是不甘平淡的生活，有敢于拼搏的勇气；边境革命是能看清时代脉络，走在改革开放的前沿；边线革命是敢于突破一些不合理规则的枷锁。

当然，每个时代有每个时代的特点，现在的生活条件好了很

多，人员流动也更加自由，束缚在创业者身上的不合理规则相对
也少了很多。但是，不管什么时候，对于创业者而言，那种敢于
挑战自我的勇气，敢为天下先的精神始终值得我们学习。

四、"三转"时势造英雄

在对中小板和创业板公司的领军人物进行访谈时，我会问他
们一个问题，是时势造英雄还是英雄创时势？大多数企业家们都
不约而同地回答：是这个时代造就了他们的成功。

纵观改革开放三十年以来，我国企业发展的历史，表现出十
分明显的"趋势性转换"特征。总体来说，经历或正在发生着三
次大的转换。第一次转换是"计划转市场"的制度性转变；第二
次是"行业结构性转型"，这一轮次的转换仍在进行之中；第三次
转换是"消费群体转代"，即新一代消费群体的崛起带来应运而生
的新型商业机会的涌现和变化。

第一轮次的"计划转市场"的制度性转变发端于 20 世纪 80 年
代初，那个时期，改革开放刚刚开始，计划经济的坚冰刚被打破，
一批批勇敢的创业者，成为了那个时代的个体者。我把那个时代
的创业特征，称为"填空白"。因为在计划经济后的短缺时代，只
要敢于去做，满足市场的需求，都很容易成为"万元户"。

根据我们对中小板和创业板 1251 家公司的数据统计，发现有以下
四个特征。

1. 近十年来新上市的企业中民营占比超 8 成；
2. 民营家数占全市场比重已超 50%；
3. 近三年市场表现靠前的 200 位公司中，民营企业占据近 9 成；
4. 近年来股权激励作为市场机制的代表得到快速推行。

第二是经济结构的转型。从经济结构上看，经过改革开放三
十多年的发展，我国经济结构已逐渐改变以往过度倚重重化工业
的发展模式，中小板、创业板中轻工业、服务产业上市公司的数
量占比逐渐提升。

截至 2015 年 12 月 25 日，统计重化工业相关的上市公司，发
现在最先发展的沪板上市居多，而 2004 年发起的中小板、2009 年

发起的创业板上，则较少见到重化工企业上市。

轻工和服务产业相关的上市公司越来越多地涌现在中小板和创业板上。

在创业板上，软件和信息技术服务业有 62 家，计算机、通信和其他电子设备制造业有 59 家，专用设备制造业有 46 家，仪器仪表制造业有 16 家，包括像互联网和相关服务，专业技术服务业，生态保护和环境治理业，广播、电视、电影和影视录音制作业，仓储业等行业的上市公司，从数量或比例上更多涌现在中小板、创业板，而不是沪板。

第三是互联网年轻一代的崛起带来消费群体的转代。互联网、软件、信息技术等相关技术对生产、流通、消费等各个层面的影响正逐渐深化。

1. 优秀互联网企业大量涌现创业板，互联网相关并购投资迅猛增长

软件和信息技术服务业、计算机、通讯和其他电子设备制造业在中小板特别是在创业板上的大量涌现，反映出相关行业朝气蓬勃的发展态势。

据统计，2014 年的前 11 个月，中国创投市场投资案例达 1873 起，其中互联网相关行业所占比例超过 6 成。相关数据统计，2014 年广义互联网投资案例出现大幅激增的超过 1000 家，其中互联网领域投资同比增长近 80%。

2. 移动互联网应用火爆增长，电子商务市场蓬勃发展

随着传统行业运用互联网需求程度的加深。2015 年 1 月—11 月，移动互联网接入流量达 36.6 亿 G，同比增长 101.2%。2015 年 1 月—11 月，信息技术服务实现收入 19750 亿元，同比增长 17.8%，增速比 1 月—10 月提高 0.1 个百分点。其中，运营相关服务收入增长 19.3%，增速比 1 月—10 月提高 0.3 个百分点；电子商务平台服务收入增长 24.9%，增速比 1 月—10 月提高 0.4 个百分点。

从社会消费品的零售情况来看，2015 年 1 月—11 月份，社会消费品零售总额达 272296 亿元，同比增长 10.6%；其中限额以上单位消费品零售额达 126906 亿元，同比增长 7.7%。而 2015 年

1月—11月份，全国网上零售额达 34526 亿元，同比增长 34.5%。其中，实物商品的网上零售额为 28869 亿元，增长 33%；非实物商品的网上零售额为 5657 亿元，增长 42.9%。在实物商品的网上零售额中，吃、穿和用类商品分别增长 41.7%、23.5% 和 36.9%，显著高于实体店的销售增速。因此，大量传统行业相关公司纷纷加大了网络营销平台的投资。

3. 触"网"上市公司受到市场青睐

截至 2015 年 12 月 25 日，按证监会行业分类，互联网和相关服务行业整体市盈率 167.7 倍，软件和信息技术服务业市盈率 124 倍，高于同期创业板整体估值水平 112.6，更高于全部 A 股市场整体市盈率 22.8。

近三年来，上市公司中相对大盘涨幅排名前 200 位的公司其相对涨幅为 522%—3015%。在这 200 家公司中，软件和信息技术服务业占 46 家，计算机、通信和其他电子设备制造业占 27 家，电气机械和器材制造业占 14 家，专用设备制造业占 12 家，互联网和相关服务业占 10 家，汽车制造业占 10 家，医药制造业占 9 家，商务服务业占 8 家。而且，近三年相对大盘涨幅前 10 家的公司中，软件和信息技术服务业占 5 家，互联网和相关服务业占 2 家。

展望未来，大众创业、万众创新将蔚然成风，改革将不断释放并激发更多的市场活力。

2014 年 9 月的夏季达沃斯论坛上，李克强总理提出"大众创业、万众创新"的口号。此后，他在首届世界互联网大会、国务院常务会议和各种场合中频频阐释这一关键词。2015 年 6 月 16 日，国务院发布了《国务院关于大力推进大众创业万众创新若干政策措施的意见》，指出推进大众创业、万众创新，是发展的动力之源，也是富民之道、公平之计、强国之策，对于推动经济结构调整、打造发展新引擎、增强发展新动力、走创新驱动发展道路具有重要意义，是稳增长、扩就业、激发亿万群众智慧和创造力，促进社会纵向流动、公平正义的重大举措。

2015 年以来，商事制度改革持续推进，市场主体快速增长，截至同年 11 月底，全国新登记的市场主体达 1321.5 万户，比上年同期增长 14.1%，其中企业有 389.5 万户，增长 19%，平均每天新登记的企业有 1.17 万户。一花独放不是春，百花齐放春满园，相信未来中国的创新发展之路会越走越宽阔。

五、屡败屡战才成功

当前我们正处在中国历史上最好的创业时代，政府逐步简政放权、资本市场愈发成熟、互联网高速发展等因素都促使着有抱负的创业者跃跃欲试。然而经统计，互联网时代的创业失败率超过 95%。极高的失败率让很多创业者裹足不前，也让许多创业者重新来过，迎难而上，最终梦想成真。

上市，成为许多创业者的最高梦想。在上市的那一天，企业家顶着光环敲响钟声，那一天鲜花和掌声涌向他们。然而，又有多少人关注到他们成功背后的挫折和辛酸呢？作为创业时代的成功者，他们大多也要接受前期创业失败的洗礼，正所谓"不经一番寒彻骨，怎得梅花扑鼻香"。

记得有本书，叫《曾国藩传》，写得非常好，毛泽东和蒋介石都非常推崇曾国藩。曾国藩组建湘军时，八旗子弟不能打仗，曾国藩正在丁忧。最开始，湘军和太平军打仗，输了很多次，有一次曾国藩甚至兵败跳湖，被下属捞起来了，后来在写给皇帝的报告中提到战况是"屡战屡败"，众人觉得不妥，最后改为"屡败屡战"，以显示其奋勇无畏的作战精神。我看了这本传记后，就记住了这个词。

"屡败屡战"的精神在创业者身上体现得更加淋漓尽致。截止到 2015 年 7 月，我们对 A 股 767 家中小板和 484 家创业板上市公司创始人的创业经历进行了梳理，研究发现，他们中的大多数都有过多次惨痛的创业失败教训。

其中，对 774 家中小板公司领军人物上市之前的创业次数的统计显示，创业 1 次的占比 4%，创业 2 次的占比 18%，创业 3 次的占比 39%，创业 4 次及以上的占比 39%。

另外，对 489 家创业板领军人物上市之前的创业次数的统计显示，创业 1 次的占比 2%，创业 2 次的占比 15%，创业 3 次的占比 45%，创业 4 次及以上的占比 38%。

创业失败的原因各不相同，其中主要包括：1. 合作伙伴失败或核心股东反目，占比 30%。2. 用人失败，占比 25%。3. 市场判断失误，占比 12%。4. 公司治理制度失败，如家族化、亲信化，占比 11%。5. 负债过重，占比 10%。6. 多元化，占比 9%。7. 空降团队，占比 8%。

他们可能来自不同的社会阶层，有着不同的人生经历，从事不同的行业，有着不同的创业失败原因，然而他们至少有一点是相同的，那就是他们不甘平庸，敢于打破传统，跌倒之后，比常人多一次"站起来"。

几乎所有的创业英雄，都经历过失败，失败并不是负面的经历。关键是要有重新站起来的勇气，有屡败屡战不服输的韧劲，再加上一点运气的垂青，才促使他们成为某个行业乃至这个时代的创造者。

创业难免要面对风险，暂时的失意或者不成功都没能阻止他们迈向成功大门的步伐。失败了，有的人重整旗鼓另辟蹊径，开展其他项目获得成功；而有的人面对将要破产的公司和惨淡的市场坚持不懈，调整策略克服困难并最终重获生机。无疑，他们让人羡慕，但是他们背后屡败屡战、坚持不懈的精神品质更值得人们尊敬。无论你是在求学、工作还是在创业，也无论你是在赶项目、搞工程，困难和挫败都会如影随形，让我们直面它并勇敢地击败它，去迎接阳光明媚的未来。

六、一个好汉三个帮

在中小板和创业板企业样本中，有一个现象特别引起了我们的重视，这就是在这中间的管理团队中，"夫妻档""父子兵""兄弟连""校友圈"的特征十分明显。

这个现象不仅仅在中国，在国外也很普遍。世界上最赚钱的公司 70% 是家族化的。有本书叫《硅谷之火》，讲的是在硅谷的创业故事，其实创业就是成帮成派的。英特尔、甲骨文，他们都或多或少跟一个叫仙童半导体的公司有关系。还有个例子就是贝宝。贝宝创始人埃隆·马斯克是连续创业的英雄，是南非移民，围绕着贝宝也有个神奇的帮。贝宝出来的人，前副总创立 linkedin，设计师创立 YouTube，工程师创立了 YEIP，还有其他七八个公司。

所有的创业，来自于感情的纽带。这就是为什么民营企业很多夫妻、兄弟、老乡、校友、战友一起创业。

我们对此也做了一些数据统计，通过对中小板和创业板抽样统计前三大股东的关系数据，我们可以大致了解这些"沾亲带故"的团队占有多大比例。

1. 中小板抽样统计

抽样统计：从 002001～002700 股票代码中，每间隔 100 股票代码抽取前 20 个代码样本，总共抽取 7 组共计 140 个；统计前 3 大股东有亲缘关系的数目及占比。

统计结果如下：在 140 个样本中，父母子女关系的有 12 个、占比 8.57%，兄弟姐妹的有 11 个占比 7.86%，夫妻关系的有 8 个，占比 5.71%。

2. 创业板抽样统计

抽样统计：从 003001～003400 股票代码中，每间隔 100 股票代码抽取前 20 个代码样本，总共抽取 4 组共计 80 个；统计前 3 大股东有亲缘关系的数目及占比。

统计结果如下：在 80 个样本中，父母子女关系的有 7 个、占比 8.75%，兄弟姐妹的有 11 个占比 8.75%，夫妻关系的有 8 个、占比 10%，同学战友关系的有 2 个、占比 2.5%。

以下我们列举几种关系的案例（持股占比数据来自各公司 2015 年第 3 季度报表）

A. 夫妻关系

（1）蓝思科技

股票代码 300433，当前总股本 6.73 亿股。2015 年 3 月 18 日，蓝思科技股份有限公司在创业板挂牌交易，像众多 A 股新上市公司一样，拉开了股价连续涨停的序幕。周群飞和郑俊龙夫妇合计持有公司上市前 99.09% 的股份，其中周群飞持有 97.69%，丈夫郑俊龙持有 1.40%。2015 年 3 月 30 日，蓝思科技的股价已经高达 70.98 元/股，公司董事长周群飞手中所持的 5.92 亿股市值也高达 420.2 亿元。周群飞成为新的中国女首富。

蓝思科技主营业务：视窗触控防护玻璃面板、触控模组及视窗触控防护新材料的研发、生产和销售。

（2）类似的公司：

吉峰农机（300022），总股本 3.8 亿股；其中丈夫王新明持股 13.97％，妻子王红艳持股 9.19％。证通电子（002197），总股本 4.26 亿股；丈夫曾胜强持股 24.61％，妻子许忠桂持股 7.06％。新海宜（002089），总股本 6.87 亿股；丈夫张亦斌持股 18.05％，妻子马玲芝持股 16.46％。

我们总结了夫妻共同创业有以下几点优势：

知己知彼，合作不隔心。如今生活中合伙创业最终双方反目的例子不少。这说明合作双方诚信不够，面对利益互不谦让等。"夫妻店"一般不会出现这样的情况——夫妻双方知己知彼，少了彼此间的尔虞我诈。两人共同经营自己家的店，一般不会出现什么利益分配上的矛盾。双方在经营上有了分歧，回家关起门来商量商量就解决了，即使大吵一番，"床头吵架床尾和"，问题不大。

第二，夫妻一心，其利断金。一旦夫妻二人做起了自己的生意，双方往往都是心往一处想，劲往一处使，在经营理念和方法上一般不会出现大的分歧。这对创业起步及其以后的发展来说至关重要。双方做好了分工，各司其职，夫妻间互相帮忙、互相提醒，创业比较容易成功。

第三，夫妻齐上阵，省工省力。如今很多的夫妻店基本上都是夫妻二人齐上阵，轮番看生意。小本买卖基本上也不用再花钱雇人了，省时省力，还省去了部分经营创业成本，跟其他的店比起来，夫妻创业优势更为明显。

B. 父子关系

（1）三全食品

股票代码 002216，总股本 8.04 亿股；其中父亲陈泽民持股 10.48％；长子陈南持股 9.91％；次子陈希持股 9.84％。

公司简介：公司是全国最大的速冻食品生产基地，农业产业化国家重点龙头企业，主营业务为速冻汤圆、速冻水饺、速冻粽子以及速冻面点等速冻米面食品的生产和销售，产品目前已经达到近 400 个品种。

（2）类似的公司：

浙江众成（002522），总股本 8.83 亿股，其中父亲陈大魁持股 46.20%，长子陈健持股 7.54%，次女陈晨持股 4.86%。海特高新（002023），总股本 7.57 亿股；其中父亲李再春持股 6.87%，儿子李飚持股 17.18%。壹桥海参（002447），总股本 9.52 亿股；其中父亲刘德群持股 34.4%，长女刘晓庆持股 9.3%。

在父母子女关系中，我们发现父母持股的比例普遍高于子女，这也可间接说明在公司创立及发展壮大的过程中，父母起着"冲锋陷阵"开拓市场的作用，而子女更多的是辅助或交接管理，逐步继承公司的股权。

C. 兄弟关系

（1）华谊兄弟

股票代码 300027，总股本 13.89 亿股；哥哥王中军持股 20.82%，弟弟王中磊持股 6.05%。

公司简介：华谊兄弟传媒股份有限公司是国内电影行业龙头企业，是国内实现电影、电视剧和艺人经纪三大业务板块有效整合的典范，在产业链完整性和影视资源丰富性方面较为突出，开发制作了诸多卖座大片。产品包括电影、电视剧，主要服务包括艺人经纪服务及相关服务。

（2）类似的公司：

歌尔声学（002241），总股本 15.26 亿股；兄长姜滨直接持股 17.6%，弟弟姜龙直接持股 3.29%，两人共同成立的潍坊歌尔集团有限公司持股 25.57%。莱美药业（300006），总股本 2.02 亿股；兄长邱炜持股 13.97%，弟弟邱宇持股 25.40%。乐视网（300104），总股本 18.55 亿股；弟弟贾跃亭持股 42.18%，兄长贾跃民持股 2.37%。

D. 校友关系

蓝色光标，股票代码 300058，总股本 19.31 亿股；大股东赵文权持股 7.09%，他在北大的同级同学孙陶然持股 3.75%，校友陈良华持股 6.24%、许志平持股 5.31%；其中陈良华和许志平是大学同学。

公司简介：公司是一家在中国大陆为企业提供品牌管理服务的行业龙头企业，主要提供品牌传播、产品推广、危机管理、活动管理、数字媒体营销、企业社会责任等一体化的链条式服务。

E. 家族企业

奋达科技，股票代码 002681，总股本 6.18 亿股；其中大股东肖奋持股 44.95%，他的妻子刘方觉持股 3.28%，女儿肖韵持股 1.97%；肖奋之弟肖勇和肖武，其中肖勇持股 4.07%，肖武持股 2.62%；肖奋的姐姐肖文英持股 2.62%，肖奋的妹夫肖晓持股 2.70%；整个家族各成员持股总计占公司股份的 62.21%。

史丹利，股票代码 002588，总股本 5.84 亿股；其中大股东高文班持股 22.66%，他的长子高进华持股 14.95%，次女高英持股 4.53%；他的两个弟弟高文靠持股 4.19%，高文安持股 4.19%；整个家族各成员持股总计占公司股份的 50.52%。

当代中国社会经济环境中有很多适合家族企业生存的特点，所以经过近 20 年的迅速发展，用家族方法管理企业已经成为 70%～80% 的民营企业的普遍管理模式。从国际上看，即使是市场经济发达的国家，家族企业也是最普遍的企业形式，很多闻名全球的大企业也仍然带有家族色彩。

当然，事情总是会有两面性的，家族式企业也会有一些弊端，比如组织机制障碍、人力资源的限制、决策程序不科学等。但是，不管怎么样，对于创业者而言，成帮成体系地创业依旧是比较好的选择。

七、背靠大树好乘凉

我们选择什么行业和领域去创业？创业要顺势而为，要避实就虚，依附一个大行业、大企业、大市场、大群体。

依附一个大行业，比如信息技术来了，有万亿产值和销售额。我选择企业投资，不是选择人和公司，而是选择行业。比如华为当时面临的大趋势是模拟电话机变为程控交换机，而华为凭借这个趋势，才能在通信行业劈波斩浪；依托大客户，比如说我们的上市公司里就有依托一个大的银行做 ATM 机的，也能做上市；依托一个大市场，千亿级不算大，五千亿级以上的，最好是选择万亿市场去创业，并且这个市场不能在走下坡路；选择一个大群体，比如女人。

同样，在我们统计的 1000 多家企业中，依托大行业、大企业、大市场、大群体的比例也不低。

1. 全样本统计

截止到 2015 年 12 月 25 日，中小板有 774 家上市公司，创业板有 489 家上市公司，合计 1263 家上市公司。下面以 2014 年前五大客户销售收入占公司年度销售收入的比例为指标，衡量公司的客户集中度；以板块内各公司 2014 年客户集中度的算术平均值为指标，衡量板块的客户集中度。

从指数板块来看，中小板和创业板上市公司的客户集中度平均值为 31.87%，其中，中小板为 29.97%，创业板为 34.89%。

从行业板块来看，采矿业的客户集中度最高，高达 59.34%，其次是电力、热力、燃气及水生产和供应业（46.65%），文化、体育和餐饮业（43.51%），建筑业（38.02%），科学研究和技术服务业（35.99%）。金融业的客户集中度最低，仅 2.63%，其次是批发和零售业（8.88%），住宿和餐饮业（11.07%），交通运输、仓储和邮政业（21.31%），房地产业（23.68%）。

从具体公司来看，多数中小板、创业板上市公司的客户集中度低于 50%，数量达到 1030 家，占比为 81.62%。其中，有 36 家上市公司的客户集中度在 80%～100%，96 家在 50%～80%，326 家在 30%～50%，704 家在 0～30%。

2. 小样本统计

从样本空间内的 1263 家中小板、创业板公司中，按照前五大客户集中度进行筛选排序，共有 36 家公司的客户集中度超过80%，其中制造业有 26 家公司，占比达到 72.22%。虽然制造业整体的客户集中度并不高，仅为 32.16%，但客户集中度较高的公司却主要集中在制造业中。

选择前五大客户集中度超过 80% 的这 36 家标的公司，计算其 2014 年营收增速、净利润增速的平均值，与所有中小板、创业板公司的相应指标进行对比。统计结果表明，存在"背靠大树

好乘凉的现象",标的公司 2014 年实现净利润增速的平均值为
49.16％,而中小板、创业板全体公司 2014 年实现净利润增速的
平均值为－7.47％,标的公司的净利润增速远高于整体平均
水平。

　　Wind 统计数据显示,中小板、创业板共有 13 家公司的前五
大客户集中度超过 90％,其中,黔源电力(002039)、天润控股
(002113)和聚隆科技(300475)的客户集中度甚至达到 100％。

表 3　中小板、创业板客户集中度超过 90% 的公司

序号	证券代码	证券简称	2014 年客户集中度	2014 年营收增长率（%）	2014 年净利润增长率（%）	上市至今涨跌幅（%）	上市至今日均换手率（%）
1	002039	黔源电力	100.00	111.04	396.90	397.92	1.76
2	002113	天润控股	100.00	－43.01	－80.17	392.21	3.56
3	300475	聚隆科技	100.00	16.61	40.41	178.22	14.52
4	002194	武汉凡谷	96.71	57.64	180.05	17.54	2.81
5	300191	潜能恒信	95.17	－53.97	－73.35	359.54	6.16
6	300342	天银机电	92.68	－8.38	－9.62	353.11	6.59
7	300397	天和防务	92.63	－26.50	－48.59	154.16	8.07
8	002659	中泰桥梁	92.59	25.14	120.61	218.76	5.13
9	002592	八菱科技	92.18	5.85	5.07	307.87	4.97
10	300134	大富科技	92.18	29.31	868.11	149.57	3.11

续表

序号	证券代码	证券简称	2014年客户集中度	2014年营收增长率（%）	2014年净利润增长率（%）	上市至今涨跌幅（%）	上市至今日均换手率（%）
11	300261	雅本化学	92.00	28.02	14.98	166.77	4.18
12	002354	天神娱乐	91.96	54.29	66.15	482.11	4.82
13	300468	四方精创	91.04	7.19	2.55	243.35	9.82

资料来源：Wind 数据库。

3. 典型案例分析

以下选取大客户依赖程度较高的两家公司进行案例分析。

（1）恒信移动

恒信移动（300081）是国内唯一一家同时拥有地面服务网络与运营商信息业务平台的公司。恒信移动于 2010 年 5 月 20 日登陆创业板。上市前，在河北移动的力挺下，该公司 2008 年、2009 年净利润同比增长分别为 36.94％和 52.95％。招股说明书显示，2007 年至 2009 年，该公司主营收入中来自河北省（主要是河北移动）的比例分别达 93.69％、89.51％、87.67％。

中国移动这艘巨舰，是恒信移动高速发展的动力源泉。恒信移动是河北省首家创业板公司，其招股说明书显示，公司是河北移动在个人移动信息终端产品集成销售与服务领域的最大合作伙伴，与河北移动合作运营 109 家营业厅，管理着 2000 多名移动信息业务销售顾问。2007 年，该项业务占公司主营收入的比例高达 93.06％。而其所销售的手机，超过一半是中国移动的定制手机。恒信移动作为中国移动在河北定制手机的主要销售渠道，得到了中国移动的鼎力支持。

然而，背后的大树总有靠不住的一天。这家公司上市后业绩变脸，2010 年每股收益大幅下降，此后的两年业绩一路下降，甚至在 2013 年出现亏损。在河北移动的扶持下，恒信移动成功上市，而上市后又由于受到河北移动的"政策影响"效益急剧下降。

恒信移动近几年一直背靠河北移动这棵大树，经营情况时好时坏，营业收入和净利润波动剧烈的原因在于公司对单一大客户的过度依赖。

（2）全通教育

与恒信移动相似的，还有全通教育（300359）。全通教育成立于 2005 年，于 2014 年 1 月 21 日在深交所上市。全通教育是一家从事家校互动信息服务的专业运营机构，从属于家庭教育信息服务领域。主营业务是综合利用移动通信和互联网的技术手段，采用与基础运营商合作发展的模式，为中小学校（幼儿园）及学生家长提供即时、便捷、高效的沟通互动服务。

全通教育主要业务依靠于中国移动等基础运营商展开，其中 2010 年至 2013 年，中移动控制客户占其营业收入比高达 83.09％、83.58％、84.53％及 86.84％；在相同财务季度中，广东区域收入占当年主营业务收入的比例分别为 72.43％、64.97％、62.79％和58.94％。公司发布的 2014 年年报显示，来自中国移动的收入占其营业总收入的比例高达 94.85％。

全通教育是从事家校互动信息服务的专业运营机构，主要是向 3～18 岁的幼儿园和中小学生家庭提供名为"校讯通"服务，即通过电信 SP 增值业务（通过对客户手机扣费和运营商分成）做教育信息化。公司营收的获得主要依靠行政手段，背离客户需求，不具备可持续发展的能力，因此公司和中国移动的关系决定了公司未来的前景。背靠中国移动这棵大树，全通教育在 2010 年和2011 年实现快速发展，营业收入和净利润收入增速都处于较高水平。

然而，由于公司过分依赖背后的大树，2014 年更是几乎所有收入都来自中国移动，一旦中国移动支持力度下降，公司的盈利能力便会遭受巨大的打击。公司在经过快速发展以后，2012 年盈利增速开始下降，2013 年更是负增长。

对于创业者而言，确实是背靠大树好乘凉。但大树却是一把双刃剑，真正优秀的企业不仅是背靠大树好乘凉，还要能独立自主，把握时代的脉络，最后自己成长为参天大树。

八、天生我材必有用

为什么有的人会选择创业，而有的人则不？究竟哪些因素决定了一个人会选择创业？

创业学者对这个问题的探索来自于 2008 年世界顶尖管理学杂志《管理科学》上尼古拉教授和谢恩教授发表的一篇文章，在他们的《创业，基因决定？》一文中甚至论证到基因是影响人们成为创业者的原因。这与大多数经济学家和管理学者，如熊彼得、吉尔德和德鲁克认为企业家是"少数人的职业"的观点是一致的。

我们对中小板和创业板 1251 家公司的成功企业家，当时创业的"原始动力"进行了研究，即，是什么因素促使他们创业的？排在前三位的因素分别是，第一，改变生存方式。例如，双鹭药业（002038）的徐明波，就是不想再延续过去的工作状态。第二，竞争性因素，即榜样的力量，看见别人下海升华，自己按不住创业的冲动。例如，苏宁云商（002024）的张近东，从 1990 年与哥哥张桂平创办一家空调专卖店起步。第三，被动创业，就是种种原因被逼无奈，背水一战下海创业。例如，歌尔声学（002241）的姜滨，1991 年，所在工厂倒闭，不得已组建公司创业。

每个人来到这个世界都有其自身的意义和价值！在我们所统计的 1251 家企业中，绝大部分是草根出生、边缘创业、知识英雄，也充分说明了"天生我材必有用"的特点。

我们对学历的统计很有意义，硕士和博士比例最高。硕士占到 44%。我们国家行行出状元，每个行业都有人干，关键在于你怎么做。在中小板，民营企业占到 79%，创业板中，民营企业占到 89%，他们为中国创造了十万亿的财富。

在中小板和创业板样本中，充分显示了以下特征：1. 草根出身，在 1251 家企业样本中，草根出身的创业者占 45%。2. 边缘创业，这一点在前面已有充分表述。3. 知识英雄。4. 行行出状元，创业英雄遍及各行各业，几乎分布于 19 大行业和 87 个子行业。

在一代代创业浪潮面前，每个人面临的机会是均等的。然而，真正走向成功，往往只是少数人。有人统计过，说创业的成功率只有 2％～5％，我们北大校友，著名投资人阎炎说"创业是少数人的事情"，这个观点是对的。更准确地说，创业是人人都可以尝试的事，但创业走向成功则一定只有少数人可以做到。

我对创业成功率做过更为精确的统计，正像前面讲的，把"上市"作为创业成功的阶段性标准，中小板和创业板上市公司不足 1300 家，再加上过去上市和其他市场上市的，总量不足 3000 家，而同时期中国企业注册存量应该在 5000 万～7000 万家，可以计算出的上市成功率在万分之一以下。

创业成功是一个动态的概念，也应该允许有不同层次的成功。经营一家社区店，能养活几个人，养活自己的家人，也是一种成功。不是每家企业都要做成 BAT，做成微软、谷歌和脸书。我们应该追求不同境界的成功。天生我材必有用，这么多人创业，下一代浪潮一定有超过马云的。

对于创业者而言，这是一个伟大的时代，没人在乎你的出身，你的成分，最关键的是，要有一个创业者强大的内心，能认清自己，找准自己的路线，勇于拼搏，敢于挑战，相信"天生我材必有用"，最终都会有属于自己的一片蓝天。

九、四轮驱动达彼岸

仅研究中小板和创业板的 1251 个创业样本，得出完全清晰的成功创业规律是很困难的，有时候，没有规律，就是最大的规律。即便如此，但仍有以下几点十分有价值的东西可供借鉴。

第一，激情。激情是创业者的第一大气质，一定要无所畏惧。我们无论年龄大小，都要激情四射、不怕艰难险阻。英国管理学家马斯洛很早就研究出人类驱动创造力的"等级需要模型"。另一位创造力研究学者甚至认为，积极的进取行为的原动力来自于人类的睾丸激素水平。激情使我们的企业家逢山开道、遇水搭桥。

我所研究的中小板和创业板的 1251 家领军人物，在抽样访谈的时候，大多数领军人物把激情列为引领他们成功的第一因素。互动娱乐（300043）的董事长陈雁升是一个打工仔出身，创业以后每天工作 18 小时，他说，鞭策他不断奋斗的，就是对追求事业的激情。

特斯拉创始人马斯克堪称是一个喜欢尝试新事物的人。他被称为"美国疯子"。在他年仅 20 岁时，就与人合伙初创互联网公司，并成功开发 Zip2 及在线付款解决方案 PayPal。2002 年，他又发起成立空间探索技术公司（Space Exploration Technologies Corporation，简称 SpaceX），终极目标是开拓火星，并提供价格合理且安全的太空旅游。2004 年，他将其原始积累投入到特斯拉公司，他相信，电动车及太阳能，将帮助人类摆脱石油即将枯竭的威胁，为遏制全球变暖赢得时间。维京公司创始人布兰森评价马斯克时，曾说他"相信什么就去做，即使倾其所有"。这无疑是激情的驱动。

第二，能力。要有解决各种疑难杂症和困难的能力。我们说创业是一场马拉松，在这场没有终点的马拉松中，创业者会遇到各种各样的困难和不确定性。只有在实战中才能锻炼能力，同时找到解决问题的办法。乐视网（300010）的创始人贾跃亭大学毕业后，仅任职于山西恒曲县地税局信管员。乐视网上市后一举成为创业板指标股，他这样解释其创业的经历，"乐视一没有背景，二没有富爸爸，完全是孤军奋战，必须要比别人看得远，起得早，走得快"，这就是一种非凡的能力。

第三，追求财富。要有追求财富和创造财富的动力。金钱不是评价企业家成功与否的唯一标准，但一定是一个不可缺少的指标。或许是市场经济压抑过久的原因，中国企业家在表达对财富的追求时，并不像西方企业家那么直接和直率。对中小板和创业板的 1251 个企业家的案例研究表明，追求财富的动力是其中一个共同特点。

经济学家哈耶克有一句非常有名的话，"商业是最大的公益"。主要有三点：一是商业的核心目的就是服务他人；二是商业是任何免费公益的物质基础；三是穷人更需要的是商业。事实上，这就从理论上解释了市场经济中创业家和企业家追求财富的合理性。

第四，追求名誉。充满激情，追求财富，实现目标的能力对创业者来说，是其得以成功的根本。然而，还有一条，就是对名誉的追求，坚定不移地去证明自己，这是绝大多数中小板和创业板企业家驱动自己走向成功的原动力。

　　我们把激情、能力、财富、名誉，这四大驱动总结为一个创业者蜕变升华为企业家的"四个轮子"，即四轮驱动才能达到成功的彼岸。

　　哈耶克讲的"商业是最大的公益"这句话，意味深长，我在这里加上一句话，"创业是最大的爱国"。我们不是热爱这块土地吗？那就要行动起来去创业，为社会提供一种有效的产品和服务，创业可以推动社会进步，创业可以推动更多的个体独立，从而推动社会多元化，加快国家的民主化进程。让每个人更成功，是民主的基础。

　　商业是最大的公益，也是民主的基础；创业是最大的爱国，是最实际行动上的爱国。

>>> 第 *15* 课

俞敏洪：寻找机会，突破局限

导师简介

俞敏洪，男，1962 年出生，1984 年毕业于北京大学西语系，新东方教育集团创始人，英语教学与管理专家。担任新东方教育集团董事长、洪泰基金联合创始人、中国青年企业家协会副会长、中华全国青年联合会委员等职。

"机会"，是我们在创业中最常听到的一个词语。但是，大部分的人在讲"机会"时，都将它视作一种不稳定的来自于上天的恩赐，似乎"机会"只是"努力"的反面，处在人力之所能及的界限之外。

机会是重要的，它是挽救困局、突破极限的契机和缺口。但机会并非全凭天赐，一个合格的创业者正应当训练自己谋猎机会的眼光、抓取机会的智略，以及将机会带来的效益做大做长的能力。创业者的特别之处，正在于，和机会较量时，他永远是主动的一方。

机会在哪里？如何发现？如何将机会转化为现实？如何将企业做大做长久？这是本堂课要和大家分享的。

一、为何说现在是一个"赢家通吃"的时代？

我一直认为，这个世界就是年轻人的世界。不管是马云、马化腾还是李彦宏，在互联网的世界中，其实某种意义上已经到了中间状态。也就是说未来真正的互联网大领域，真正的创新，真正的发展不一定跟阿里巴巴、百度、腾讯有必然的联系。当然，他们可以用自己雄厚的资金，不断收购与他们企业相关的各种大、中、小型企业。但是，在互联网的世界中，在现代创新的世界中，最重要的东西是另类突破，也就是说在不经意的时候，你会发现一种新的模式出现了，而且这个模式是别的模式无法取代的。Amazon 出现了，没有预料到 Yahoo；Yahoo 出现了，没有预料到 Google；Google 出现了，没有预料到 Facebook。每一个领域，都是占据了一个新的战场。BAT，不管多牛，都是自己占据了自己的领域，互相之间，都是不可能把对方的模式给覆盖掉的，任何覆盖，可能都会以失败而告终。

因为互联网，常常会出现这样的模式，就是"赢家通吃"。当微信出来的时候，不管马云投入多少钱做来往，我们到现在为止，在座的用来往的人，也是远远少于用微信的人。当然，你如果在淘宝上开店，你可能用的来往，但像我们这样日常生活中的交际，还是用微信。为什么？因为微信已经兴起了，一旦占据先机，别人要进来就很难了。新浪微博兴起的时候，马化腾花了大量的时间，拉我们这些人到腾讯去开微博，但到最后，也是新浪一家微博上市。腾讯的微博现在已经被微信取代，也不再在微博上投入精力，转投微信了。所以说，这是一个"赢家通吃"的时代。

刘强东开始做京东的时候，没有太多的人会认为他能在中国做这么大的电子商务。但实际上，现在的京东电子商务，已经直逼阿里巴巴。京东实际上是用一种另类的方式，把物流、产品的供销关系结合起来，推到了中国人的面前。我想说的是，并不是大佬们把机会都给占了，年轻人没有机会，而是机会一直都在年轻人身边。

在此，我想借用毛姆的一句话："当你听到年轻人自信满满、目中无人地满口胡言时，当你看到他武断教条、偏执狭隘时，你生气做什么？指出他的愚昧无知做什么？你难道忘了，你和他一般年纪的时候也是这般愚蠢、武断、傲慢、狂妄？我说的你，当然也是我。"就是说，实际上像我们这样的 50 岁的人，对于 20 岁、30 岁的年轻人，也是有敬畏心理的。

最近，新东方做了一件比较有意义的事情，就是打造了一个基于移动互联网的 APP 产品。我们准备将它打造成全中国最优秀的背单词、练听力的学英语产品，这个产品叫"乐词"。前天，乐词任命了一位总经理，这位总经理是个高中毕业生，今年才 23 岁。我发这个任命的时候，新东方总裁办公会的全体成员几乎都表示反对。因为大家都认为，这很不靠谱，新东方一个最重要的产品，放到一个高中没毕业的学生手里，你怎么敢？万一做不好呢？

我跟他们讲，想象当初罗永浩进新东方做 GRE 的时候，也是个高中毕业生，现在罗永浩在做锤子手机，新东方其实有着不拘一格降人才的习惯。我说，我们应该给年轻人世界，让年轻人去闯荡，我们只要给予足够的支持就行。能不能做出来没关系，但让年轻人去闯荡的世界，一定会比给稳重的、成熟的、已经老于世故的人去闯荡更加能出成果。如果你让我把新东方现在几百亿的身家性命压在一个人身上的话，我选的这个人，一定不会超过35 岁，最好还要在 30 岁以内。只是在一些个别的领域，我必须用成熟的人。比如新东方的后勤行政，因为涉及跟政府、银行、税务部门打交道，我才会选择一些比较成熟的人。但凡是涉及创新的领域，我的选择是越年轻越好。

现在新东方所有新成立的创业系统、创业项目都是年轻人在做，超过 35 岁的，我现在都不加考虑。理由非常简单，因为只有他们，才是天天玩手机、天天玩 iPad、天天在 PC 前面长大的人。小时候我曾经引以为骄傲的是，我是我们县的插秧冠军，因为插秧需要左右开弓，而我当时手脚特别快。但现在我看我女儿、儿子用手机打字，比我用电脑打字都快，而且一个字都不打错，你甚至都看不到他手指是怎么动的，这就是年轻人。你用我一分钟只能在手机上打 10 个字的速度，去比拼年轻人一分钟打 100 多个字的速度，你怎么比拼？没法比拼。所以说，把世界让给他们，你在旁边，慈祥地关注就行了。不要去想年轻人是不是武断、是不是偏执、是不是傲慢，因为这就是年轻人。你要关注的，是这些东西背后，年轻人是不是在创造一个新世界。而这个答案非常的简单，就是 YES！

二、机会在哪里？

我常常听到有人抱怨：中国这个社会，向上流动的机会可能在减少，很多资源已经被垄断了。以至于说，中国年轻的一代又一代人越来越没有希望。

从某个意义上讲，这种说法是对的。比如，现在还在中国农村的孩子，确实是越来越没有希望。为了这件事情，我是反复地在奔走、奔忙，想尽各种办法，包括新东方现在的互联网教学系统，已经深入到贫困县。我们在贫困县的普通高中，帮他们安装宽带设备和视频系统。原本这些贫困县的大部分孩子们，只能考上三本。我告诉他们，你们用这个系统，新东方在北京免费给你们上课。因为距离实在太远，坐汽车就得两天两夜，很难到现场去。安装上这个系统之后，就组织高三的学生和老师听我们上课。我们在一个县做了这个实验，我们用远程系统总共给他们上了 20次课，每次课 2 个小时。结果，这个县今年的高考，上一本的学生

多出了 51 个，上大学的学生比往年增加了 250 个，大学的入学率
达到了 60％，原来他们只有 30％ 左右，他们总共有 1000 多名高
中生。

你会发现，现在这个教育系统，所谓的 "没边界的教育系统"，互联网对教育有再大的影响，也不可能改变教育的本质。教育的本质，就是优秀的内容、优秀的老师、优秀的教学方式，这些永远不会变，不管是通过虚拟的还是现实的方式。但是，它改变了教育的局限性，使新东方这样的本来只能在北京课堂里能够获得的教育，穿越时空，来到了两千多公里之外的贫困县。贫困县的学生受到了同样的教育，效果是明显的。这样的地方需要这样的教育资源，但像人大附中、北京四中这种学校，他们已经占据了全球顶级的教育资源，它就不需要新东方了。

新东方为什么要做这个实验？因为这个实验一旦成功，我依然只要用一个老师，就可以在 100 个贫困县同时开课。这次高考改革一个最好的消息，就是语文、数学、英语三门课，马上就要全国统考。一旦全国统考，就不再有地区性高考的障碍。对我们来说，也就可以把我们的教学资源，放到四线城市（指 "贫困县"）去，这简直太好了！互联网尽管给新东方带来了挑战，但对我来说最大的利好，是我终于发现我可以用我手中优质的教育资源，为中国的教育公平开始做点事情。我认为，这是一件特别了不起的事情。

为什么要这么做？从根本上讲，我认为农村孩子越来越没有机会了。举个例子，1980 年我进北大的时候，北大农村孩子的比例是 40％，当时中国城市人口比农村人口要少很多。现在，北大的农村孩子比例只有 10％，这 10％ 中间，还有一部分不算是真正的农村孩子，也就是所谓的城郊孩子。他们从小到大都在城里的学校上学。这个比例不均衡，因为中国农村的高中毕业生，依然占到中国高中毕业生的 50％，但是，这些孩子考不上北大。这就是在说，中国农村孩子接受到优质教育的机会，越来越少了。

这一点，我们远远不如哈佛、MIT 做得好。MIT 每年必须保证，录取学生的 15％～20％ 是完全没有能力支付学费的家庭来的孩子，不管降低多少分都行。MIT 一位负责招生的人跟我讲了这

么一个例子：有个孩子因为家庭比较贫困，从初中到高中，一直跟着他爷爷去收购破旧汽车，回来把汽车拆完后，重新利用零件组装，再以更高的价格卖给想要的人，靠这个来维持生计和上学。这个学生的 SAT 成绩，只考了 1900 分。像 MIT 这样的学校，录取的基本分数是 2200 分。但是，他们一看到这孩子就要了，因为这属于他们 20％ 的范畴。回过头来，我们北大却没有办法这么做。为什么？因为假使我们北大保证哪怕分数再低，也要有 20％ 的孩子从农村来，那么第二天，很多政府官员的孩子就会变成农村户口。在中国，很难做这件事情。

对于已经摆脱了农村环境的人来说，现代的社会结构和发展机会，不管是官二代还是富二代，都已经无法实现完全垄断。这个社会，开始出现了一种"另类突破"的结构。移动互联网所带来的世界的改变，就是任何人都不可能再垄断资源。我们一旦踏进了跟社会发展能够齐头并进的空间，我们就有可能去争取中间的一份属于我们的东西。

机会在哪里？现在的社会是不断创新、不断改变的社会，不存在没有机会一说。我刚才说，没有机会，只是指处于边远地区的农村孩子。我现在倾斜教育资源，就是想把农村的这些孩子拉过来。一旦拉到这个教室里，也就有机会了。你们现在在这里，再去抱怨没有机会或者资源被抢占，就纯粹只是一种抱怨罢了。在现在这个点上，能不能做成事，完全靠的是自己。

三、机会是怎么来的？

机会是怎么来的，当然是需要你有准备的。我觉得三个词特别重要：准备、思路和计划。

所谓准备，其实在你创业之前，就已经开始了。你必须为自己创业做好学识、技能和经验上的准备。比如刚才提到的新东方任命的高中生老总，他尽管只是高中毕业，但对互联网非常热爱，高中不上，利用 6 年时间在各个公司中做着各种产品，也就是在学识、技能和互联网的经验上都做好了准备，才有了跟我一聊，我就觉得可用的可能。他一旦可用，一旦拥有新东方的股份，公司一旦上市，他就变成富翁了。这也是一种创业方向。

所谓思路，就是你能否看到别人没有看出来的机会。这就是另类突破的问题。有这么一句话："都说每一个成功的男人背后都有一个好女人，可是成就马云的，是他身后千千万万个败家的娘们。"淘宝的统计数据表明，在淘宝上卖东西的，有50％是女人，而买东西的，有65％至70％是女人。这就是一个另类突破的概念。什么叫另类突破？

你只有想办法鼓动败家的娘们，才能成就一个成功的马云。所以怎么看出别人没有看出的机会，就变得非常重要。在我身边成功的人，都有这样看机会的思路和本领。

我就没有马云的本领。马云跟我是同一年接互联网触的，也就是1995年，那年他去美国，我也去美国。尽管有很多相似的背景，但我们俩当时还不认识。马云也是学外语的，学了三年，考了三年，第三年考上了大学；我也是第三年考上的北大。我考上了北大的本科，他考上了杭州师范学院的专科。从这个意义上讲，我的智商应该比他好一点。但光靠智商没有用，要靠的是另类突破的才能。

1995年去美国的时候，我们同时看到了互联网，而且模式是如此的相似，都是自己的朋友向自己展示，美国刚刚出现的万维网，是怎么回事。我记得特别清楚，我在朋友家里，他给我展示了怎么选汽车。他在家里，把美国一款一款的汽车调出来。当时在美国的时候，互联网的速度是如此之慢，以至于一张汽车的图片需要等十分钟。我们好奇地在屏幕前面，等着一辆一辆的汽车出来，整整等了6个小时。放到现在，我们连等一分钟的耐心都没有。马云也曾说过，他在美国的时候，等那个东西出来也是等了6个小时。

后来回到中国，都在想着这是怎么一回事。当时在中国想打开互联网，却是怎么都打不开的状态。马云去美国的时候，这个朋友已经通过互联网向他展示了如何通过互联网买到他想要的东西。他回来之后就开始琢磨，怎么通过互联网把产品信息放到网页上，让国外买家通过这个网站来买东西，实际上这就是阿里巴巴的前身。马云那个时候折腾了好几年，1999年的时候，因为美国的 eBay 成功了，马云也就看到，中国如果也做这么一个东西，一定也能成功，所以也就有了阿里巴巴十八罗汉和那视频讲话。在那个中国还什么都没有的时候，他告诉大家一定能够成功，我们每个人都能变成亿万富翁。这是一种强大的鼓动能力，也是一种眼光。

我当时看到互联网的时候，只关注到一点，就是可以写电子邮件。因为当时中国学生申请美国的过程中，一封一封信寄出去又贵又慢，通常寄出去半个月，对方才能收到。而电子邮件很快就能到达。中国学生想要加快申请进程，因为当时美国所有的学校几乎都开通了电子邮件，而中国几乎还没有。所以我回来的时候，就专门在电信局为新东方的全体学生申请了一个大家共用的电子邮箱。全体学生通过我这来发邮件，发一封我收他十块钱。跟马云相比，当时我是如此的土豪。但马云有这个看到新东西，就超前抓住的能力，我就没有，我是个实用主义者。

李彦宏在美国做搜索技术工程师做得好好的，却突然想起来在中国也要做一个搜索。他认为，中国自己的、中文的搜索系统做出来，将是其他的，包括当时已经很厉害的 Google 所没法涉及的，或者说涉及但没法做得过的。所以李彦宏辞掉了在硅谷的工作回到中国，来做搜索系统。这是什么？是机会，你要看到它才行，看不到就不行。

有了机会，就要有计划。抓住机会的路径比机会本身其实还重要。这就是说，机会看到了之后，你要想好怎么做。比如，所有人都能卖煎饼，但都没有黄太吉的煎饼做得好。尽管黄太吉的这个煎饼并不会让我感觉特别好吃，但它现在的估值，已经有好几个亿。它煎饼的味道本身，可能没有马路边上的好，但他号称互联网营销，另类突破。卖煎饼本身，可能是个不是机会的机会，但他找到了卖煎饼的路径，也就变成了一个生意。尽管我现在还在怀疑这个生意到最后能不能成，因为透过所有的喧嚣和夸张，最后落到本质上，人们去你那里吃饭，还是为了你的味道、质量，以及吃完了还想重新来的感觉。一个生意要做好，必须让人们对你的生意像娶老婆一样地看，也就是我愿意和她过一辈子。因此，我一直对创业者说，你对这件事情本身，一定要像对娶老婆一样地认真对待，对女人来说，就是嫁丈夫。

也就是说，你对这件事情，要无比地热爱。但是只有你爱还不够，你娶到的老婆，必须全世界的人都爱，也就是你所有的客户都爱才行。娶到这样的老婆，是不容易的，但如何能做到你对这件事情爱得不行，你所有的客户，也就是你所有的上帝们也对这件事情爱得不行，很重要。

比如说，我对新东方爱得不行。我确实爱新东方爱了二十多年，到今天为止，这个爱一点都没有减少。但周围的新东方的学生和家长，是不是继续选择新东方的课程来学习，是不是继续选择新东方的服务，才是关键。现在新东方一年的营销和市场费用高达5亿人民币，我常说这钱是白花的。在这样一个互联网时代，你不花这个钱，别人一花这个钱，生意做大了，你的资源就会被吸引掉。但坦率地讲，钱是白花的，因为在本质上，新东方的可持续发展，是家长和孩子们选了一次，还想选第二次、第三次。你只有在他们第一次选新东方的时候，有可能通过市场和营销把他们拉进来。至于第二次、第三次，你花多少钱的市场费、营销费，他不选你就是不选你。好比现在你选一个饭店，它装修得再好，你一吃它的菜，根本不是人吃的，你第二次就不会再去，道理是一样的。

当然，回过头来说，不管怎样，看到机会了，就一定要知道抓住机会的路径。当初，我看到了国外考试培训市场是个巨大的机会，这个机会只有我全力以赴地出来干，才能干好。我从北大辞职出来干了之后，就发现一个现象，就是我如果随便聘请各个中学或大学的老师来上课，根本就做不好。你要发现，北大老师上课的风格，慢条斯理的感觉，不符合培训机构学生急功近利，恨不得一天就背上几百个单词的心情。因此，我也就改变了成套的教学模式，对所有的老师进行培训，所有的课程由自己设计。到最后我发现，如果说要找到顶级的老师，我就必须给这些老师顶级的工资，但另一方面，如果我招了一个50个人的班，这50个人的班的钱统统给老师，其实都还是不够的。于是，我想了另一个思路，就是把班级无限扩大，同时老师的收入还继续上升。我当时的想法非常简单，就是如果你找到了全中国最牛的、顶级的老师，学生的分数就会提高，就会有越来越多的学生来上课。这就是我们后来说的"大班名师"模式。新东方在最初，就是最大的班级、最好的老师。在当时一般老师上课只能拿 20 元的情况下，新东方的老师就已经到了 2000 元一晚上的水平，我们也因此集中了大量的、一流的老师。这就是所谓的看到机会之后的机会路径。

我身边的所有的培训机构都没有意识到这一点。他们继续在请各个大学的老师，广告里依然打着北大的老师、北外的老师。最开始这对我是有压力的，好在我是北大毕业的，也还能够打着北大老师的牌子。但实际上新东方到最后北大、北外的在职老师一个都没有，全是小年轻，都是 22 岁～25 岁之间的孩子变成新东方的老师来上课了，我对小年轻到现在还充满信任也是这个原因。要寻找突破的路径，在每个领域都是一样的。

四、如何将机会变成现实？

这其实一点都不难。有三个词很关键：勇气、资金和团队。

勇气，就是你敢于踏出这一步，而且一定要全力以赴地踏出这一步。我最烦的是，来跟我讲商业计划书的人告诉我他当下还在某个公司某个岗位工作，然后跟我说，只要你给我这个钱，我马上就辞职出来。我一听就不给了，因为我觉得这个人内心是有顾虑的，他担心这件事情做不成，他还有退路。我还特别烦新东方内部的人，一边在新东方工作，一边在外面创业。我跟他们讲，我严重鼓励你们创业，但是你一旦有创业的想法，你先从新东方出去，用新东方已经赚到的钱，先去创，创到有一天一旦穷困潦倒了，你还可以来找我，如果我觉得你的创业靠谱，我还能给你资金支持。但一定不要拿着新东方的工资、新东方的奖金和新东方的数据在创业，这跟偷窃现象没有什么两样。这种人是我绝对一分钱也不会投的，而且我还会到处跟投资人讲，这个人你绝对不要投，因为投完一定不会有好结果。所以，在座的各位，如果有一边在企业干，一边还在想着创业的人，赶快出来，今天是你最后的机会。

我们最不应该有的就是脚踩两只船，这只能说明你没有勇气，表明你缺乏勇往直前的精神。正如我不可能边在北大做老师，边在外面开新东方一样，肯定是做不成的。我只有在北大处分我，我彻底从北大出来之后，新东方才能干成。我以前在北大的时候，最多就是拎个书包，出去为培训机构教教书，根本不算创业。如果北大当时不处分我，我就一直在培训机构教书，到最后最多只能是一个培训机构的著名老师，永远也不可能有新东方。人不能有后路，一旦有后路，往前走的勇气就会减少。

再举个例子，1995 年我到美国的时候，其实是找了十几个我认为可以回来跟我一起共创新东方的大学同学，但结果到最后，只有三个人回来，王强、徐小平，还有一个包凡一。包凡一回来比较简单，因为他当时在美国找不到工作，而王强和徐小平要回来并不容易，当时他们在国外已经有七八万美元的工资了。我剩下的同学都没有回来，他们当时在国外大概是拿着 5 万～8 万美元的工资，都想着三十多岁了，老婆有了、孩子有了，房子还在美国分期付款，一旦回来之后，万一跟着俞敏洪做不成怎么办？所以最后都选择放弃。这七八个被我请了都没有回来的人，现在见到我都后悔得不得了，都说老俞，早知道你能成功，我就跟你回来。我说，早知道我能成功，我还不请你们了。所以这就是到现在为止我还比较尊重王强和徐小平两位哥们儿的重要原因。当然，他们现在也都是亿万富翁了，徐小平现在的钱甚至都比我还多，聚美优品一上市，他自己大概就能收入三亿五千万美金。所以说，勇气代表了一切。

对于资金的问题，我给的建议是，尽可能不要拿自己的钱去创业，要拿自己的钱，就把自己银行账号上的钱花完就完了，这是在房子贷款、汽车贷款等什么都不要有，也不需要养老婆养孩子的情况之下。我还要严重地提醒不要去借钱创业。我知道好几位创业者，借了别人的钱创业，结果到最后一辈子都没有翻身过。为什么？因为天天被债主追着，最后都快成神经病了。假如你借了 50 万，分成 5 个人借，每个人就借了 10 万，但你要知道，这个能借你 10 万的人一般也不是有钱人，他发现这个 10 万被你丢掉之后，就会催着你还钱，两三天一个电话。这个时候，你再创业的心情也就没有了，你的思维也会变成混乱思维。而一旦变成混乱思维，你再创业的动力也就完全没有了。

你绝对没有史玉柱那样的勇气。史玉柱欠了两三亿，根本就不管，但是他也逃走了，半年之内谁都找不到他，因为找到他，人家就要追杀他，最后躲到我的老家江阴去了，躲在那儿用半年的时间，想着怎么把钱赚回来，就沿着他原来的养生思路，做了脑白金。史玉柱的营销能力是全世界一流的，最后他走出来了，把钱还掉了，良心上才得到安宁，才有了勇气继续创业。

所以说，一定不要借钱创业，除非你肯定，借他的钱可以不需要还。我现在大概借出去的钱已经上千万了，但我从来不敢去要，因为我一去要，人家就会说我太小气，一个亿万富翁我借你那一点钱你还催着要。人家还会在我大学同学面前到处说，我也很崩溃。很要命的是，他们来借钱的时候，都是很需要这笔钱，你还不能说你没钱，你说没钱他又要在大学同学面前说，俞敏洪太小气，亿万富翁连 100 万都不给。所以有钱人其实挺难当的。我这里要讲的是，除非你有死皮赖脸的精神，否则不要借钱创业，不要把自己关乎生命的钱拿去创业。要拿钱，就拿我们这样的人的钱，因为丢了就丢了，一点事都没有。我前几天投了两百万美元到一家公司，第二天就倒闭了，但我觉得没事。在投资的一瞬间，我就想到这钱要么回来几个亿，要么连影子都没有，这就是一场赌博。对于我们来说，这笔钱你们尽管用，没有任何顾虑，资金就是这么来的。

第三个词就是团队，我发现创业往往是这样的，一帮人在一起做，失败的可能性非常大。而且这一帮人往往是在家里喝酒喝茶的时候，谈出来的主意，这个风险就更大了。比如新东方，我跟徐小平、王强做，为什么到最后吵架？我们真是吵得很厉害，但我还是老大，尽管我在董事长的岗位上被他们扒下来两年，他们最后还是说没有我不行。为什么？因为我去美国把他们请回来的时候，新东方的年收入已经 3000 万人民币了。1995 年，3000 万人民币在中国绝对是大公司。那年，马云还在马路边上打工。所以，我回来的时候，我自然就是老板，尽管他们在大学的时候是我的班长、团支部书记，不管用，因为新东方是我做起来的，你们是后来进来的参与者，我们是一个团队。这个团队需要一个核心的灵魂人物在，那就是你，你手下的人必须是归你管的，在关键的时候，你说话必须算数，这是其一。其二，是一定要在一开始就将利益分配讲清楚。比如，我们三个人创业，利润三三三开，一个人 33.3%，但一定说好，每年都要评估一次，谁投入的精力最大，谁投入的力量最大，每年都要有一个增发百分之十放在那里。假如一年下来，三个人的投入是一样的，那么这个百分之十的增发可以废掉，因为平均分的股份还是一样。但如果是这个人用功大，要给百分之五，另一个人用功小，给百分之一，那么这个股份就得增发，慢慢地就会拉开差距。这样的话，能干的人才会还愿意干，因为他每年都在增加自己在里面的利益分配。

同时，特别重要的是，公司内部、团队之间的分工也必须明确，到底谁干什么必须特别清楚。比如我跟徐小平、王强最后打架，因为谁都觉得自己是总裁，谁都不愿下去干具体的事情。最后变成倒过来了，我去搞教研，我去搞课程设置，我去干具体的事情，这就是本末倒置。我作为董事长和总裁，去搞教研和课程设置，完全不对。所以后来我就干脆不当董事长和总裁，转当校长、当产品经理。他们自己在上面做了两年，也发现弄不了，来个税务局的，他们就不知道该怎么跟他们吃饭了。最后他们说，还是你回来做董事长，我们去做产品。所以说，位置必须摆正，位置不摆正，这个团队慢慢地就会散架，这个团队一旦散架，这个公司存活下去的可能性就不大。创业公司因为团队打架最后散伙的，大概能达到 50%左右。

五、别人做过的事情，我们能不能做？

这就需要创新颠覆，另类突破。在教育领域，投进移动互联网的与教育相关的资金已有约二三十亿美金，教育领域现在很火热，很多人都认为这里是下一个颠覆的开始。当然，我也在想新东方什么时候会被颠覆掉，而且有些东西，确实会被颠覆掉。不过，教育领域的颠覆，也没有那么容易。美国二十年前就在做互联网教育，中国是十几年前开始。2000 年我就成立了新东方教育在线公司，这种突然井喷式的教育应用软件到现在一直都在发展，这中间，一定会出现好的教育在线公司，也会出现好的垂直性的教育应用公司。但目前为止，也确实没有看到一家公司能在教育领域做出巨无霸的产品来。现在在中国，纯粹靠做互联网教育收入最多的公司是正保集团，也就是中华会计网，大概有几亿人民币的收入，还没有超过十亿。新东方其实网上收入很多，如果我们把地面收费也转变成网上的话，新东方其实也已经有二十多亿的网上收入。新东方的总收入是 80 多亿人民币左右，要把一个纯粹的互联网公司做成 80 亿人民币收入的纯粹的互联网教育公司，现在还没有看到端倪。新东方也布局了很多，但其实做起来并没有那么容易，要真正做到创新颠覆，另类突破，是有难度的。

六、创业一旦开始，应该怎么坚持？

我依然强调我的"5B"原理。最关键的是"牛 B"，此外还有"苦 B""二 B""装 B""傻 B"。

你要有一个"牛 B"的理想，有"牛 B"的激情，有"牛 B"的精神，让自己觉得自己天生就是要做这件事情的，就是能做好这件事情的，坚信这件事情做大了之后，对中国、对商业发展都会有重大影响。有了这样的"牛 B"精神，不能天天"牛 B"哄哄，到处去讲自己的精神，而对于怎么做，却一窍不通。所以一定还要坚持另外的四个，就是"苦""二""装""傻"的精神。

做创业是件很苦的事情，就是"苦 B"。我到今天为止，都还觉得自己是个"苦 B"，因为新东方到今天为止，我认为仍然处于一个创业的时代。今天面对互联网对教育的各种各样的颠覆、冲击和创新，我不把自己看成一个创业者，几乎是不可能的。所以一天到晚还是苦，我到现在为止每天依然工作 16 个小时以上，并且以工作 16 小时以上为自己的骄傲。不过，可惜的是，我现在每天的 16 个小时，大概只有 8 个小时能分配给新东方，另外的 8 个小时，分配给社会活动了，像今天来做讲座，对我来说只有一个好处，不是我自己能获得什么东西，只是这样讲了之后，大家能多坚持两天创业，而且说不定能出一些好项目，我还可以投一投，这是最大的好处。

"二"是什么？实际上就是讲不通道理的时候，你还在做，人们觉得做这件事情不近情理，你还会去做。沿着正常的精神思维，其实是做不出事情来的，你必须要有"二"的精神。你在做事情的时候，你用一种不一样的方式去做，人们觉得这件事情不可能，你觉得可能，而且去做了。

"装"是什么？在中国，坦率地讲，你就得装，因为中国还很缺乏一个透明的、直截了当的、法规明确的、平等的环境。我们正在进步，但还没有进步到确实让我们只要去"二"就行了。所以你必须装，你在企业发展的过程中如果不装孙子，如果你不假装喜欢周围很多其实你根本就不喜欢的人，你就没有活路。作为企业的老总，怎么可能爱憎分明地表露在脸上，那所有的觉得你不喜欢他的人都会在背后开始捣乱了。我们很多人在做事情的时候，不知道怎么容忍，不知道怎么放下和什么时候放下身段，到最后你去解释这个事情的时候，你说你是怎样坦诚相见，但别人不跟你一样地想。你不喜欢的东西，你不能马上表现自己不喜欢的态度，而且有的时候还要根据你做这件事情是好是坏来决定。你得知道，对于不喜欢的人，如果赢得他们的支持，对你创业的顺利和成功非常的重要，那你就必须学会与他们打交道。

"傻"是什么？就是坚持。你给一位女性送 100 次玫瑰花，被拒绝了 100 次，到第 101 次，你依然还得给她送，这就是傻。在这个爱没有希望的时候，你依然在坚持自己爱的理想，就是这个概念。坚持了"苦""二""装""傻"之后，你才能"牛"。

七、如何才能创业成功？

如何才能创业成功我觉得要问好三个问题：为谁做、做什么和怎样做。我在新东方每天的核心就是这三个问题，我觉得任何的创业都不可能逃离这三个问题。

首先，你做这件事情，为谁做？比如，我们现在投资互联网产品，人家跟我说，俞老师，我这东西一做成，能带来多少多少流量，多少多少客户量，多少多少数量的人都会来，我说好得不得了，因为流量本身也会赚钱。但是，你不能永远靠流量赚钱，你在引来几百万几千万流量的同时，你给我做出个从中能够有盈利的小的商业模式来。比如，你中间的产品，有没有人买，还是完全没有人买，这是非常重要的。如果你卖的不是产品，你说你流量大了以后，我就可以做广告，那你告诉我，你达到 50 万、100 万流量的时候，你能不能拉到一个企业来做广告，并且持续地做下去，这也非常重要。因为我们看到，无数的互联网公司，拉到无数的流量，拉了三年、五年、八年，最后拉不下去了，为什么？因为光有流量赚不到钱。我曾经投过的公司，达到每天 3000 万注册流量，现在同样是濒临关门。因为它变现的能力不行。打个比方，这个团队每年花进去的钱达到 1000 万元，但是变现只能变出 100 万元，这就不行了。花 1000 万元进去，原则上得变 2000 万元出来才可以。每年变现 100 万元而花掉 1000 万元，能支撑多长时间呢？支撑不下去。

移动互联网并不一定要马上赚钱，但一定要有某个模式在背后支撑，这个模式是什么？就是核心竞争力。为谁做这个问题，新东方就经历了群体的改变。原本新东方对象群体的百分之九十九是大学生，"大班名师"模式一点问题都没有。但是，新东方现在百分之九十已经变成了中小学生，"大班名师"已经变得不管用了。这个名师再名师，面对小学生的时候，你不可能 2000 人一起上课，面对中学生都不行。除非这个老师讲课太有魅力了，否则中学生会出现这样的情况，听老师讲完一句有趣的话，他们互相之间就开始交流了，不像大学生，会心一笑，继续听课。中学生不是，一讲到好玩的，讲到谈恋爱的故事，他们就自己先交流 20 分钟，再回来听你上课。你就会发现，"大班名师"的模式失效了。而且，客户的需求也不一样。家长上来就是问："俞老师你这能不能派一位老师，专门给我孩子上课？"我说："我专门派一位老师给你孩子上课是很贵的。"他回答我："俞老师，你看不起我么？你开吧，多少钱？"我说："像我这样的人，给你的孩子上课，你开多少钱？"他说："你这样的人上课，我给你 1 万块钱一小时，不管我孩子学到还是没学到东西，至少我孩子出去了可以说，俞敏洪单独辅导过我。"你们想，这个思维多古怪？但也恰恰说明，客户的需求不一样了。现在大量的家庭其实都是要求一对一，原来新东方 30 个老师就可以招几万名学生，现在 30 个老师只能教 60 个学生，每个老师教两个学生，每个学生每个礼拜四次课，就八次课了，而且费用一点都不低，一个小时 1000 元。但是家长说，便宜。你还真是没办法了。

客户思维不一样，商业模式也要跟着转型。一转型，新东方所有的系统管理也必须跟着调整。一个企业坚持原来的模式而且还能赚钱，这是最容易的一件事情。一个企业在转型中间，很可能这个企业就没了。为什么？因为在转型的过程中，原来的惯性思维还转不过来。比如新东方，现在的思维还是"大班"的思维，但是新东方现在最大的班，也就 30 个人。每个家长、每个学生都要求点对点服务。孩子来到新东方上完课回去之后，家长还没有收到孩子课程的信息，家长就已经不满了，说我这个孩子来你这上课，怎么一点消息都没有？他要求老师在给这个孩子上完课之后，就马上写这个孩子在这里上课的情况。新东方现在一对一的老师更加繁忙，上完课之后必须马上跟家长讲这个孩子上课时涉及的知识点、家庭作业的布置，还有家长应该在家里帮助孩子做什么事情。原来我上课是 2000 人一个教室，给家长写信，连门都没有，你给我写信可以。所以，核心竞争力正在跟着变，原来新东方"大班模式"已经不管用了，得靠别的东西。

至于怎么做的问题，我强调，任何一种改变，都必须"快速""极致""简单"。其实，"快速""极致""简单"远不是什么互联网思维，像雷军他们总结的互联网思维"快速""极致"等，其实是做任何事情的一切思维，也就是简单专注地去做。

大家看下面德鲁克的这些名言便能明白。德鲁克讲这些话的时候，还没有移动互联网，但你看看跟"快速""极致""简单"是不是一致。他讲："有效的管理者用人，是着眼于机会，而非着眼于问题""有效的管理者坚持把重要的事放在前面做，每次只做好一件事"，这就是"极致"，把一件事情做到"极致"的境界。"管理者的一项具体任务就是要把今天的资源投入到创造未来中去"，什么是创造未来？刚才说的另类突破，就是创造未来。"'专心'是一种勇气，敢于决定真正该做和真正先做的工作"，这又是"极致"和"简单"。"要看'正当的决策'是什么,而不是'人能接受的'是什么",这句话,我是深有体会的。原本我在新东方有的时候开展布局的时候,我会反复想这件事情这个人能否接受,才会去布置。有的时候还会想,这件事情我觉得很好,但万一下面的人不接受,反了,我该怎么办?所以我就一直退让。在这个过程中,我就发现越来越不对头,新东方越发地陷入到人事政治中去。这种人事政治的结果,反而是坏的,因为大家之间相互陷入人事政治,也搞得大家都很不满意。

所以说,什么是正当的决策?现在我在新东方拼命地弘扬一条,就是大家在做决定的时候,不要拘泥于人的感受。如果我们这个决定是正确的,如果某个人因为不能接受这个决定离开新东方,不管他多能干,请离开,我宁可这个业务不做了。因为我不可能为了迎合你这个业务线,去违反新东方价值体系和发展方向,不可能只是因为你个人比较能干,一离开你这条业务线就没法做了,我就迁就你。所以,你们刚开始一上来,一个小团队就要以正当决策为核心,而不是以人能接受的为核心来做决定的话,这个公司未来的公司文化就会变得简单明了,这是非常重要的。所有这一切,都是"快速""极致""简单"。这不是移动互联网的思维,而是做任何事情思维的核心,不管在互联网时代,还是非互联网时代,都是一样的。

八、如何把企业做长久?

有的人是做成功了,但是也做没了。我们看到很多人做成功了之后,又做没了,或者说衰退了,很心疼。比如说凡客,我也投资了,当时一心一意希望凡客能够上市,但是现在凡客要上市,几乎不可能。凡客最初做的是时尚性的服装产品,以时尚为核心,还创作了"凡客体",为每件时尚的东西设计一段词或一首诗,大家都很开心,但后来,投资这一头的人,不断地说凡客要做大,要做大,后来就不行了。有一次陈年走到库房一看,拖把、卫生巾之类的一大堆,他就问,我们为什么会有这些东西?人家回答:这也是我们在网上卖的东西呀。这个时候陈年就意识到了问题的严重性，但为时已晚，最后慢慢地就衰退了。如果当时凡客坚持做时尚产品，到今天早就上市了。现在这种垂直性的互联网产品，特别容易做成。聚美优品，就只做化妆品，只卖化妆品，别的不卖，特别简单，最后反而变成特别成功的美国上市公司。

我讲的不是产品布局，因为产品布局做不成功是另外一回事。我讲的是作为一个人，如果你公司本身的业务也好好的、商业模式也好好的，但最后为什么还会倒闭呢？跟你的一把手是有密切关系的，一把手在四个方面体现出了能不能把一个公司做长久，第一是品格，第二是气度，第三是责任，第四是高度。

品格是什么？就是这个人从做生意的诚信到做人的真诚，都必须体现在每时每刻的做事情的过程中，绝对不能让人感觉到你是一个投机取巧、锱铢必较、有利必争的人，一定要让人感觉到你是胸怀大志，愿意与所有人，包括你的客户一同把事情做好的人。每个成功的企业家一定有着非常优秀的品格特征。

第二是气度，气度就是说愿意放开胸怀，接受各种各样的新事物，接受各种各样的新人在你这里工作。

第三是责任，责任既是对内也是对外的。对内就是公司长久发展的责任，是对公司内部每一个你的合作者的成长与财富的责任。对外就是所有跟你公司相关的客户的责任。比如说阿里巴巴现在在美国上市，马上遇到的最重大的挑战，就是它的网上的所有假货都不能再卖，一卖美国人就会起诉你。这些人现在有地方告了，原来在中国，你告不了，但是你现在是美国上市公司，就要受很大的挑战。当下在淘宝，很多人卖的还是假货，如何将这些假货清除掉，是个问题，也是一种责任的问题，就是对顾客负责任。尽管在中国，有些人就是为了买假货上淘宝的，但全世界的投资者不是，美国证券委不是，这里面的责任怎么完成，是一件事情。

再比如，新东方现在遇到的问题也很麻烦，中国所有的培训机构都可以盗版美国 ETS 的教材和美国大学委员会的教材，就新东方不行。我问他们为什么这些机构你们不去抓？他们回答得特别世俗和利益，就说这些机构我们抓过来，也赔不到钱。那我说为什么要抓新东方？因为新东方一抓一个准，上市公司，准能赔钱。所以我讲，新东方承担了所有中国盗版的责任。这样的环境造成了企业竞争的不公平，也意味着新东方处于劣势阶段，变成了劣币驱逐良币。

对于一个企业的领袖来说，品格、气度、责任和高度都非常重要。高度就是你这个业务、公司的长远发展路径在哪里。这一点马云做得很好，马云管阿里巴巴的高度是极致的。我手下对我的评价就要差一些，说我这个人有品格，有气度，有责任，就是高度上稍为差一点。我是属于相对来说不太喜欢去做突破性思考，特别喜欢喝杯茶聊聊天就感觉差不多的人，不像马云那样有雄心壮志。高度和雄心壮志有的时候是连在一起的。

九、投资什么样的创业公司？

我们投资什么样的创业公司？我谈三个字：人、事、势。

对于创业公司来说，我们还不大确定你这个事到底能不能成，所以首先，我们是把人放在前面。这也就是为什么我们投资创业公司，一定要在一起吃个饭、出去玩一两趟，来看看他的想法和思路，最后觉得比较靠谱，我们才会去投。

第二，是靠谱的事。光是人好，我们也不会去投，还要看他做的事。讲商业计划书的过程，就是你向我们展示做这件事本身靠不靠谱的过程。每天我的邮箱里大致能收到 20～30 份商业计划书，大部分的商业计划书我只要看一眼，就扔到一边去了，理由很简单，上来几句话，我就觉得不靠谱。还有来应聘的人，非常有意思，他跟我讲，我要推翻新东方既有的所有的商业模型，跟你重建一个最伟大的中国教育模型。我一听这种话我就不会聘用他。因为说这种话，他可能是为了引起我的注意，但我认为这种话说得比较过分，让我觉得他的到来，就是要来消灭新东方的，是我的竞争对手派来的感觉。

第三，是靠谱的势。也就是你做的事从大的趋势来讲，是不是有发展前景。这个也非常重要。逆势而动是很难的事情，有多少人能够逆势而动，最后还能成功的？一般都是顺势而为，跟大的发展方向保持一致。比如说，现在有人来找我做房地产，我就不太敢去做了，因为你搞不清中国的房地产市场，最后会是怎样一个波动的状态。我个人感觉最多是持平甚至会往下降。这样你去做完之后，资金回收都会面临各种各样的困难。但十年前做房地产，谁做都能赚，只是赚多赚少的问题，不存在不赚的问题，那时候你就可以去做，理由很简单，这就是顺势而为。

在一个移动互联和互联网改变了的各种各样的商业情势前提下，我们当然要顺着移动互联和互联网的思维往前去思考：我们的商业模式如何跟这两者完全地融合在一起？同时，大家还要思考一个模式，因为纯粹的移动互联网和互联网公司虽然存在，但一般来说跟地面商业模式结合的公司往往更有战斗力和生命力，不管是黄太吉还是雕爷牛腩，并不是你看到了他们的网站，牛肉就会从网上出来，你还得到地面上去吃那碗牛肉，去吃牛肉的时候，你就评价了它的品质。所以，我认为未来中国的大势发展，一定是线上和线下互动的模式，这是最可靠的，也是最可持续发展的。这是我对教育领域的判断，对其他领域同样如此。因此，要去找靠谱的势。

最后，我想说："人类一直在突破自身的局限，希望有无限的可能性和精彩。任何个人的精彩，也是从改变和突破自己开始。"所以，希望我和大家一起，不断地突破自己，努力前行，为中国的商业发展，为我们自己的财富发展不断地争取进步和作出贡献。

后　记

本书内容是从北京大学创业训练营已经完成的一百三十余门创业课程中精选出来的，围绕综合提升创业者素质的四个维度展开。第一部分"大师谈"，由北大最具代表性的知名教授讲授基本经济原理或分析宏观经济形势；第二部分"实战经营"则从创业实战过程中遇到的具体问题出发，力求为创业者描述创业过程的基本图景；第三部分"管理精研"，从企业战略制定、法律等多个角度为创业者答疑解惑，解析创业过程中所面临的问题和解决方案；最后，"创业之路"部分则是由成功的企业家为创业者讲述创业路上发生的故事，激励创业者不畏艰难，勇往直前。

本书由北京大学校友工作办公室和北京大学党委政策研究室联合编选，李宇宁老师、任羽中老师担任项目主持人。在此，感谢林建华校长、吴志攀常务副校长对相关工作的关心和指导，也感谢北京大学创业训练营工作人员的辛勤付出。

本书根据导师授课的音频资料整理，也经过导师的审改。但由于我们的水平所限，可能还存在错漏之处，恳请读者指正。北大创业书系还将陆续出版，也敬请关注和支持。

编者
2016 年 9 月

北京大学创业训练营简介

为了更好地服务国家创新创业发展战略，2012 年，北京大学校友会牵头协调学校十五个相关部门、院系联合发起"北京大学创新创业扶持计划"。该计划充分依托北京大学教育资源、研究资源和校友资源，建立"创业教育、创业研究、创业孵化、创投基金"四位一体的综合创业扶持平台。其中，作为计划的核心环节，北京大学创业训练营旨在培养和扶持中国优秀创业青年，发现转化优秀科技成果，提升创新创业软环境及平台服务能力。

目前北京大学创业训练营已经成为中国最大的全开放公益创业教育与扶持平台，通过网络课堂、开放课程、直播课程、路演沙龙等多种形式服务了超过二十万名创业青年。其中，通过特训班、导师一对一、投资基金和公益孵化器等多种形式，深入服务超过一万名优秀创业者；在全国各地开设地方特训班，支持区域经济发展、提升地方创新创业服务环境，得到各地政府的认可；同时，在北京海淀、亦庄、房山，天津滨海新区、江苏苏州市、扬州市，山东青岛市，广东珠海市，辽宁大连市等地总计设立超过 3 万平方米初级孵化场地，为初创企业、大学生创业及科技成果转化保驾护航。在此基础上，"北创营"充分开放北京大学优质创业教育资源，通过公益开放课程中心及网络大学直播体系向全社会开放一千个公益课程中心，实现创业课程同步向全国直播及点播，并通过在线学习与线下活动联动，助力各地方创新创业生态软环境建设。

（北京大学创业训练营网址：www.pkucy.org）